家からみる江戸大名

徳川将軍家

総論編

野口朋隆

吉川弘文館

刊行のことば

現在、日本の行政区分は四十七の都道府県にわかれているが、各地ではそれぞれの行事や祭礼が行われ、方言が残り、また食文化に違いがあるなど、いまだ独自の地域文化が残っており、これが豊かな現代日本を形成している。こうした地域社会独自の在り方において、特に大きな影響を与えたのが、泰平の世が約二百六十年以上に渡って続いた江戸時代だったのではないだろうか。江戸時代の日本列島は、現代よりもさらに細かい陸奥国や武蔵国といった旧国六十六州にわかれ、さらに大部分が将軍のお膝元である江戸を中心とした幕府の領地や、大名の領地である藩であった。細かく言えば、さらに朝廷や寺社の領地など、支配者である領主の違いによる様々な区分があった。いずれにせよ江戸時代の地域には様々な歴史や背景が異なる領主がおり、これによる支配が行われたのである。

本シリーズでは、こうした領主の中でも、江戸幕府を開いた徳川家や地域において大きな領主であった藩・大名家を取り上げる。現代日本において、徳川家は小学校社会科の教育課程から必ず学び、東京はまさに徳川家の城下町であり、世界でも有数の都市として発展した歴史を持っている。また、たとえば岩手県の南部鉄器や佐賀県の伊万里焼、徳島県の藍染めなど、大名家によって保護され、現在まで伝えられている地域独自の殖産興業は枚挙にいとまがない。これらは江戸時代の長きに渡り、領主や住民である領民、さらには時に外部の者によって、積み重ねられていった歴史や文化であり、他の地域には見られない独自の地域を形成する大きな土台となっている。本シリーズでは、こうした地域独自の在り方に注目して、徳川家や大名家をみていくことで、より豊かな江戸時代の日本を描いていくことにしたい。

また本シリーズのタイトルは「家からみる」としている。「江戸幕府」や「藩」は、そもそも当時一般的に使われていた用語ではなく、江戸幕府であれば「公儀」「公辺」「柳営」などと呼ばれ、藩もまた江戸時代後期以降に一般化したものであり、明治四年の廃藩置県によって正式に使用され、地域においては藩もまた「公儀」と称された。では、これらの政治組織は当時どのように称されていたのかというと、「家」や「御家」であった。少なくとも、江戸時代が始まった前期から中期にかけては、米沢藩よりも上杉家、薩摩藩士よりも島津家中といった方が一般的であった。徳川家では少なくとも十五世紀に遡って史料上活動が確認でき、右の上杉家や島津家さらに京極家など、中世において守護大名の系譜を引く大名家もいれば、金沢前田家や備前岡山池田家といった織田信長や豊臣秀吉に家臣として仕えて大名として取り立てられた織豊系大名など、もともと「家」が基盤にあり、これが江戸大名へと続いているのである。この中にはもともと徳川の家臣だった彦根井伊家などの譜代大名も含まれる。

日本における「家」が平安時代、藤原氏など貴族の「家」や、「兵の家」と呼ばれた源氏や平氏などの武家において誕生して以来、一部を除き、人々は「家」に属することが一般的になった。「家」は、家長（当主）を頂点として、家名、家産、家業の永続を図る世代を越えた組織であり、家長が祖先崇拝を担い、本分家という同族と婚姻による親類を軸として、非血縁の家臣・奉公人をも包み込んだ社会集団であった。江戸時代、武家をはじめとした諸身分の社会的基盤は「家」であり、現代に至るまで日本の社会に大きな影響を与えている。本シリーズでは、こうした側面から徳川家や大名家をみてみることで、江戸時代の領主とはどのような歴史的性格であったのかを従来とは異なる視角からとらえていくことを目指している。さらに、こうした「家」的支配の在り方は、日本に限られたことではない。同時代、たとえば、中央アジアから西アジアにはオスマン帝国を創建したオスマン家がスルタンを名乗りカリフの宗教的権威も兼ねて統治をしていたし、ヨーロッパでもハプスブルク家がドイツ・オーストリアを中心に広くヨーロッパを支配していた。もちろん、これらの「家」は組織形態も構成員等も異なるものであるが、当主と妻をはじめとした親族組織を中核とする「家」は世界史でもみられ、とりわけ前近代においては特徴的な支配形態であった。こうした点を踏まえて各帝国・王国などの「家」を比較していくことで、世界史レベルでの各国史の特徴を明らかにしていくことも可能となる。ただし、本シリーズではまず日本の江戸時代における「家」の特質や新しい側面を徳川家や各大名家の個性にも着目しながら明らかにしていくことを目指し、こうした点も視野に入れているという点に留めて、今後の課題としていきたい。

二〇二三年三月

野口朋隆
兼平賢治

目次

プロローグ――列島の領主徳川家

本巻は、江戸幕府を開いた徳川家の「家」としての性格をとらえていくことを目指している。徳川家は、卓越した政治家であり武将でもあった徳川家康のもと、歴史の教科書にも載っている通り、関ヶ原合戦における勝利、征夷大将軍への任官、豊臣家の滅亡など、数々の政治的軍事的活動の結果、以後十五代およそ二百五十年以上に渡る長期政権を樹立した。

「家」としての徳川家

江戸幕府は、日本全国土に対するさまざまな諸権限を持ち、諸身分を凌駕する支配権を有した。武家諸法度《ぶけしょはっと》をはじめとする全国法の制定、外国と交渉を行う外交権、金貨・銀貨の鋳造権、公家・武家をはじめとした諸身分の支配、武家官位授与の権限などをあげることができる。

一方で、徳川家として、血統をもとにした家督の相続、譜代家臣をはじめとした家臣団統制、家康を神祖としたことに特徴がある祖先崇拝など、「家」的支配としての側面もあった。本巻では紙幅の制限もあることから、徳川家の「家」的支配を明らかにしていく上で、将軍（主君）と家臣、組織構造、家督継承という、封建的君主権力の核となる三点を中心に取り上げる。まず一点目の将軍について、本巻では、特に三代将軍徳川家光やその子で四代将軍となった徳川家綱を中心に取り上げる。家光がどのような将軍であったのか、個人への眼差しとともに、家臣団との関係、兄弟や姉妹との関係など、将軍を多面的にみていくことで、徳川家の当主としての性格を明らかにしていきたい。なお、本巻は、将軍家臣をも俯瞰する目的から、大名の類別（国持、城持、無城）や歴史性（外様・譜代）の他、領地の石高が一万石未満の旗本にも注目する。若年寄《わかどしより》や奏者番《そうじゃばん》など幕府の要職を歴任した博識の大名太《おお》田《た》資宗《すけむね》は、家光から諸大名・旗本《はたもと》の系図編纂を命じられ、寛永二十年（一六四三）に『寛永諸家《かんえいしょか》系図《けいず》伝《でん》』（以降、『寛永伝』と略称する）として完成させたが、この序文の中で「諸大小名・御譜代・御近習・御番衆等およそ恩禄をかうふるもの、大小となくみな其家譜をさゝぐるもの数千人なり」と、太田は当時の徳川家家臣団を、大名・小名、譜代、近習《きんじゅう》、番衆《ばんしゅう》（番士）と把握していた。これらの用語は、一次史料である「江戸幕府日記」においても、同様の使い方をしており、本巻が対象とする十七世紀では一般的な使用例となる。そこで本巻では、この表現のもと、大名であれば徳川一族の家門大名や譜代大名、広大な領地と多くの家臣団を抱える外様の国持大名などに分類し、さらに近習についても具体的な中身（人員や職制）などを説明していく。

二点目に、徳川家の組織構造として、活動の中心となる「奥」に注目したい。「奥」というと、江戸城の本丸内にあった女性を中心とする「大奥《おおおく》」を思い浮かべる方も多いのではないだろうか。確かに大奥を「奥」とも言ったのだが、将軍が日常生活をおくる空間である「中奥《なかおく》」もまた「奥」といった（福田千鶴、二〇二一）。江戸城は、「表」、「中奥」、「大奥」と空間的に分離しており、家門大名をはじめ多くの大名は、江戸城へ登城すると「表」にある部屋（殿席《でんせき》）で控えた。将軍は日常を中奥で暮らしており、年中行事などの儀礼があると「表」へ出て来る。こうした空間としての「表」「奥」とともに、人的組織としての「奥」という考え方がある。徳川家をはじめ、多くの大名家においても、主君の側に仕える近習という人的組織を「奥」や「側方」などと言い、これに対するものを「表」や「外様」などと称した。この「奥」における人的構成が、先に言うところの側近集団としての近習であった。従来、将軍の側近というと、たとえば五代将軍徳川綱吉により設置された側用人が有名だが、近習は大名ばかりでなく、旗本やそれ以下の御家人もおり、本書では、「奥」を構成した側衆をはじめ小姓《こしょう》、小納戸《こなんど》などの役職や、番方でも一部の書院番、小姓組番、新番、小十人組、徒組《かちぐみ》などを将軍の近習としてとらえて、その人員や特質についても明らかにしていきたい。さらにこれら近習と将軍や老中・若年寄との関係を加えることで、徳川家内部の組織構造およびその特徴を理解する一助としたい。

三点目に、家督継承である。「家」の存続において重要なのは、次世代を担う嫡子や庶子の存在である。本書では、これら子どもたちや、成長を祝うため徳川家の中で営まれるさまざまな人生儀礼に注目していく。さらに父である家光から嫡子家綱へどのように家長としての権限が委譲されていくのか、家臣団・軍団がどのように譲与されていくのかという点についても注目していく。家綱が「家」の家長となっていく過程である。

本巻では、主に一次史料である「江戸幕府日記」（姫路酒井家本）を使用しているが、一般書という性格にも留意して、煩雑になることを避けるため、事実関係の一つ一つに注を付けるということはしていない。ただ前後で他の史料との区別が必要な場合などは記している。また、他の巻とは異なり、初代将軍徳川家康から最後の十五代将軍徳川慶喜までを見通すものではなく、主に三代将軍徳川家光から四代将軍徳川家綱を対象としたものとなっている。しかし江戸時代における武家の「家」とは何かを考える上で、重要と思われる点を抽出しており、これをもってシリーズの課題に代えることにしたい。

本巻のねらい

本巻で扱う時代は、主に三代将軍徳川家光、四代将軍同家綱であり、最後では五代将軍同綱吉《つなよし》や八代将軍徳川吉宗《よしむね》による将軍家相続にまで及んでいる。対象としては十七世紀が中心ということになる。この時代は、一般的には豊臣家が滅んだ大坂の陣が終了し、元和偃武《げんなえんぶ》と呼ばれる平和な時代が到来したと言われる。しかしながら、未だ戦国時代の遺風は色濃く残っており、江戸では、武士同士、もしくは武士と町人の喧嘩争論など、けっして珍しい光景ではなく、時に相手を討ち果たしてしまうこともあった。また往来では、かぶき者と呼ばれる異風の姿をした者たちが闊歩し、水野成之（旗本奴）と幡随院《ばんずいいん》長兵衛（町奴）の対立など、強い自己主張のもと、徒党を組んでの騒動が発生していた。また、寛永十四年（一六三七）に起きた島原・天草一揆や、中国明の滅亡と清の建国など、国内・国外問題はきわめて緊張する状況にあるなかで、ひとたび対応を間違うと、平和が維持できなくなるきわめて不安定な要素が社会にはあった。また、諸大名との関係において、特に豊臣期には肩を並べる存在であった国持大名の臣従化が進むなかで、家康や秀忠とは異なった対応が求められた。旗本で、後の歌舞伎などで天下のご意見番として著名となる大久保彦左衛門忠教《おおくぼひこざえもんただのり》は著書『三河物語』の中で、主君である徳川家光に対して「御譜代久敷《ひさしく》、度々の御忠節・走り廻りを申、御九代召使わされたる者の筋を、悪しく召使わされ給ハゞ、御主（徳川家当主）之御不足にてこそあれ」と、松平家初代親忠以来、九代に渡って仕えてきた譜代の家臣を悪く扱うようであれば、もはや徳川家の当主として力量不足とまで厳しく主張している。家光が将軍家の当主として、どのように「家」内を整備してこれらの諸問題に対処し、そして次世代の家綱へ家督を継承していくのかは、きわめて大きな課題であった。もっとも慶安四年（一六五一）四月の家光死去後、家綱が十一歳で将軍家を相続するという、徳川家内に第一人者不在の事態が出現する。さらに家綱は男子がいないまま延宝八年（一六八〇）閏五月に四十歳で死去してしまい、将軍家断絶の危機を迎え、弟の綱吉が養子となって五代将軍に就任することになるが、将軍家にとって初めて養子による家督相続となった。さらにその後も、綱吉や七代将軍家継に男子がいなかったことから徳川家では養子相続が続いた。養子相続は、嫡子による相続に比べ、後継候補者の争いが激しくなり、「家」にとっては不安定な時期をつくり出すことになる。こうした時期に相当したのが本巻の時代であり、徳川家がどのように「家」内支配を行っていったのか、本書は、こうした側面に注目しながら進めていくことにする。

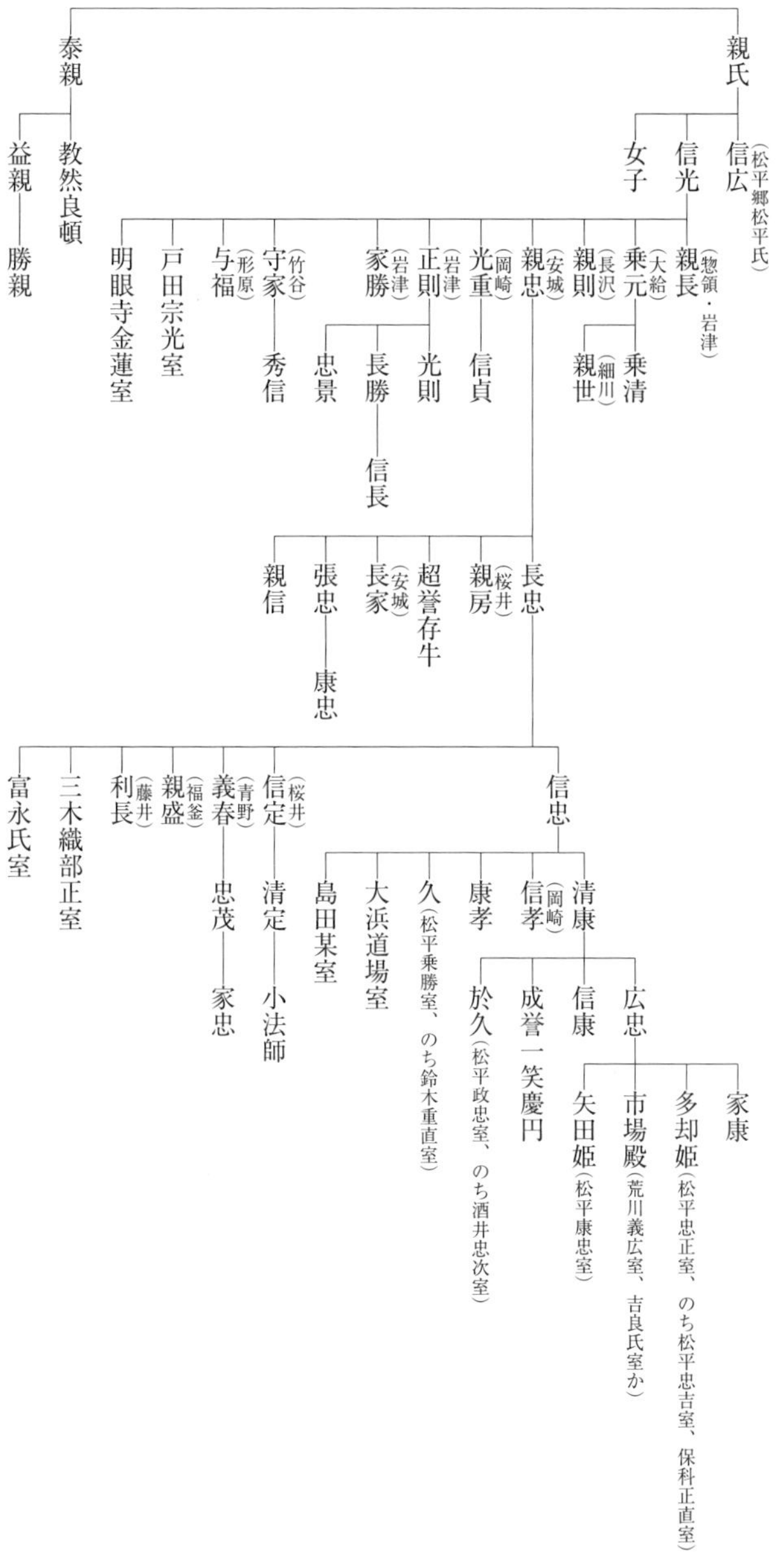

図1　松平氏略系図　平野明夫『三河 松平一族』（洋泉社新書、二〇一〇年）三五六～三五七頁より

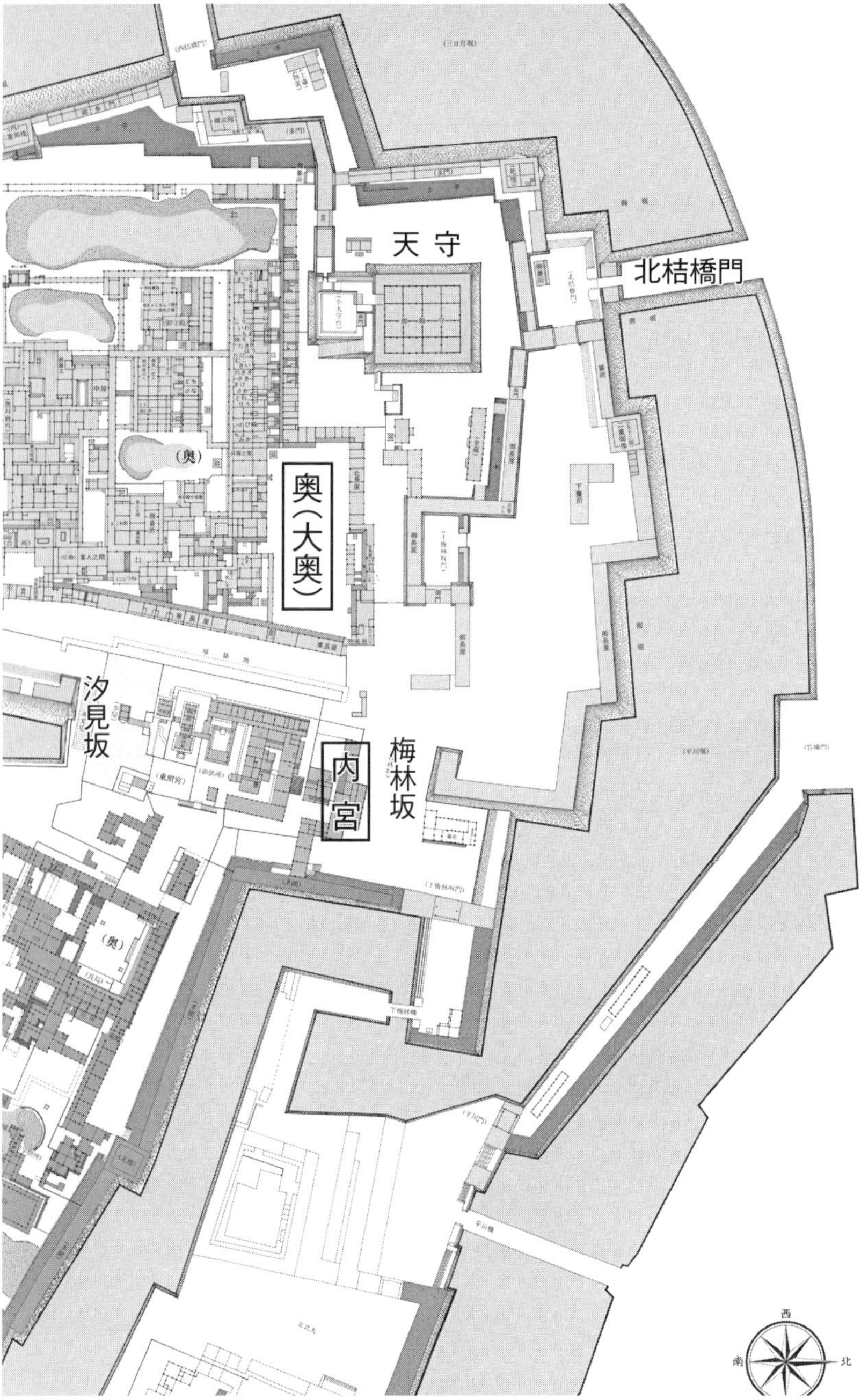
天守
北桔橋門
奥(大奥)
汐見坂
内宮
梅林坂
西
南
北

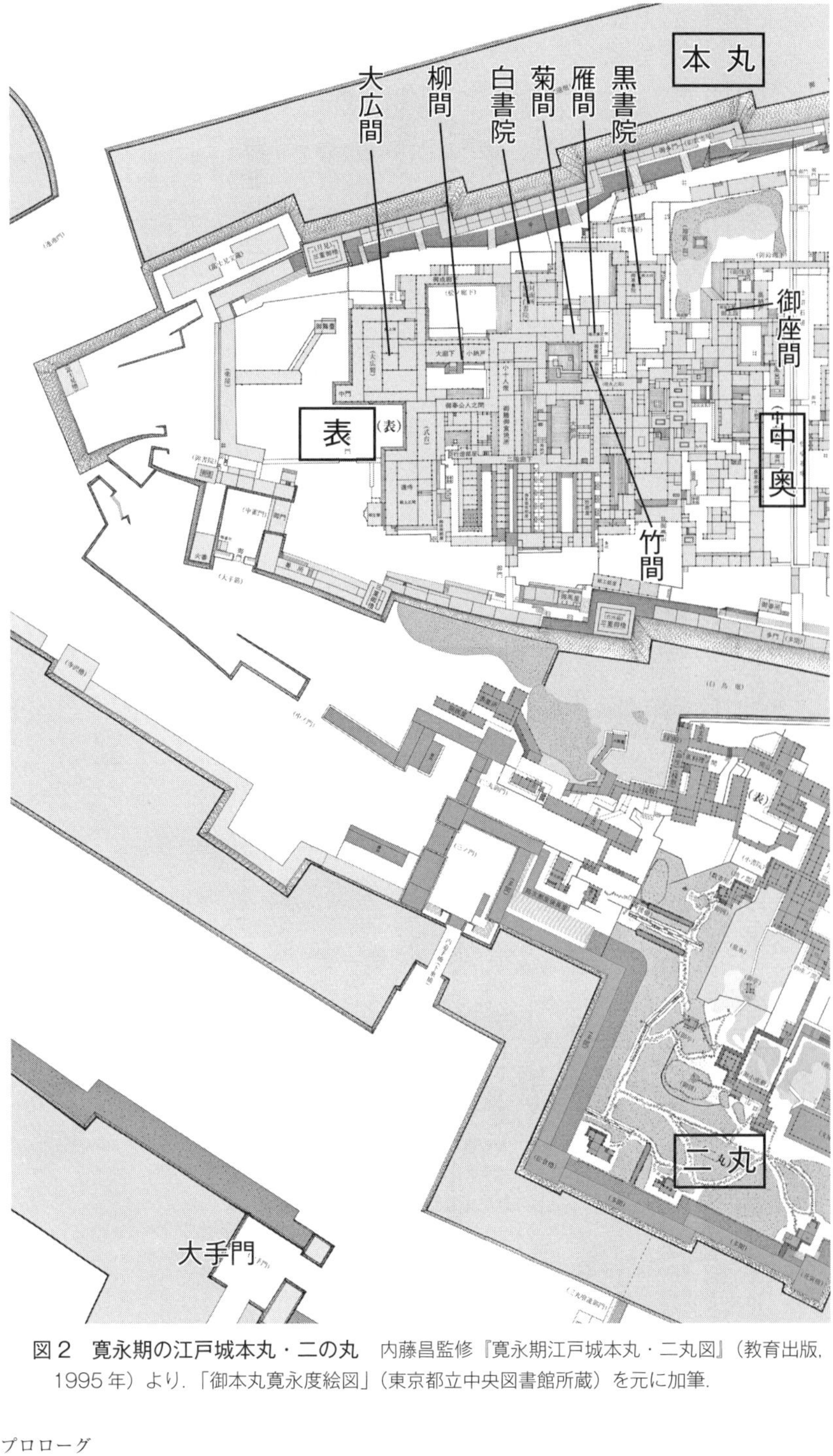

図2　寛永期の江戸城本丸・二の丸　内藤昌監修『寛永期江戸城本丸・二丸図』（教育出版, 1995年）より.「御本丸寛永度絵図」（東京都立中央図書館所蔵）を元に加筆.

一　徳川家内における政治組織

1　老中職の成立

家康の祖先観

徳川家康が「家」の祖先について、南北朝時代の武将新田義貞《にったよしさだ》を輩出した清和源氏の一流である新田氏流を称したことは有名な話である。もっとも、家康が重要と位置付けた祖先は、足利尊氏《あしかがたかうじ》のライバルであった義貞ではなく、源頼朝と同時代に生きた新田（源）義重《よししげ》であった。義重の四男義季《よしすえ》が徳川もしくは得川を称し、この子孫が三河国に流転し松平の祖となる親氏《ちかうじ》であるという伝承から、始祖であるなら義季を重視してもおかしくない。しかし家康は、慶長十六年（一六一一）十一月、上野国新田郡に土井利勝《どいとしかつ》、成瀬正成《なるせまさしげ》、増上寺住職《ぞうじょうじ》の存応《ぞんのう》を派遣して義重の遺跡を探索させるとともに、同地に義重の菩提を弔うため、浄土宗義重山大光院《だいこういん》を建立し、同人の墓まで建てるほどであった。義重は源義家《みなもとのよしいえ》の四男であった源義国《よしくに》の長男であり、弟に足利氏の祖となる源義康《よしやす》がいる。室町幕府の足利将軍家は、この義康の系統であった。新田荘を本拠地とした義重は、子に山名《やまな》氏や里見《さとみ》氏などを輩出した源氏の重鎮であった。晩年に『吾妻鏡《あずまかがみ》』を愛読していた家康にとって（『駿府記』）、頼朝がたびたび義重の屋敷を訪問して敬意を払っていたことは、もちろん知っていただろう。頼朝と同じ征夷大将軍となった家康にとって、義重を祖先として位置付けることは、鎌倉幕府と同じ関東における全国政権の主催者としての正統性を獲得するためにも必要な営みであった。徳川家は、義重を祖先とすることによって諸大名を凌駕する歴史性を獲得することになるのである。家康にとって、血統が源氏や義重と本当に連続するのかどうかは二次的なことであり、重要なのは、連続している歴史を徳川家が有していることである。本巻では、徳川家の「家」的側面をみていくが、こうした「家」に付随する人々の認識にも配慮しながら、進めていくことにする。

図3　新田氏略系図

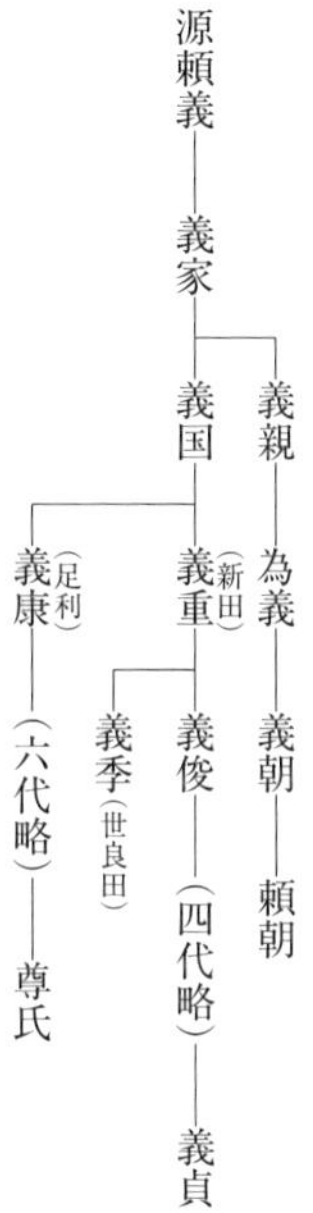

図4　徳川家光　徳川記念財団所蔵

家光政権のはじまりと人事

徳川家光は慶長九年（一六〇四）七月十七日、家康の後継者で二代将軍であった徳川秀忠と正室江与《えよ》との間に誕生した。江与の父は、戦国大名浅井《あざい》長政《ながまさ》であったが、天正元年（一五七三）八月、織田信長によって滅ぼされており、家光には母方の祖父（外戚）がいなかった。寛永九年（一六三二）正月二十四日、すでに大御所となっていた秀忠が五十四歳で死去すると、御代始めとして、将軍家光による実質的な幕府の運営が開始される。すでに幕府の政治は、将軍の上意とともに、年寄が加判をした連《れん》署奉書《しょほうしょ》によって諸大名をはじめとしたさまざまな集団・個人へ指示・命令していく体制がつくられていた。これを担ったのが、秀忠の大御所時代でいうと家光付の本丸老中（もともと年寄と呼ばれていたが寛永十年代から老中と呼称される。以降、便宜上、老中で統一する）には酒井《さかい》忠世《ただよ》、酒井忠勝《ただかつ》、稲葉《いなば》正勝《まさかつ》、内藤忠重《ないとうただしげ》であり、秀忠付として西丸

図5　徳川氏略系図1

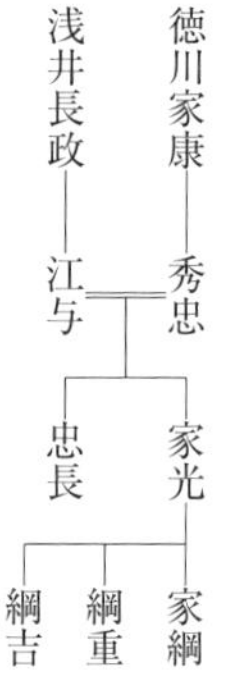

図6　酒井氏略系図

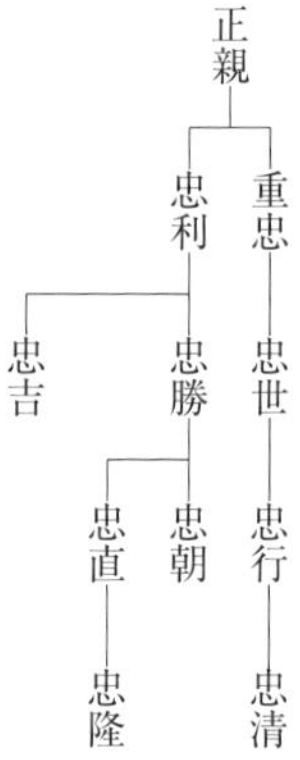

老中には土井《どい》利勝《としかつ》、青山《あおやま》幸成《よしなり》、永井《ながい》尚政《なおまさ》がおり、秀忠死後は本丸老中に西丸老中が吸収されて統合されていた。なお西丸老中には森川《もりかわ》重俊がいたが、秀忠の死後、殉死している。本丸筆頭老中であった酒井忠世は、徳川家内においても、先祖が松平の祖親氏の子酒井広親《ひろちか》であったことから、徳川（松平）と同族という由緒を持ち、中世以来、徳川家を支えてきた名門譜代家臣であった。

この時、家光は二十九歳であり、徳川家の家長として、将軍として、自ら政治を担う力量を発揮していくことになる。

家光は前代からの老中を政権の中枢に据えながらも、自身に幼少から付き従ってきた近習出頭人を取り立てることで、幕府政治に自らの意思をより円滑に反映させていった。同年六月一日、肥後の加藤家を改易にしたことを江戸城黒書院《くろしょいん》において諸大名へ伝えた。「江戸幕府日記」によれば、この時、改易を伝えたのは、酒井忠世、土井利勝、酒井忠勝、永井尚政、稲葉正勝、内藤忠重、青山幸成の七人の老中であった。注目したいのは家光の乳母《めのと》春日局《かすがのつぼね》の子である稲葉正勝である。実は稲葉正勝は、もともと内藤忠重の下位にあったのだが、この三月から六月の間に上昇しており、実際、九月からは老中連署奉書に加判するようになっていた（藤井讓治、一九九〇）。この時期の稲葉正勝は、家光から気に入られた大名として細川忠利からも「出頭花がふり」と言われた（『細川家史料』寛永九年六月六日書状）。

こうしたなか、六月一日、家光は、不行跡を理由として肥後国熊本の国持大名加藤家を改易に処すとともに、石川忠総、内藤政長といった譜代大名や伊丹康勝を肥後国の仕置きのために派遣すると命じたが、三日には稲葉正勝を上使として肥後へ派遣すると命じている。稲葉正勝は秀忠時代から本丸老中であったが、家光とは乳兄弟であり特に目をかけられ期待された大名であった。これ以降、稲葉正勝は、もともと秀忠の近習から老中となった内藤忠重や青山幸成よりも上位に位置付けられていく。

さらに家光は、自身の近習であった松平信綱《のぶつな》（大河内久綱の子で松平正綱の養子となっていた）を幕政へ参加させることを意図していた。家光の子で四代将軍となる家綱の時代まで老中として徳川家を支えた信綱は、慶長九年七月十七日、九歳の時に家光が誕生すると、二十五日には家光付小姓《こしょう》となり合力米三人扶持を拝領した。以降、家光子飼いの家臣として、元和九年（一六二三）には小姓組番頭に就任、知行八百石となる。その後も加増を重ね、寛永四年（一六二七）には相模国高座《こうざ》・愛甲《あいこう》両郡内にて一万石となり、同七年には上野国白井《しろい》・阿保《あぼ》村にて五千石を加増された。同九年十一月十八日、「宿老並」に奉公するように命じられている。同十年三月二十三日、「少々之御用」を支配する六人衆の一人に任じられた。六人衆は信綱以外、阿部忠秋《あべただあき》、堀田《ほった》正盛《まさもり》、三浦正次《みうらまさつぐ》、太田資宗《おおたすけむね》、阿部重次《あべしげつぐ》である。

松平信綱の登場

もっとも信綱は将軍側近としての性格を持つ小姓組番頭を兼ねており、かつまだ城主でもなかった。しかし、遡るが同年正月二十九日付、細川忠利から木下延俊《きのしたのぶとし》宛の書状によれば、信綱について、新しい出頭人として頼んでよい人物であり、かつ新しい出頭人なので門派も少なく物事を解決できる家光「御取立」の人と述べている。すでに信綱は注目される存在となっていた。信綱の実家は大河内家であり、養家は長沢松平家だが分家筋で、けっして高い家格の出身ではない。

寛永九年九月時点で、酒井忠世（前橋城主十二万二千五百石）、土井利勝（佐倉《さくら》城主十四万二千石）、酒井忠勝（川越《かわごえ》城主十万石）、永井尚政（古河《こが》城主八万九千石）といった老中たちは皆、城主であり、かつ永井尚政以外は十万石級の大名であり信綱とは依然として差があった。信綱が忍《おし》城を拝領して初めて城持になるのは、少し先の同十年五月五日である。

また青山幸成は、十月二十三日に加判をしている最後の事例が確認されている（藤井讓治、一九九〇）。青山は、翌十年二月三日、一万石加増の上で遠江国掛川城を拝領しており、これによって幕閣を離れ、徳川家の地域的拠点を守備する拠点型大名としての性格を強めていく。三月には内藤忠重と永井尚政の加判も確認できなくなり（藤井讓治、一九九〇）、内藤は三月十六日に、一万五千石加増の上で志摩鳥羽城へ、永井は二十五日に古河八万九千石から加増の上、山城淀十万石へ、それぞれ転封となった。さらに家光は、五月五日、若年寄の阿部忠秋と堀田正盛に対して松平信綱と同じ老中に命じた。もっとも、松平信綱、阿部忠秋、堀田正盛はこれで若年寄職を解任されたというのではなく、むしろ若年寄の中に老中並が含まれているという状況であった（小池進、二〇〇一）。

なお同年十二月、家光は大目付を設置している。柳生宗矩《やぎゅうむねのり》、秋山正重《あきやままさしげ》、水野守信《みずのもりのぶ》、井上政重《いのうえまさしげ》という、家光取り立ての旗本たちであった。柳生宗矩は、剣術に関して将軍家の指南役を務め、家光もたびたび麻布にある宗矩の下屋敷へ御成をしていた。秋山の父昌秀《まさひで》は甲斐武田家の家臣であったが滅亡後に家康に仕えた履歴を持つ。また正重の正室の母は春日局の妹であった。水野は『寛政重修諸家譜《かんせいちょうしゅうしょかふ》』（以下、『寛政譜』と略称する）によれば同家中興の祖である同貞守《さだもり》（長享元年〈一四八七〉死去）の二男の系統であり、多くが大名家に取り立てられた家康生母大《だい》の兄弟の系統ではなく、戦国時代に分かれた庶子筋の水野家であった。井上政重は、同家について『寛政譜』によればもともと大須賀《おおすが》康高《やすたか》配下としており、陪臣の出身で、出自も不明であり、かつ同清宗《きよむね》の三男という、こちらも庶子筋であった。いずれにせよ、彼らもまた家光が取り立てた旗本たちであった。

大名家が幕閣を使い分けている事例

それでは、こうした徳川家内部における老中間の秩序・序列を、大名たちはどのように区別していたのだろうか。特に家光とこれら老中、さらに旗本に対する対応について、寛永九年六月加藤家改易後、肥後を拝領した細川忠利《ほそかわただとし》の対応をみてみよう。

その前に、この時期の細川忠利と肥後拝領について説明しておく。加藤家が改易されたことで、九州の中でも大国であった肥後を誰が拝領するのか諸大名は噂しあい、越前福井藩の松平忠昌《ただまさ》ではないかとも、細川忠利自身、仙台藩の伊達《だて》政宗《まさむね》や尾張藩の徳川義直《よしなお》・紀伊藩の徳川家宣《いえのぶ》を中国地方に移して、同地の大名を肥後へ転封させるのではないか、とも推測していた（『細川家史料』寛永九年七月五日書状）。七月十八日の書状では、細川忠利が肥後を拝領するとの噂が流れ始めたため、細川忠利は日頃から仲が良く、家光の側にいて今回も家光の命令によって熊本城の受け取りへ行っていた堀田正盛へ尋ねたが答えてはくれなかった。なお、この熊本城受け取りは、加藤家が籠城することも考えられたため、石川忠総《いしかわただふさ》、内藤政長《ないとうまさなが》といった譜代大名のほか、伊丹康勝《いたみやすかつ》、秋山正重、石河勝政《いしこかつまさ》、曽我古《そがひさ》祐《すけ》、朝倉在重《あさくらありしげ》が同地へ赴いている。実はこの時期、家光は体調を崩しており、さらに高崎で幽閉していた弟忠長に対しても最終的な決断が迫られていた。

さて細川忠利は八月、やはり家光に近い旗本の内藤正重《まさしげ》に対して、幕府が肥後を下さるとのことで、大国であり欲しいところだが、理由もなく拝領しては他の誹《そし》りを受けるので今のまま（豊前小倉《こくら》城主）がよい、などと正直な気持ちを吐露している（『細川家史料』寛永九年八月十六日書状）。

十月四日、細川忠利は江戸城への登城を命じられると、御座間において家光から直接、肥後一国および豊後鶴崎《つるさき》二万石を与えると伝えられた。その後、細川忠利は十四日には帰国を許されて熊本城を受け取っている。

細川忠利は早速、幕府要人に対して、肥後拝領のお礼と贈り物を江戸へ送っているが、この時の対応をみてみよう。いずれも十二月十日付で送っている書状である。

①酒井忠世、永井尚政、青山幸成、伊丹康勝、酒井忠勝宛

書状の内容―肥後は見事。過分であり取りなして欲しい。家光へみかんを進上したので良いように頼みます。各々にもみかんを二箱進上します。

②稲葉正勝宛

書状の内容―肥後は見事。忝《かたじけ》なく取りなして欲しい。家光へみかんを進上したので良いように頼みます。みかんを三箱進上します。

③堀田正盛、松平信綱、阿部忠秋宛

書状の内容―肥後は見事。忝なく次いでの時があれば取りなして欲しい。

④伊丹康勝宛

書状の内容―肥後は見事。家光へみかんを進上したので良いように頼みます。みかんを二箱進上します。

⑤曽我古祐、榊原職直《さかきばらもとなお》宛

書状の内容―肥後へ入国して初めての使者なので祝として糯子五巻を進上します。

⑥榊原職直宛

書状の内容―肥後入国にあたって、家光から道、橋、人馬、兵糧に至るまで上意によって支えなくしてもらいありがたい。この事を年寄までお礼を言うため礼状を送るので稲葉正勝と相談して、熊本藩の江戸留守居に対して年寄へ礼状を送るようにと指示して欲しい。

⑦酒井忠世、土井利勝、酒井忠勝宛

書状の内容―肥後入国にあたって、家光から道、橋、人馬、兵糧に至るまで上意によって支えなくしてもらった。宛名の人たちへ御礼を申し上げる。

以上、細川忠利が肥後拝領・入国にあたって、十二月十日付で礼状を出したのは、①から⑦までの大名・旗本十二名である。また、酒井忠世、酒井忠勝、伊丹康勝、榊原職直へは、別の内容で二度に渡り送っている。それでは細川忠利はどのように内容を使い分けているのであろうか。

まず肥後一国を拝領して「肥後は見事」と表現しているのは①②③④である。この中でも細川忠利が感謝をしていると家光へ「取りなし」て欲しいと依頼をするのは①②③である。もっとも①②と③では表現が異なっていて、①酒井忠世、永井尚政、青山幸成、伊丹康勝、酒井忠勝と②の稲葉正勝（相模小田原藩八万五千石）へは、家光に対して取りなすことが当然できるとの前提で依頼をしているが、③の堀田正盛、松平信綱、阿部忠秋については、もし「次いで」があればと、取りなしてもらえないこともあることをわかった上で感謝を伝えている。①と②の老中たちは、家光へ感謝を伝えることができる、すなわち細川家が肥後を拝領したことについて家光と話すことができるということが容易に想像できるのである。③の大名群は細川忠利にとっても、いつ家光と会う機会があるのかは不明だがもちろん会って話すことができる人物なので、このような表現になったものと思われる。家光と話すことができるという点でいえば、④の当時勘定奉行《かんじょうぶぎょう》でありながらも幕閣に連なっていた伊丹康勝も同じであり、家光の御前に出て行くことができることは細川忠利もわかっているが、肥後拝領について勘定奉行に対して有りがたいと言うべきではなかったということであろう。

⑤の曽我古祐（千石）と榊原職直（千八百石、書院番頭）に対しても肥後を拝領したことに対する感謝は述べない。もっともこの二人は、細川忠利が幼少のころからの友人であり、今回の熊本城接収については上使衆《じょうししゅう》も勤めていた。曽我は家光から信頼されている旗本であり、翌十年三月に長崎奉行に任じられるなど、西国とのつながりが深くなっていく。榊原も同十一年に長崎奉行となっている。このような二人に対して細川忠利は、祝物を進上する以外、他には何も言っていない。これは曽我と榊原が家光に対して、細川忠利の肥後拝領のお礼を言うべき立場にはなかったということであろう。むしろ榊原は⑥にあるように、稲葉正勝と相談してお礼をどのように老中（ここでは⑦の酒井忠世、土井利勝、酒井忠勝）へ届ければよいか指南してもらうことを期待している御頼旗本なのである。稲葉正勝もまた細川忠利にとっては細川家へ常に助言をしてくれる頼もしい存在であった。

阿部忠秋と堀田正盛

さて、その後、寛永十一年三月、松平信綱と同列の老中並として引き上げられたのが、やはり家光の幼少時から付き従ってきた阿部忠秋と、春日局と縁がある堀田正盛（母は稲葉正成の最初の妻、春日局は正成と再婚）であり、同十年三月二十六日に新設したばかりの六人衆からの引き上げであった。堀田正盛もまた細川忠利から「出頭花がふり申候」と注目される家光近習であった（『細川家史料』寛永十一年閏七月五日書状）。ただ、小池進によれば、四月以降、信綱は土井利勝ら老中と同じように老中連署奉書に加判・連署するようになり同列となったが、堀田正盛と阿部忠秋は、一年後の寛永十一年三月に初めて加判が確認でき、八月

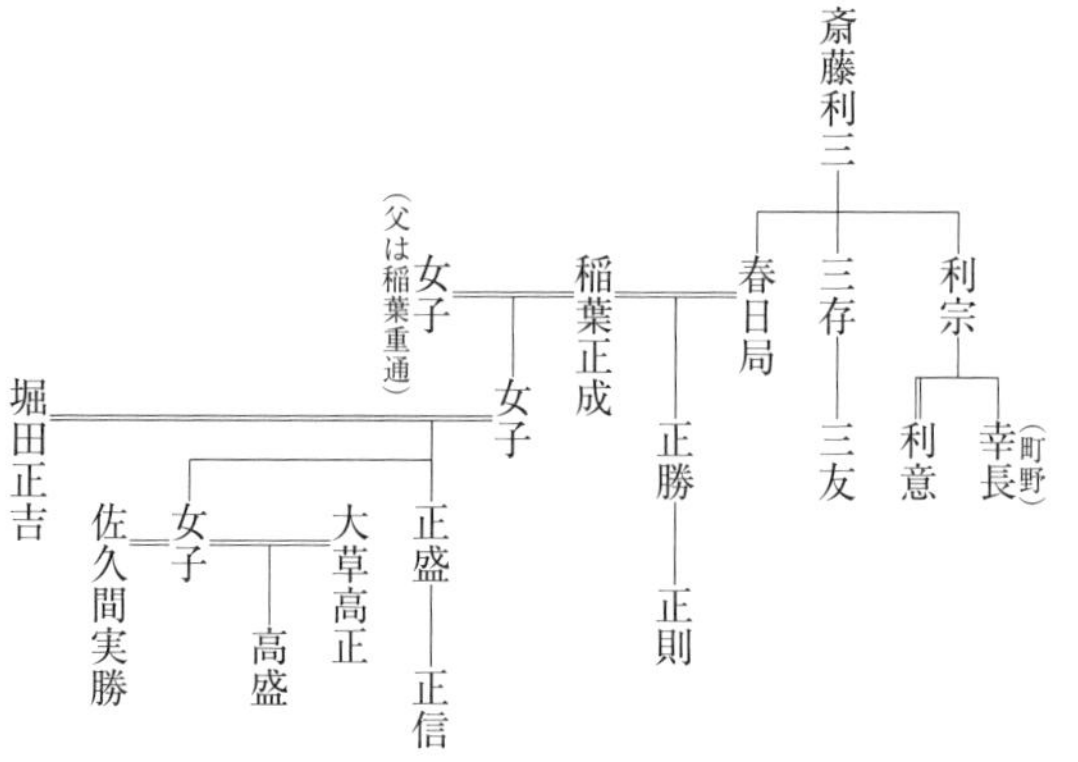

図7　斎藤氏・稲葉氏・堀田氏関係略系図

図8　阿部氏略系図

以降、安定的な奉書への加判が見られるようになるという。つまり、老中の中にも階層があり、酒井忠世、土井利勝、酒井忠勝といった老中と、新しい近習出頭人の松平信綱、阿部忠秋、堀田正盛といった老中並は同一視できない。なお、これらの集団の間に、家光の側近老中であった稲葉正勝がいたが、寛永十年五月以降、病のため活動が見られず、同十一年正月二十五日死去している。

堀田正盛が城持になるのは、川越城を拝領した寛永十二年三月一日であり、同じく六月二十日、阿部忠秋も下野壬生《みぶ》城を拝領して城持となった。翌日に出された「武家諸法度」の申し渡しは、井伊直孝《いいなおたか》、松平忠明《まつだいらただあきら》、酒井忠世、土井利勝、酒井忠勝が江戸城大広間にて林羅山《はやしらざん》が読み上げる中で伝えており、ここに松平信綱、阿部忠秋、堀田正盛は列座していない。

それが同年十月二十九日に、松平信綱、阿部忠秋、堀田正盛が、これまで兼帯していた小姓組番頭を許されて老中職へ専任となることで彼らの格上げが行われ、十一月十五日、諸大名の訴訟や御用を担当する老中として、土井利勝、酒井忠勝、松平信綱、阿部忠秋、堀田正盛による月番制が導入された。

またこうした老中の家格を合わせるために十二月晦日、阿部忠秋と堀田正盛は、翌正月の儀礼における給仕役を許されている。幕府内の諸行事において給仕をしない立場であるということも、給仕をする役割を持っている者との格式の差を表すことになる。なお、この時両人に代わって給仕役を命じられたのが、太田資宗《おおたすけむね》と朽木種綱《くつきたねつな》である。

大坂の陣によって豊臣家が滅び、元和偃武《げんなえんぶ》となると、大名家同士が軍勢を動員して戦うことはなくなった。しかし、寛永十四年（一六三七）に九州で島原・天草一揆が起きるなど、合戦は昔のことではなく軍事的出動が想定された。

老中と番頭―役方と番方を兼ねる―

家光が将軍であった時代、全国支配を担う役職である老中であっても、小姓組や書院番などの番方の番頭《ばんがしら》を兼任する場合があった。秀忠死去直後の老中を見てみても、本丸老中の酒井忠勝は書院番頭を兼任するとともに鉄砲百人組を預かっていたし、稲葉正勝は、小姓組番頭を、内藤忠重にいたっては、書院番頭と小姓組番頭の両組を兼任していた。さらに秀忠が掌握していた西丸老中では、永井尚政と青山幸成は、書院番頭・小姓組番頭・小十人頭をそれぞれ兼任し、さらに青山は鉄砲百人組をも預かっていた。

こうした状況は、堀田正盛、松平信綱、阿部忠秋、阿部重次といった、家光が取り立てていった老中たちもまた同様であり、小姓組番頭を兼任することが常態化していた。徳川家の軍団の中でも、小姓組は大番と違って、将軍との親近性が高く、番士も二男、三男が新たに召し出されて家光と新たな主従関係を形成していくという、いわば側近的な軍団でもあった。この時期の老中は行政的力量だけではなく、軍事的指揮能力を有していることも求められたのである（根岸茂夫、二〇〇〇）。

松平信綱の松平家は長沢松平家の庶流であり、阿部忠秋も分家筋であり、家格はそれほど高くない近習出頭人であり、堀田正盛にしても同様であった。唯一、阿部重次は、大坂城代を長年勤めた正次の嫡男であり徳川譜代家臣として家柄も高いが、やはり家光に気に入られて老中になったという点では同様である。

彼らの出自を辿っていくと、戦国時代に徳川（松平）家と肩を並べた大名や国衆ではなく、また本家ではなく分家であったり、二男、三男といった庶子筋が多い。だからこそ、将軍の「側」にいることができた。

将軍の直轄軍団

戦時であれば、将軍の軍団は、旗本馬廻を示す「当家御座備図」（図9）にある通り、先手鉄砲組、同弓組といった足軽を主体とする組を先頭に、大番、書院番といった旗本が先陣を形成す

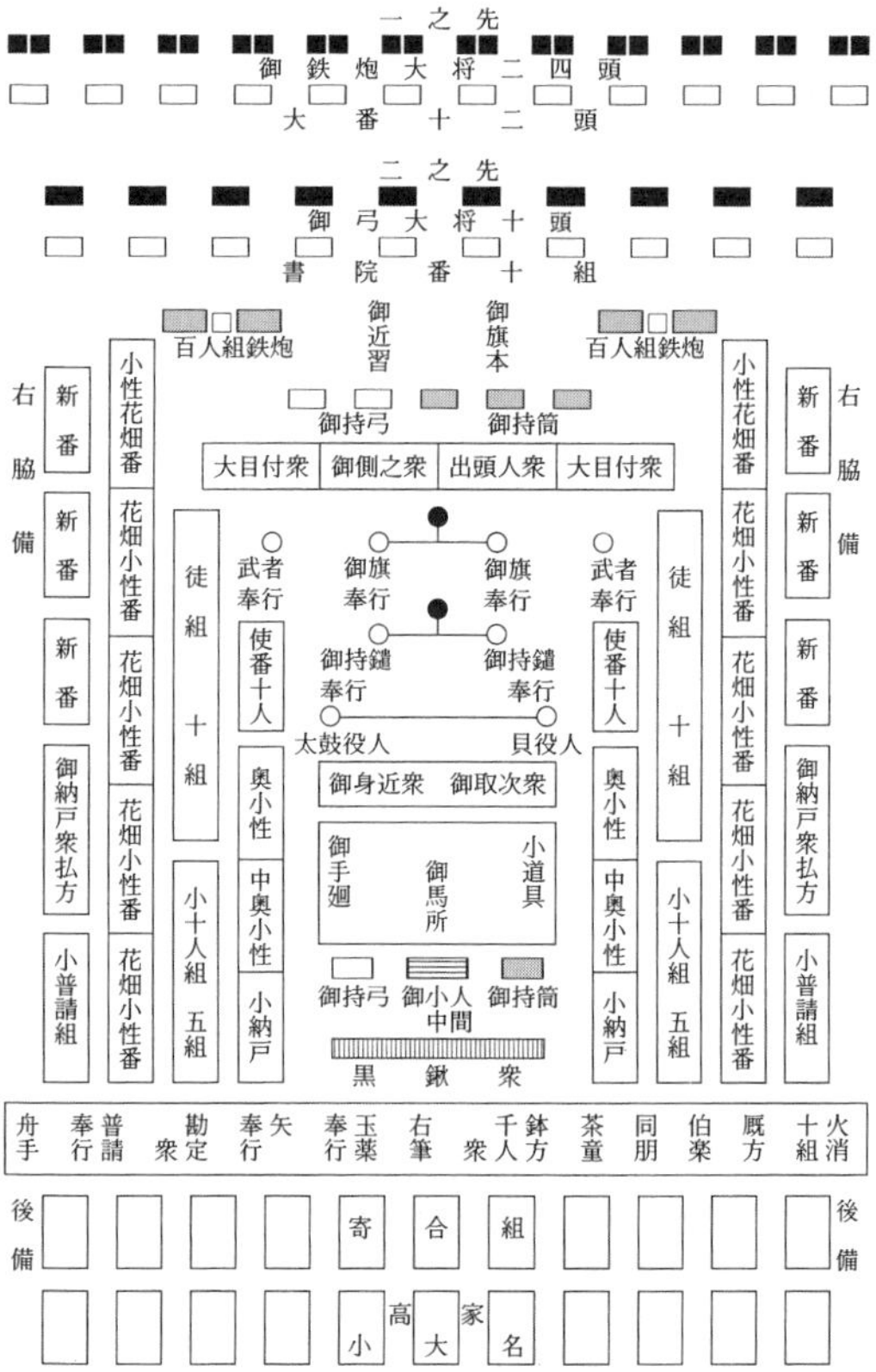

図9　当家御座備図　根岸茂夫『近世武家社会の形成と構造』（吉川弘文館，2000年）190頁より転載

る。左陣・右陣にはそれぞれ新番や小姓組番が配置されている。将軍のすぐ左右には小姓、使番《つかいばん》、小《こ》納戸《なんど》、徒組《かちぐみ》、小十人組の番士が取り囲んで、将軍の後ろには諸役人や寄合、高家、小大名が備えている。小姓や小納戸はもとより、新番や小姓組番もまた、平時における将軍側近としての側面がこうした軍団編成にも表されている。

もっとも、多くの時間を江戸城の中で過ごし出陣することのなかった家光にとって、実際にこの軍団編成を全面的に展開することはなかった。それでも家光は、江戸城を出て、高田、品川などにあった御殿はもとより、堀田正盛の浅草下屋敷や柳生宗矩の麻布下屋敷を訪れながら鷹狩を行うなど、軍団とまではいかなくても供奉する衆を連れて江戸近郊へ出かけることが頻繁にあった。

それでは家光は、どのような供連れをしていたのであろうか。「江戸幕府日記」寛永十五年（一六三八）七月二十八日の項によれば、家光は、鷹狩へ行った時に供をした者の勤務について調べて書付を提出するように、徒頭をはじめ小十人頭、腰物持、鉄砲薬込役へ命じている。これを受けて一ヵ月後の八月二十九日、供の面々へ、いつも供を勤めていることを賞して以下の者たちへ褒美を与えた。徒頭坪内定次、堀田一純、北条正房、兼松正尾、彦坂重

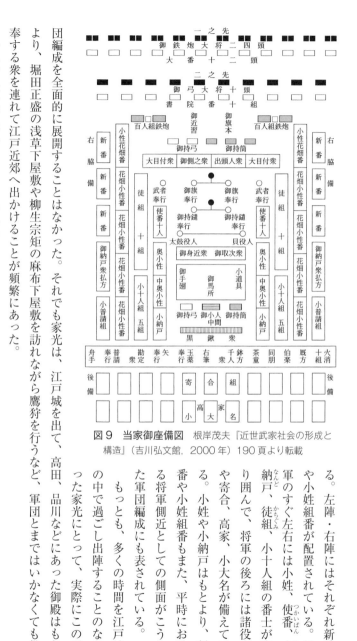

定、神尾守勝、大久保忠貞、小十人頭山下周勝、田中忠勝、小栗久玄、小林正重、小納戸中根正寄、腰物持小笠原元定、天野正信、御手洗昌重、加藤治次などの面々であった。九月十三日には貝吹役人、台所衆、徒目付へも供を懈怠無く勤めているとして、銀子を与えている。

つまり家光の供は、小十人組、徒組、小納戸、腰物持を始め、大番・書院番・小姓組番の三番の番士よりも下位に位置付けられる小十人番士や徒士、小納戸などがいた。将軍の身の回りにいるという点においては、先ほど見た「当家御座備図」における戦時の将軍の身の回りとほぼ同じ構図であり、戦時と平時における将軍の身の回りは同一なのである。

もう一例あげておこう。慶安元年（一六四八）四月、家光は日光社参を行うが、これに先立って同月十二日、輿の前後を供奉《ぐぶ》すべき人物、役職を命じている（『徳川実紀』）。供奉すべきは、牧野親成、斎藤三友、内田正信、柴田康久と使番、目付、先手頭、鑓《やり》奉行、小十人頭、腰物持、薬込役、諸道具奉行、玉薬奉行、弓矢奉行である。牧野親成、斎藤三友、内田正信は側衆であり、目付、小十人組、腰物持、薬込役は鷹狩の時と同じであり「当家御座備図」と較べてみても、側衆、鑓奉行、諸道具・玉薬・弓矢奉行などの諸役人も将軍の後ろに配置されている点で同じである。日光社参は軍事演習的要素が含まれていることを考慮に入れても、将軍が移動する際にはこのような配置となっており、彼らも将軍の「側」に仕える者たちであった。

なお『徳川実紀』には、これら輿の前後左右を固める「側」の者たちの役割が以下のように記してある。①道中、輿の近くで狼藉者がいたら近侍の者を左右に分けているので、その者たちが対処するようにせよ。前後から狼藉者が出てきたら、すぐに行かずに下知を待つようにして、大勢で取り押さえてはならない。もし、小事にも関わらず大勢で行けばかえって輿が手薄になるからである。②日光社参であるため、斬るべき者でも斬らずに取り押さえるようにせよ（つまり、人を殺《あや》めて穢《けが》れを発生させることをしてはならないということである）。③指揮していないのに多くかけ集まり隊伍を乱してはならない。④家光の行装を見ようとする者が出てきた時は道に近づかないように徒頭が見計らって輿より十間ばかり隔てるようにして、市街地ではなるべく近づけないようにせよ。小十人頭、徒士、腰物持、薬込役は左右前後を定めて供奉し、もし訴状を捧げる者がいれば取り収めるようにせよ、というものであった。

まず、家光が移動する上で一番に注意すべきなのは、やはり狼藉者が乱入してくることであるため、①のように横から来たならば輿の左右の者が対応し、②のように前後から来たならば下知を待って、その場その場で臨機応変に対処するようにということである。おそらく側衆の牧野親成、斎藤三友、内田正信、柴田康久を指揮系統の頂点として徒頭、小十人頭が下知することになる。②や④などは、供の者全員で不審者に対応してはならないとするなど、家光の万が一を常に考えた現実的な対応である。

警備はこうした狼藉者以外、家光を見ようとする街道中の人々への対応については⑤における徒頭が大きな役割を果たすことになる。⑥は見通しがきかず建物内からの鉄炮や弓による狙撃や不審者が潜むことを考慮してのことであろう。それから⑦のように将軍の移動には訴状を捧げる者がいるということも想定している。ここでは小十人、徒、腰物持、薬込役もまた、将軍の身体を守る側の役職であったことを確認しておきたい。これもまた徳川家による将軍を守るための危機管理ということである。

2　若年寄の成立

老中・若年寄の職務規程

寛永十年（一六三三）四月十六日、家光は後に若年寄となる六人衆（以後、若年寄とする）と稲葉正勝に対して、太田資宗と阿部重次に持弓・持筒組の支配を命じるとともに、三日後の十九日には、猿楽は稲葉正勝と太田資宗が、数寄屋職人は松平信綱と堀田正盛が、腰物職人は阿部忠秋と三浦《みうら》正次《まさつぐ》が、それぞれ支配するように命じている。いずれも老中のような公儀としての職務ではなく、徳川の「家」支配の中での「側」としての職務である。

この時期の家光は、今後の幕政を担うべきと考える老中の取り立てと、前代からの老中を排除していく中で、幕政に自らの意思を反映させるための将軍直轄制度を導入し、寛永十一年三月三日、老中と若年寄へ職務を規定した黒印状を公布した。『憲教類典《けんきょうるいてん》』には、この「定」について以下のように記されている（「老中職務定則」）。

定

一、禁中方并公家門跡衆之事、
一、国持衆惣大名壱万石以上御用并訴訟之事、
一、同奉書判形之事、
一、御蔵入代官方御用之事、
一、金銀納方并大方御遣方之事、
一、大造之御普請并御作事、堂塔御建之事、
一、知行割之事、
一、寺社方之事、
一、異国之事、
一、諸国絵図之事、
右条々御用之義并御訴訟之事、承届可致言上也、
御朱印
寛永十一年戌三月三日
酒井雅楽頭（忠世）とのへ
土井大炊頭（利勝）とのへ
酒井讃岐守（忠勝）とのへ

ここではまず酒井忠世、土井利勝、酒井忠勝といった三人の老中へ申し渡した前者の職務規程をみてみると、老中の職務として、朝廷との関係、国持大名を含めた大名の御用・訴訟や奉書加判について、幕府財政、大きな普請事業、寺社の堂塔建立、知行割《ちぎょうわり》、寺社関係、外国との関係、絵地図の作成というように定められている。老中は、徳川家が幕府として全国支配を行う上で中心的な役職であったといえる。

次にあげるのは同日、松平信綱、阿部忠秋、堀田正盛、三浦正次、阿部重次、太田資宗といった六人の若年寄に対して出された職務規程である。

「若年寄職務定則」

定

一、御旗本相詰候輩、万事御用并御訴訟之事、

一、諸職人御目見并御暇之事、

一、医師方御用之事、

一、常之御普請并御作事方之事、

一、常之被下物之事、

一、京・大坂・駿河其外所々御番衆并諸役人御用之事、

一、壱万石以下組はつれの者御用并御訴訟之事、

御朱印

寛永十一年三月三日

松平伊豆守(信綱)とのへ

阿部豊後守(忠秋)とのへ

堀田加賀守(正盛)とのへ

三浦志摩守（正次）とのへ
阿部対馬守（重次）とのへ
太田備中守（資宗）とのへ

当時、六人衆と呼ばれた若年寄の松平信綱、阿部忠秋、堀田正盛、三浦正次、阿部重次、太田資宗に対しては、旗本の支配、職人の御目見や御暇、医師の御用、規模の小さい普請、将軍からの下賜品、京都・大坂・駿河などの番衆や役人の御用、一万石以下の組はつれの者（寄合）の御用・訴訟を政務とするように定められた。全体的にやはり、寛永十年四月に定めた役割を拡大させるようにして、江戸幕府の全国支配の部分である「公儀」を担った老中とは異なり、ここで定められた若年寄の職務は将軍側近くに関わる業務であり、徳川の家政的側面を支える職務である。

旗本支配

老中と若年寄による旗本の支配について、先ほどの職務規程では、若年寄に対して「御旗本相詰候輩」というように、「旗本として詰めている者」について支配をするように命じている。旗本として将軍の側に詰めていると言っているのだから、あくまで将軍近習としての旗本たちを意味している。

これまで旗本支配は老中が行っており、たとえば寛永十年（一六三三）正月七日、大番、書院番、小姓組、小十人組、徒、弓鉄砲の各頭へ「御番之次第、一二之組合等」を老中が申し渡している（「江戸幕府日記」）。こうした旗本支配の内、将軍の「側」に詰める旗本は若年寄支配に変更されたのである。特に、書院番頭・番士、小姓組番頭・番士、小十人番頭・組頭、徒頭・組頭、弓鉄炮組（先手組）頭・組頭といった将軍の「側」を構成する軍団や番頭・物頭《ものがしら》を指している。徳川家の「先手《さきて》」（「江戸幕府日記」）として重視された大番組については、軍団自身は、将軍側近としてよりも徳川家全体の「先手」であり、書院番や小姓組とは将軍との距離が異なっていた。このため、「江戸幕府日記」寛永十五年十一月七日の条には、

一、御旗本於殿中御番仕面々は、三浦志摩守・朽木民部少輔万事御用可奉《たてまつるべき》之旨上意也、

一、大御番并寄合は、伊豆守・豊後守・対馬守御用可奉之旨被仰付《おおせつけられる》之、と、「御旗本於殿中御番仕面々」は、若年寄の三浦正次と朽木種綱が支配したが、大番士や寄合は老中が支配するというように区別されていた。

ただし、旗本支配については、老中が書院番・小姓組番をはじめ徒頭といった物頭など、将軍の「側」を構成する旗本に対して指揮・命令をすることもある。たとえば、徒頭に対しては、徒頭曽我包助が書いた日記である「曽我日記」をみてみると、寛永十八年十月二十三日、曽我らの徒頭は、日光社参がある旨を老中松平信綱から伝えられている。なお、この時に命じられた日光社参は、大雪による人馬調達の困難が考慮されて中止となっている。また正保二年（一六四五）五月二十一日、家光の嫡子で四代将軍となる家綱へ小十人と徒士《かち》を付属するので、請証人（保証人）のよい者を組から出すように徒頭多門《おかど》信利《のぶとし》に対して、やはり老中松平信綱が命じている。二十七日には、徒士が二十人では少ないためもう十人増やすので、同じように徒組から出すように、徒頭近藤用清が老中阿部忠秋から命じられている。さらに七月十九日、江戸市中に歩行や小者といった武家奉公人が対の羽織を着て「いたずら」（市中での横暴）をしているから徒組の者たちへ不作法をしないように命じる上意を老中が書院番頭・小姓組番頭へ伝えている。老中は、各番組の内部ではなく、幕府支配全体にかかわることについては、書院番頭、小姓組番頭をはじめ両番士や徒頭に対する指揮・命令の権限を残していた。

若年寄から老中への就任

寛永十一年（一六三四）三月三日に老中や若年寄の職務規程が定められる一方で、三月五日に老中の月番当番制が定められると、阿部忠秋と堀田正盛は初めて老中奉書に加判するようになり、八月以降、松平信綱とともに恒常的に加判を行うようになっていく。閏七月六日、上洛中の家光は、酒井忠勝を川越十万石から若狭一国となる小浜十一万石へ転封している。一般的に譜代大名が関東やその近国以外に領地を持つというのは拠点型大名となることを意味している。この点、細川忠興は、閏七月七日、友人の旗本榊原職直に対して、酒井忠勝の転封は、譜代衆に「国」を遣わされることとして初めてであり、半年は江戸、半年は国許へ帰るように命じられたことを伝えている。

同月二十九日には、松平信綱、阿部忠秋、堀田正盛が一緒に従四位下（四品）に叙任された。さらに寛永十二年十月二十九日、右の三人は小姓組番頭を免じられ老中に専任することとなり、同日、土井利勝、酒井忠勝とともに奉書加判するように命じられている。ここにおいて、三人は土井利勝、酒井忠勝と並ぶ老中となっていくのであり、若年寄から格上げされたことになる。

家光期におけるこうした老中たちは、本来、近習出頭人と呼ばれ取り立てられていった者たちであった。「出頭人」という用語については、『細川家史料』寛永十年正月二十九日付、細川忠利から木下延俊に宛てた書状の中で、松平信綱については、「伊豆（信綱）を御頼候て可然《しかるべき》と申候つる、新敷《あたらしき》出頭人に候之條、門閥すくなく取入能候而、扠又埒明《さてまたらちあき》申人故、上様御取立之人、其上無病にて年若、二代まてハ御用を可被叶候間、成ほと御才覚尤候」（信綱を頼んでよいと思います。新しい出頭人であり門閥も少ないので取り入ることができるでしょう。また物事を片付けることができる人なので、上様が取り立てた人であり無病で年も若く、二代に渡って御用を勤めることができ才能も優れています）というように、「出頭人」と称している。松平信綱は慶長九年から家光の小姓を勤め、元和九年（一六二三）六月には小姓組番頭となっており、近習として申し分ない経歴である。こうした近習出頭人としての性格は、老中になったからといってすぐに払拭される訳ではない。彼らは老中という「表」の役職になったとしても、いまだ将軍側近としての性格を残していた。なお松平信綱、阿部忠秋、堀田正盛とも、いまだ小姓組番頭を兼ねており、これが三人同時に免じられるのは寛永十二年十月二十九日である。

もっとも小姓組番頭を免じられて以降も、老中は将軍側近としての性格を喪失したとも言いがたく、たとえば、家光が紅葉山へ社参する際、老中は扈従《こしょう》していた。ただ、老中が日常、江戸城の「表」で職務を勤めることで、自然と家光との接触や対話も少なくなり、意思疎通がはかられないこともあったようである。

少し先の話となるが、寛永十六年正月に家光が阿部忠秋へ下野国壬生二万五千石から倍増した上で、江戸からも近い武蔵国忍五万石を与えた時のことが『寛永小説』に載っている。この時、家光は、「お前の勤め方が良いので加増の上、忍城まで与えるが、五万石で城を預ける以上、（忠秋が）どのような謀をしているかわからないので自分も油断はしない」、と言ったという。阿部忠秋は近習出頭人から取り立てられたが、普段、「表」にいる老中となり、城主として出世していくことで将軍にとっても油断ならない立場になっていくということであろう。そこで家光にとっては日頃、「側」にいる側衆や番頭・物頭などの近習が重要になる。

若年寄の確立

松平信綱、阿部忠秋、堀田正盛が老中となっていくなかで、すでに述べたように寛永十二年（一六三五）十月二十九日には、これら三名の小姓組番頭兼帯を免除して、代わりに、土井利勝の嫡子同利隆《としたか》と酒井忠勝の嫡子同忠朝《ただとも》を同番頭に命じた。十一月十五日には、阿部忠秋と堀田正盛が、土井利勝、酒井忠勝、松平信綱とともに大名の訴訟や御用を担当する老中月番制に組み込まれていることから、松平信綱、阿部忠秋、堀田正盛の格上げを意図しており、以後、老中は小姓組番頭を兼任しなくなる。また、土井利隆と酒井忠朝の小姓組番頭への就任は若年寄を兼ねていた。このことは、五日後の二十日、朽木種綱が小姓組番頭に任命されたが、その中で土井利隆、酒井忠朝、三浦正次、阿部重次、太田資宗と同様に（「並」）に奉公をするように命じられていることからも明らかである（「江戸幕府日記」）。

こうした幕閣内の変動に伴って、十二月晦日、阿部忠秋と堀田正盛は、翌年の正月儀礼における給仕役が免除され、代わりに太田資宗と朽木種綱が命じられた（どちらも小姓組番頭）。老中は正月儀礼における諸大名への給仕役を行わないことによるものであった。

こうして若年寄は、土井利隆、酒井忠朝、三浦正次、阿部重次、太田資宗、朽木種綱の六人がメンバーとなった。

「側」としての若年寄

若年寄は、もともと「六人衆」と呼ばれていたが、この用語自体、「江戸幕府日記」における初出は、寛永十五年（一六三八）九月二十七日の項である。大番士津戸左次兵衛が大坂城を守衛する大坂御番を病気として行かずに遊興していたことが発覚し、さらに刃傷事件も起こしたため、切腹を命じるとともに、弟孫右衛門を小十人頭落合小平次へお預けとする旨を、殿中において「若年寄」が物頭へ申し渡したとある。

もっとも「若年寄」という用語は、すでに使用されており、たとえば右の記事の前年、『細川家史料』寛永十四年九月七日付、細川忠利の書状には、病気の家光が気晴らしのため大名の踊りを見たがっていることについて、譜代衆は踊りの用意をしなくてよい、今までは「御老中、御傍之若年寄衆、掃部殿(井伊直孝)、尾張殿(徳川義直)」だけがしていたと述べている。忠利は「御傍之若年寄」と表現している。これは注目すべきことであろう。なぜなら、若年寄は将軍の「傍」＝側としての性格を持つと認識されていたからである。若年寄、およびその職の成立について考える時、大事なことは、若年寄が将軍の「傍」＝近習の役職であったということである。この点を小姓組番頭との関連からみてみよう。

まず寛永九年七月七日、「奥之御座之間」において、紀伊徳川家頼宣《よりのぶ》の嫡男長福丸《ながとみまる》が元服をして「御字御判」が与えられて光貞《みつさだ》と名乗るとともに常陸介に任じられた。この時「奥」で給仕をしたのは、銚子の役を阿部忠秋が、これを補助する加として堀田正盛が、それぞれ勤めている。阿部や堀田は、小姓組番頭であり、かつ将軍の近習出頭人として、「奥」で勤仕をしていた。十二月十四日、家光は、自らが取り立てた近習出頭人として小姓組番頭であった松平信綱(「年寄並」、元和九年〈一六二三〉から)、阿部忠秋(元和九年から)、堀田正盛(寛永三年から)、三浦正次(寛永五年から)に加えて、太田資宗と阿部重次を同番頭にするとともに、「昵近《じっこん》」(「江戸幕府日記」)するように命じている。彼らは小姓組番頭とともに家光の「昵近」＝近習としての役割を担うことになる。

こうした「昵近」とは、まさしく家光の「側」にて仕えるということであり、家光は日常、「中奥」におり、御座間も「中奥」にある。「表」から見た場合の「中奥」は「奥」と表現されることから、「中奥」(「奥」)で勤仕すると同じ表現である。「昵近」の小姓組番頭＝若年寄は、江戸城の「表」とともに将軍が昼間に政務を行う「中奥」で仕えているところに特徴がある。さらに将軍に勤仕するため、年中行事において将軍への盃を配膳したり酒を注ぐ給仕役を勤めており、翌年正月一日の江戸城白書院における正月儀礼では、家光へ酒を注いだりする給仕役として、阿部忠秋と堀田正盛とともに、太田資宗が勤めている。もっともこれは小姓組番頭のみの役割ではなく、書院番頭や側衆なども勤めている。また「昵懇《じっこん》」は、将軍に近侍する奥小姓や、「中奥」で仕える中奥小姓、その指揮下にある中奥番、将軍の髪月代など身辺を整えたり物品を調達する小納戸などが含まれる。

小姓組番頭を兼ねる若年寄

初期の若年寄は小姓組番頭をも兼ねたところに特徴がある。ただし同じ小姓組番頭でも若年寄として「側」の勤めを行わない者もいた。寛永十年（一六三三）七月二十六日、新たに小姓組番頭として、持筒頭《もちづつがしら》から中根正成（三千石）、書院番組頭から柴田康長（三千七百石）が、それぞれ任命されたが、細川忠利は、妻の実家である豊前小倉藩主小笠原忠真《ただざね》宛の同年八月十六日付書状において、両人が、「六人之御年寄並」になった、と知らせている（『細川家史料』）。一見これは、「六人衆」＝若年寄のことを指しているように思われるが、しかし、そのまま「若年寄」としての職務を担うことになったと理解することはできない。彼らが若年寄の職務を担っていることを今のところ確認できない。むしろ、細川忠利は他の若年寄と同じ小姓組番頭になったことを指していると思われる。

この点、寛永十二年十月十日に江戸城内で行われた玄猪《げんちょ》の祝からみてみよう。玄猪は、将軍が家門大名、譜代大名、諸役人に祝いの餅を配る年中行事である。

まず、長袴を着した家光が大広間に出ていくと、いくつかの集団に分かれた大名や旗本が控えていた。最初に、松平直政《なおまさ》、毛利秀元《ひでもと》、立花宗茂《むねしげ》、有馬豊氏《とようじ》といった御咄衆《おはなししゅう》や、吉良義弥《よしみつ》、同義冬《よしふゆ》、大沢基重《もとしげ》の奥高家《おくこうけ》、その外「中大名」の一群が控えていた。その次に、今川直房《なおふさ》、畠山義真《よしざね》、品川高久《たかひさ》、土岐持益《もちます》、土岐頼勝《よりかつ》、蒔田左兵衛、日野資栄《すけよし》という表高家《おもてこうけ》を中心にした集団である。

ここでは、その次に控えている集団に注目してみよう。控えている大名・旗本は、井伊直孝、松平忠明、井伊直《なお》滋《しげ》、本多政朝《まさとも》、酒井忠世、土井利勝、酒井忠勝、榊原忠次、酒井忠勝（庄内）、小笠原忠真、牧野忠成《ただなり》、石川忠総《ただふさ》、

酒井忠行、松平信綱、阿部忠秋、堀田正盛、永井尚政、高力忠房《こうりきただふさ》、安藤重長《しげなが》、土井利隆、酒井忠朝、稲葉正勝、三浦正次、太田資宗、阿部重次、松平右近太夫、板倉重昌《しげまさ》、牧野信成《のぶしげ》、酒井忠吉《ただよし》、井上正利《まさとし》、加々爪忠澄《かがつめただすみ》（町奉行、九千五百石）、堀直之《なおゆき》（町奉行、九千五百石）、大目付衆、伊丹康勝、大番頭、書院番頭、中根正成、柴田康長、旗奉行、本多正貫《まさつら》、渡辺宗綱であり、個人と職が入り交じっている状況である。

ここでは井伊直孝や松平忠明といった元老格の大名の次に、本多政朝や酒井忠世という徳川家内でも格式の高い大名が続き、さらに土井利勝と酒井忠勝という上位の老中となり、そして、榊原忠次以下、譜代大名となっている。そして松平信綱、阿部忠秋、堀田正盛という下位の老中や老中経験者である永井尚政、さらに高力忠房、安藤重長の次に小姓組番頭の内、若年寄である土井利隆、酒井忠朝、三浦正次、太田資宗、阿部重次が並んで御礼をしている。これに対して、中根と柴田は、「書院番頭」の次という、本来の小姓組番頭の位置に並んでいる。やはり、両人が若年寄という集団とは区別されている。

幕府内での立場は、とりわけ江戸城内における年中行事や定例の儀式などの中に現れる。殿中儀礼は個人の立場や家格を視覚的に体験的に示すことになったから、誰が、いつ、どこで、将軍と御目見をするのかは参加者の関心事であったし、主催する側の幕府にとっても徳川を頂点とする秩序を示す重要な問題であった。

同十八年六月二十日には石川総長と岡部長賢がそれぞれ任命され、小姓組番は合計十組となったが、石川と岡部もやはり若年寄に就任することはなかった。

3　家光の政治体制

「表」の老中

将軍職就任中、病のため、時に幕府政治に支障をきたすこともあった家光にとって、全幅の信頼を寄せて幕府政治を任せた代表的な大名として、酒井忠勝と松平信綱がいる。家光は、「昔から

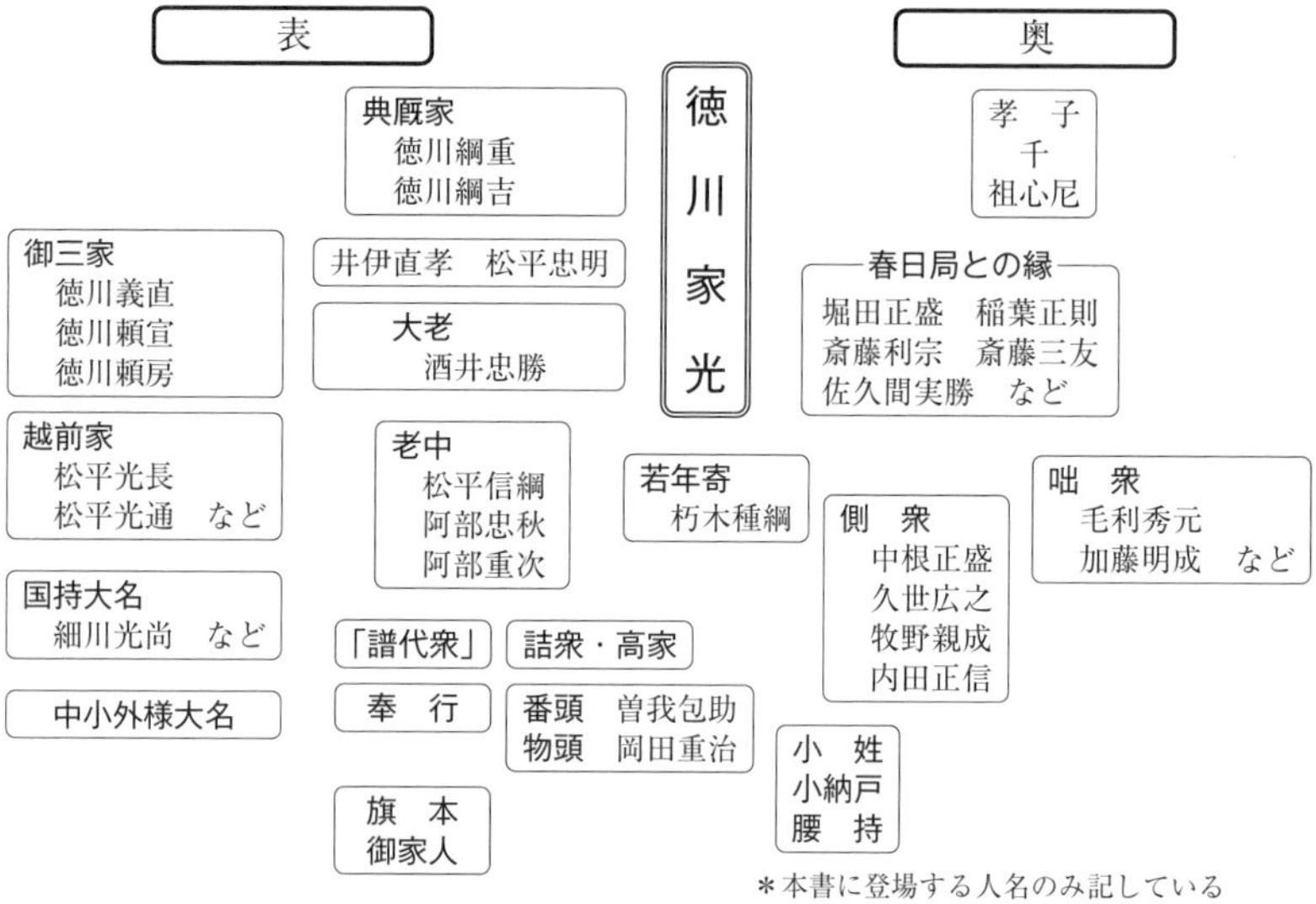

＊本書に登場する人名のみ記している

図10　家光を中心とした徳川家概念図（慶安期）

将軍はいたけれども、自分ほど果報な者はいない。右手は酒井忠勝、左手は松平信綱」と、両人を手に例えて言ったという（『徳川実紀』）。大老酒井忠勝と老中松平信綱が左右の手であれば、家光の足は誰であろうか。土井利勝や堀田正盛、阿部忠秋、阿部重次などが思い浮かぶものの、同じ役職という点からすると、彼らもまた家光の手だったかもしれない。そうすると老中に次ぐ役職という点から、若年寄の三浦正次、朽木種綱や、側衆であった中根正盛《まさもり》、久世《くぜ》広之《ひろゆき》、牧野親成などが該当するように思われる。これまであまり注目されてこなかったが、幕府政治を考える上で、老中以外、若年寄をはじめ側衆といった家光の「側」にいて奉公をしている将軍近習にも目を配ることで、当該期における幕府運営の在り方がより鮮明に映し出されるとともに、より実態に即した徳川家の在り方が見えてくる。

こうした将軍近習は当然、徳川家における幕府運営において必要であったからこそ存在したのである。もっともその理由についてだが、家光は寛永十一年（一六三四）から同十五年にかけて、老中を大名や旗本の支配および全国支配の要職として位置付けた。これにより老中は江戸城内における「表」において重要な職となっていき、本来小姓などの近習から取り立てた出頭人である老中が、将軍の「側」＝「奥」（「中奥」）から次第に離れていく存在となっていったことが考えられる。

後年の編纂物だが、家光の「側」にいた永井直清《なおきよ》、柳生宗矩、佐久間実勝《さねかつ》などが語った事を中心に記した『寛永小説』（林信篤著、享保三年〈一七一八〉成立）における先ほどの阿部忠秋のエピソードは、このような状況を表している。『寛永小説』は松平信綱をはじめとした老中の話もあるが、読んでいて目につくのは「近習」「側」「側衆」といった将軍の「側」＝「奥」（「中奥」）の話である。『寛永小説』は享保三年十一月に幕府お抱えの儒学者林信篤《のぶあつ》が祖父林道春が聞いた家光期の「近臣」の話をまとめたものであり、こうした書物が作成されること自体、「表」に対する将軍の「側」＝「奥」（「中奥」）というのが一つの政治集団であったことを物語っている。

さて、話を戻すと、老中は「表」の仕事を担ったことにより、四六時中、家光の「側」に仕えている訳にはいかず、かつ当該期から江戸城内の年中行事が整備されていったことで、御三家をはじめとして大名・旗本の中でも「家」と人（役職）に基づく家格が形成されていった。譜代大名であっても、一時期を除いて江戸城への出仕は、毎月三度の御目見日と年中行事の時に限られていき、近習やその子を中心とする雁間詰や菊間詰といった詰衆が「表」の空間における側近としての性格を残していた。将軍と物理的にも心理的にも距離が出て来るのは当然の結果であった。このため、将軍の「側」＝「奥」（「中奥」）から近習が再生産されていくことになる。

幕閣の再編と新しい人事体制

寛永十四年（一六三七）十一月から同十五年二月にかけて、肥前国島原と肥後国天草を中心に、キリシタンや村々による一揆が勃発した（島原・天草一揆）。このため幕府は九州を中心とした諸大名の軍勢を動員して鎮圧にあたったが、正月一日の総攻めでは総大将の板倉重昌が戦死してしまい、これに代わるべく派遣された松平信綱が一揆勢に勝利して大きく名を上げることになる。

この間、家光は病気がちであり、正月二日の謡始め（後年になると三日に行われたが、当時は二日に実施されていた）を病のため延期したのをはじめ、正月二十八日以降、定例の月次御目見もまたたび中止されるという状態であった。

こうしたなかで三月八日、家光は病がちであった堀田正盛に対して老中職を免じて六万五千石を加増して信濃松本十万石へ転封している。このことについて、上方から江戸へ来て諸大名と交流のあった臨済宗の僧沢庵《たくあん》の書状によれば、「としより（年寄り）をものき申候、又御前之つめ奉公も病者ニ候へハ、御ゆるし候間、心をのへ、ゆる〳〵と大名なミに成て居申せ」と家光の上意があった（『沢庵和尚全集』寛永十五年三月十三日付小出吉英宛書状）。近習出頭人の系譜を持つ老中は、国持大名や譜代大名（帝鑑間席）といったような大名ではないという認識が表れているところは興味深い。

堀田正盛の老中赦免は、何か罪などがあってのことではなかった。この後も正盛は家光の「側」に仕えており、同年五月、家光は沢庵に対して品川において寺（後の東海寺）を建て寺領五百石を遣わすと伝えた際、当初、沢庵はこの申し出を断った。沢庵は江戸に執心がなかったのかもしれない。しかし家光はこの返答に納得せず、堀田正盛を遣わして早く御礼を申し上げるようにとの上意があったため、沢庵は柳生宗矩の勧めもあり仕方なく御礼のために登城している（『細川家史料』寛永十五年五月二十五日付）。家光の意向を相手に伝えることは「側」の役目にはよく見られることであり、家光の側にいるからこそ命じられたのであろう。もっとも堀田正盛は、その後も重要な政治向きの際に老中とともに参加している。

この点、寛永十五年十一月七日における幕閣内での大きな変動とともにみてみよう。次にあげるのは「江戸幕府日記」寛永十五年十一月七日の条にある、家光が幕閣に関する人事を命じた仰せであるが、これ以降の幕府の人事体制が決まったことからきわめて重要なものであった。

一、午上刻、御黒書院出御、掃部頭（井伊直孝）・加賀守（堀田正盛）・大炊頭（土井利勝）・讃岐守（酒井忠勝）・伊豆守（松平信綱）・豊後守（阿部忠秋）・遠江守（土井利隆）・備後守（酒井忠朝）・志摩守（三浦正次）・対馬守（阿部重次）・民部少輔（朽木稙綱）被召出《めしいだされ》、大炊頭・讃岐守義、唯今迄被仰付《おおせつけられ》細成《こまかなる》御役御赦免、朔日・十五日可致出仕、其間ニも御用等之時分罷出《まかりいで》、何も致相談油断仕間敷《つかまるまじく》候之由被仰付之、遠江守・備後守義御役御免、酒井

与四郎《酒井忠清》儀、当暮ヨリ如父阿波守可被召仕之、幼少之内ハ備後守差加可申旨被仰出之也、

一、阿部対馬守義、伊豆守・豊後守並ニ御用可奉之旨被仰付之、

一、御旗本於殿中御番仕面々は、三浦志摩守・朽木民部少輔万事御用可奉之旨上意也、

一、大御番并寄合は、伊豆守・豊後守・対馬守御用可奉之旨被仰付之、

家光は黒書院に出てきて、井伊直孝・堀田正盛・土井利勝・酒井忠勝・松平信綱・阿部忠秋・土井利隆・酒井忠朝・三浦正次・阿部重次・朽木種綱を召し出した。堀田正盛は元老のような存在の井伊直孝の次に位置している。老中辞職後も、大事な時には幕政へ参加するという立場となっていた。幕閣を前にした家光は、土井利勝と酒井忠勝へこれまでの「細成《こまかな》」る役は免除して、毎月一日と十五日および特別な時だけ江戸城へ出仕するようにと命じた。つまり老中職を免じるというもので、いわゆる土井利勝と酒井忠勝の大老化である。それとともに、若年寄であった阿部重次は、松平信綱と阿部忠秋「並」となり、老中に加えられている。ここに松平信綱を筆頭とする阿部忠秋、阿部重次という新しい老中体制がスタートすることになった。また未だ「与四郎」という幼名を称して、官位も名乗っていなかった酒井忠清も「当暮」（年末）から召し出すとしている。これは、父忠行（忠世の長男）がつとめていた江戸殿中の奏者と正月における年男の役をつとめることを命じられたものであり（福田千鶴、二〇〇〇）、忠清は十五歳であった。

こうして、家康以来、仕えてきた土井利勝や酒井忠勝が政治の第一線から後退するなかで、家光子飼いの松平信綱、阿部忠秋、阿部重次が幕政の中心となり、家光は幕閣の中心である老中層の刷新をはかっていく。

一方で、土井利勝と酒井忠勝両人の嫡子で、若年寄であった土井利隆と酒井忠朝を赦免している。二人の赦免については次章で述べるが、若年寄である三浦正次（三十九歳）と朽木種綱（当時三十三歳）に対して、旗本の中でも殿中で番をしている面々を支配するように命じたのは、土井利隆と酒井忠朝がともに元和五年（一六一九）生まれの十九歳であったから、実際の支配を重視したという側面があった。

二　近習と「奥」

1　若年寄になった大名

土井利隆と酒井忠朝の若年寄赦免

寛永十五年（一六三八）十一月七日の土井利隆と酒井忠朝に対する若年寄赦免について、時間が遡るが、もともと細川忠利は、寛永十二年十一月三日付の書状で、堀田正盛、阿部忠秋、松平信綱が小姓組番頭を免除されて、後任にこの二人が命じられた際、「親（土井利勝・酒井忠勝）は子どもが召し使われることをかたじけないと思うだろうが気遣いもしてしまうだろう」と述べていた。つまり、何か子どもが職務上ミスをしてしまうと親は老中でもあり気遣いが絶えなくなってしまうというのである（『細川家史料』）。二人の若年寄罷免を細川忠利は、「まだ若く何か落ち度があって親に迷惑をかけてはいけないから」と述べており、具体的な落ち度が理由とはされていなかった（『細川家史料』寛永十五年十一月二十五日書状）。

もっとも酒井忠朝は、本家である酒井忠清の後見を命じられ、さらに十二月三日の細川忠利書状では「酒井忠勝・忠朝親子が今までの御役を御免されるのは忝しと思っている」と述べている通り（『細川家史料』寛永十五年十二月三日書状）、けっして落ち度が理由とはされていなかった。さらに翌年、正月二十九日に細川忠利は息子の光尚に対して、土井利勝、酒井忠勝、酒井忠朝、土井利隆へ御役御免を悦ぶ使者を遣わしたことを報告している（『細川家史料』寛永十六年正月二十九日書状）。こうしてみると土井利隆と酒井忠朝の若年寄免除は、少なくとも、表向き両人の落ち度というよりも、家光は両人とも十九歳では若年寄の職を遂行していくことが困難と判断したように思われる。

土井利隆については無能というような後世の評価もあり、酒井忠朝は、慶安二年（一六四九）に廃嫡となっている。詳細は不明だが、少なくともそれぞれの親の土井利勝と酒井忠勝は、死去するまで身を崩すことなく過ごしている。もっとも家光は土井利隆を遠ざけるということはしてはおらず、「江戸幕府日記」でも、例えば寛永十七年の日光社参時には、土井家の領地である古河城は日光社参時にも重要な地点となっていたが、四月十四日、家光は古河で土井利隆から饗応を受けている。また日光到着後、祭礼において、廟塔の中まで家光のお供をして拝殿の門の内側に控えていたのは井伊直孝、松平忠明、保科正之《ほしなまさゆき》、酒井忠清、酒井忠勝、堀田正盛、松平信綱であり、瑞籬《みずがき》の下に並んでいたのが土井利隆、三浦正次、朽木種綱、内田正信、中根正盛、小出尹貞（徒頭）、岡田重治（徒頭）、宮崎時重（小納戸）、板倉重大（勝重の四男、小姓）といった若年寄、徒頭、小姓、小納戸である家光の近習であり、これらの先頭に土井利隆がおり、儀礼上では優遇されている。

三浦正次と土井家

寛永十五年（一六三八）十一月七日の仰せによって、土井利勝・利隆親子は幕府の中枢から距離を置くことになったが、なおも若年寄には土井家と極めて近い親類であった三浦正次がいたことは重要である。

三浦正次の母は、土井利勝の妹である。同女は、三河国碧海《あおみ》郡重原《しげはら》に住んでいた三浦五左衛門《ござえもん》正重《まさしげ》に嫁していた。土井家もそうだが、三浦家も代々、松平・徳川家へ仕えてきた譜代の家臣ではない。

慶長八年（一六〇三）、江戸にいた利勝は、正重の子で自身にとって甥にあたる正次を江戸へ呼び寄せた。同十二年、正次は九歳で家康・秀忠に初御目見を済ませると、いまだ三歳であった秀忠の嫡男家光に付けられている。江戸へやって来た正次が、将軍の実子、しかも嫡男に仕えるというのは、まさに利勝の存在を抜きにしては考えられない。

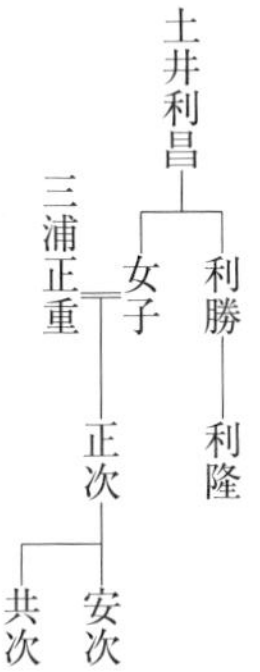

図11　土井氏・三浦氏略系図

こうして幼少から家光へ仕えていたことが、後に正次が松平信綱などとともに、家光の子飼いとして小姓組番頭に取り立てられ、若年寄へと就任するなど、幕閣内で重要な位置を占める端緒となる。

三浦正次は、慶長十七年に幕府の命により「土井甚太郎《じんたろう》」と称している。これは、あきらかに土井利勝と親族であることに拠るものだが、利勝にまだ子がいなかったことから、その養子になったとも考えられなくはない。しかし、同時代の史料や、『寛永伝』、『寛政譜』、さらに土井家の家譜類など後世の史料においても、正次が利勝の養子になったという記述はない。正式に届け出などはしていないが、養子分として正次を養育していた、とするのが妥当ではないだろうか。正次は元和四年（一六一八）には初めて下総矢作《やはぎ》郷にて七百八十石を拝領しており、それまで正次の財政については利勝が面倒をみていたものと思われる。同五年、利勝に実子利隆が誕生しており、同九年二月に正次は姓を元の三浦に復している。これも利隆が出生後に死去せず成長していることを見計らってのことであろう。

土井利勝は実は家康の落胤で、秀忠の兄ではないかと噂されることもあったが、正次は、実は利勝の子ではないかと噂される程であった。

三浦正次はその後、数々の加増を受け、寛永七年正月には領知高が一万石にまでなっている。そして同十三年十一月二十二日には五千石の加増、同十六年正月一日に利勝が中風にて床に着く状態になっていると、先ほど触れたように家光の命によって日夜利勝の元におり、十四日には下野国壬生《みぶ》城と一万石の加増を受け二万五千石を領することとなった。日光社参の途中にある壬生城の拝領はやはり、利勝との関係があればこそである。

三浦正次は、同十八年九月九日、家光の嫡子で後の四代将軍となる家綱が八月三日に誕生したことの祝いの能興行が江戸城内であった際、朽木種綱とともに囃子や踊を披露するなど（「曽我日記」寛永十八年九月九日の項）、家光の側近として芸達者な面も持っていた。しかしその約二ヵ月後、十月二十七日に四十三歳の若さで死去してしまった。その遺領下野壬生二万五千石については、十一月二十二日、正次の遺児で九歳であった長男安次《やすつぐ》に対して、土井利勝が将軍の命を奉じて二万石の相続を許可する旨を伝えており、また七歳であった二男共次《ともつぐ》に対しても同様に、利勝から将軍の命として五千石の分知が認められたことを伝えている（『寛永伝』）。

さて寛永十五年（一六三八）十一月七日の申し渡しによって、若年寄は阿部重次も抜けて、三浦正次と朽木種綱の二人となった。

太田資宗

なおもう一人の若年寄太田資宗については、これ以前のこととなるが、同年四月二十四日、若年寄から奏者番へ転出しており、領地も下野山川から一万九千四百石を加増された上で三万五千石にて三河西尾城へ転封となっていた。無城から城主への格上げであるものの、関東から所領を移されることで将軍の近習としての役割もまた免除され、地域の拠点大名になるということであろう。若年寄から奏者番になると参勤交代も始まり、太田資宗はすぐに帰国しており、十二月十二日に参府の御礼をしている（「江戸幕府日記」）。この時期の奏者番は儀礼時に進物を披露するほか、毎月一日、十五日、二十八日に行われる月次御目見において、家光が病のため御目見ができない場合、登城した諸大名老中と奏者番へ謁して退去するなど（「江戸幕府日記」寛永十六年二月二十八日の項）、「表」の重職でもあった。慶安元年（一六四八）には、東海地方の「女券」（女手形）について沙汰すべき者として、西三河は水野忠善《ただよし》（岡崎藩五万石）、東三河は小笠原忠知《ただとも》（三河吉田藩四万五千石）、信濃は水野忠職《ただもと》（松本藩七万石）とともに、遠江国は太田資宗にまかされている（「江戸幕府日記」）。

もっとも若年寄の職務の一つであった能役者に対する支配は、少なくとも正保二年（一六四五）までは続けていたことが「江戸幕府日記」から確認できる。正保元年十月二十日、金春太夫、同八左衛門、宝生太夫、喜多七太夫親子が江戸からの御暇を許すことを太田資宗が伝えるとともに、下賜品である呉服・白銀も渡している。同二年八月二十五日に観世座の能役者が暇を許された際も太田資宗が伝えている。

こうした太田資宗が活躍する背景には、同人が江戸城を作ったとされる太田道灌《どうかん》の子孫であり、かつ伯母にあたる家康の側室であった梶《かじ》（於勝、英勝院）が、慶長十五年七月に水戸徳川家の祖となる徳川頼房《よりふさ》を養子としたり、その娘大を養って、寛永九年五月、家光の養女として前田光高《みつたか》に嫁がせるなど（『寛政譜』）、幕府内でも重要な役割を

図 12　『太田備牧駒籠別荘八景十境詩画巻』（部分）　文京ふるさと歴史館所蔵

担った女性と親族ということもあってのことであろう。しかし何よりも、「少年之時分ヨリ権現様列御近習奉仕之者」（『江戸幕府日記』正保二年正月五日の項）と言われたように、『寛永伝』によれば太田資宗は、七歳の時である慶長十一年に初めて家康に御目見をすると、同十五年に家督を継ぐとともに家康の「左右に伺候」したという。同十七年四月からは秀忠の「御前に近仕す」とあり、寛永九年十二月十四日からは家光の「御前に近習して、御小姓組の番頭となつて左右に侍す」とあるように、太田資宗は家康・秀忠・家光の三代に渡って側近く近習として仕えていたという希有な履歴を持っていた。

太田資宗は学問や絵画に対する造詣が深く、たとえば、彼の文化的交流を示すものとして、駒込下屋敷の風景を儒学者林鵞峰《がほう》に漢詩にて詠んでもらい、その子梅洞によって墨書され、絵師狩野安信《かのうやすのぶ》によって描かれた『太田備牧駒籠別荘八景十境詩画巻』（文京ふるさと歴史館所蔵）が伝わっている。寛永十八年二月七日には、諸大名・旗本の系譜を集めた『寛永伝』の編纂を命じられるなど、奏者番以外の仕事にも従事しており、いわばマルチな才能を持っていたといえよう。

朽木種綱

次に若年寄がどのように旗本の支配を担っていたのかについて見ていくが、その前に、旗本支配を三浦正次とともに担った若年寄である朽木種綱について紹介しておこう。寛永十三年（一六三六）十月二十日付の細川忠利から平野長勝《ながかつ》宛の書状によれば、堀田正盛とともに朽木種綱は「いよいよ出頭のこと」と知らせており、家光の近習出頭人であった（『細川家史料』）。『寛永小説』や『徳川実紀』においても「出頭人」として伝えている。

朽木種綱は、近江国湖西《こさい》の高島郡朽木谷の領主であった朽木元綱《もとつな》の三男として、慶長十年（一六〇五）同地にて生まれた。『寛政譜』によれば、父元綱は関ヶ原の合戦で当初、脇坂安治《わきざかやすはる》、小川祐忠《すけただ》、赤座直保《あかざなおやす》とともに西軍についていたが藤堂高虎《とうどうたかとら》の手誘いによって東軍へ内応したため、九千五百石の所領を安堵された。なお、『寛永伝』では、関ヶ原合戦についてまったく触れていない。いずれにせよ朽木家は、近江国が本貫地で三河譜代の家柄ではなく、大名家で言えば外様ということになる。もっとも旗本身分では、外様や譜代という類別は発生していない。むしろ『三河物語』でもたびたび譜代と対比される「新参」となるが、徳川家の旗本身分は、多様な由緒や歴史性を持つ武家集団が混在しながら家臣団として形成されていたことは確かである。

さて種綱の履歴について『寛政譜』から述べると、元和四年（一六一八）四月に十四歳で家光に仕え、同九年八月四日に上洛中の京都にて従五位下諸大夫に叙任して民部少輔を名乗り、十一月には千石を拝領したというから、小姓を勤めていた可能性がある。寛永八年五月二十一日、小姓組組頭となり、同九年十二月六日、死去した父の遺領の内、千百十石の分知を受けている。

同十年六月二十九日、書院番頭の池田長賢《ながかた》とともに、「弓矢御鉄砲役」を稲垣重大並に勤めるように命じられ

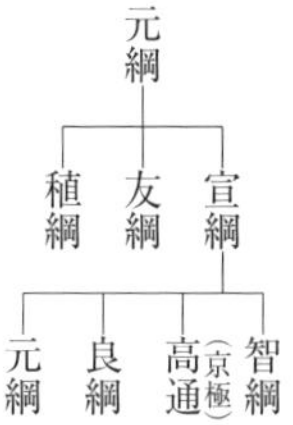

図13　朽木氏略系図

（「江戸幕府日記」）、七月二十四日、書院番頭となっている。稲垣重大は越後三条藩主（二万三千石）稲垣重綱の弟（稲垣本家長茂の三男）であり、小姓組「番士の筆頭役」であったという（『寛政譜』）。後には書院番頭、大番頭、留守居へと出世していくが、この当時は小姓組組頭であり、池田とともに家光の近習であった。

しかし朽木種綱は池田長賢や稲垣重大よりもさらに出世の階段を上っていく。同十二年十一月二十日、小姓組番頭へ転じるとともに、すでに述べた通り若年寄となり、同十三年八月

十日、加増があって一万石を領した。同十五年十二月五日、小姓組番頭を免除され、同十六年九月四日に一万石加増、正保四年(一六四七)十二月十四日に五千石加増、慶安二年(一六四九)二月十九日、さらに五千石加増されるとともに、常陸国土浦城を拝領し三万石を領した。この日に雁間詰となる。承応元年(一六五二)十一月一日から奏者番となり、万治三年(一六六〇)十二月十三日に死去した。

土井利隆、酒井忠朝、太田資宗、阿部重次が抜けた若年寄は、三浦正次と朽木種綱の二人によって担われることになった。先述した通り、寛永十五年(一六三八)十一月七日の仰せによって、旗本の中でも江戸城内で番をしている者は三浦正次と朽木種綱の若年寄が、大番組と寄合は松平信綱、阿部忠秋、阿部重次といった老中が、それぞれ支配することになった。後者の大番と寄合については支配対象の範囲が明確でわかりやすいが、前者の若年寄が支配する旗本についてはわかりにくい部分があるので、これを「江戸幕府日記」から役職を中心にして確定しておこう。なお、先述した通り、寛永十八年に三浦正次は死去してしまうため、以後、若年寄は朽木種綱一人となる。

若年寄による旗本支配

まず寛永十九年十月十六日、もと江戸町奉行であった島田利正の死去に伴う家督相続において、本来、朽木種綱が命じるべきところ病気だったため、老中の松平信綱と阿部重次が伝えている。島田利正の遺領五千石の内、千石を二男高林河内守利春(高林吉次の養子となっていた、書院番士)へ、二千五百石を長男利世の長男であった島田八郎左衛門利宣(嫡孫、無役)へ、五百石を利世の二男である島田兵四郎利喜(孫、無役)へ、千石を四男島田久太郎利木(小姓組番士)へそれぞれ分割相続するように命じている。

この島田家の家督相続を朽木種綱が伝える役割だったことは、相続人の内、島田利宣と同利喜の二名は無役だとしても、残り二名である高林利春と島田利木は書院番士と小姓組番士という将軍直轄軍団の番士であったためであろう。

さて、この島田家に家督相続を命じたほかに老中松平信綱と阿部重次は、横山一政を納戸頭に、榊原宣経、佐原良之を納戸組頭にする旨を、やはり本来朽木種綱が伝えるべきところ病のためとして伝えている。納戸組は、将軍の衣服や諸道具の調達、および大名や旗本への下賜品を管理するため若年寄支配ということであろう。なお、後世になると、納戸役は若年寄役として定着するが（たとえば『吏徴』など）、ここでは若年寄支配の役職として定まってきているというのが重要である。

次に、正保元年（一六四四）十二月二十五日、やはり旗本の家督相続を命じた際の状況が表1である。小姓組番頭大久保忠知以下、七名は、「朽木種綱の支配方也」となっている。被相続者には、無役の小普請もいるが、書院番、中奥番、小姓、徒組となっている。これらは将軍近習の役職である。

一方、この時、朽木種綱の「支配」とされなかった旗本については、老中松平信綱、阿部忠秋、阿部重次が家督相続を認める旨の上意を伝えている。なお、大久保忠知以下の朽木種綱支配についても、実は朽木種綱が家光の鷹狩にお供をして留守だったため、同人は列座せずに老中の三人が伝えている。

さて、老中が伝えた旗本つまり老中支配についても、表1からみてみると、寄合、大番士をはじめ、船手《ふなで》、代官といった、これもやはり後世には老中支配となる旗本をすでに支配系統に含んでいることが確認できる。なお、役職の任命という点で補足をしておくと、家光期には、将軍が直接、任命する場合と、老中や若年寄が任命を伝えることがある。

とりわけ、将軍の「側」の役職である番頭、物頭、さらに目付の任命は、家光自身が行っている。たとえば、寛永九年八月十八日、大番士の二男を召し出して小十人組二組を増設した際、番頭として落合道次と田中忠勝を任命したが、この時、家光は両人を「奥之御座之間」（御座間）に呼んで直接命じている。同十年二月二日には、同じく御座間へ徒頭大久保忠政を呼んで使番に命じた他、新たな徒頭として彦坂重定（光正の長男）、坪内定次（家定の二男）を任命した。また大番組頭として徒頭だった松下重綱、小姓だった河田親重、小姓組番士だった高木守久、石河利政、加藤良勝、書院番士だった渡辺仲、石丸有吉、長崎元政、木造俊宣、鎮目惟重、山角政勝、大番士だった

表 1　旗本の家督相続

(1)　朽木種綱の支配

大久保忠知 　長男忠高 　二男忠信	書院番頭 中奥小姓 小姓	2,000 石 1,500 石 500 石
大森好長 　惣領好輝	持筒頭 書院番士	1,470 石
小堀政十 　惣領政孝	書院番士 小姓組番士	3,000 石
伊東実以 　惣領実重	書院番士	500 石
田沢正則 　惣領正成	小十人組番士	200 俵
佐山正之 　惣領正親	徒目付	不明
大橋与左衛門 　惣領庄六	不明	不明

(2)　朽木種綱の支配ではない

知久伊左衛門 　惣領内蔵助	交代寄合	3,000 石
向井忠宗 　惣領右衛門次郎某	船手	5,000 石
溝口半左衛門 　惣領三左衛門	船奉行 小姓組番士	500 石
加藤正重 　惣領正貞	—	300 俵
長崎弥左衛門 　惣領半兵衛	大番組頭	1,600 石
本多正房 　惣領権九郎	千姫付 同上	400 石
向井政直 　惣領半十郎某	大番士	400 石
小田切昌勝 　惣領知義	大番士	100 俵
前田正信 　惣領直勝	小普請	1,200 石
松下之勝 　惣領之綱	— 大番士	500 石
豊島暖次 　惣領泰行	大番士	400 石
木村保元 　惣領孫右衛門	大番士	400 石
松風伝三郎 　惣領正吉	大番士	350 石
岡部元重 　惣領元直	—	2,000 石
石野良継 　惣領広房	天守番頭 大番士	400 石
間宮忠次 　惣領正信	駿河国蒲原代官，本牧領も預けられる	1,000 石
能勢頼安 　惣領庄三郎	勘定 勘定	500 俵
水野太郎兵衛惣領	—	—
天野忠重 　惣領天野忠詣	忍の代官，忍・鴻巣の鷹場支配 忍・鴻巣の鷹場支配	600 石
紅葉山宗悦惣領宗也	—	—
杉田忠次 　二男勝政	石見銀山代官 勘定	300 俵
豊島忠次 　忠松	八丈島代官	100 石
永井吉勝 　子正勝	—	300 石

原田種正、新見正信、服部保郷をそれぞれ命じている。

正保元年（一六四四）十二月十六日、家光は御前に、以下の旗本を召し出して役職任命を伝えた。書院番頭として牧野儀成（康成の三男）を、持筒頭に坪内定次（家定の二男）を、鉄砲頭に北条正房（繁広の長男）を、書院番組頭に久世重利（広宣の養子）を、駿府町奉行に神保三郎兵衛を、小十人組番頭に奥山安重と鳥居重次（鳥居は『徳川実紀』では組頭）を、船手頭に小浜利隆を、それぞれ命じた。ここでは書院番頭、同組頭、持筒頭、御先鉄炮頭、小十人番頭、船手頭といった番方の頭や、役方でも町奉行については、家光が直接任命している。特にこれらの番方は、将軍の「側」を構成する番頭・物頭である。なお、同じ日の役職人事として、須田盛正を大番組頭にするとともに、美濃部重安、青柳信次、斎藤幸恭を納戸組頭とすることは老中と若年寄が申し渡している。大番は将軍側近というよりも幕府の軍団としての性格が強いこともあろうが、寛永十七年二月六日に、老中から小幡重昌（部屋住、父直之は御咄衆『寛政譜』）を大番組頭に任命して以降、家光が直接命じるということはしていない。

また煩雑になるため、一つ一つ取り上げないが、一例として、慶安三年（一六五〇）十二月十五日には、新たに鉄砲頭、弓頭、小姓組頭、書院番組頭、徒頭、小十人頭といった物頭や組頭が命じられている。この時家光は病に伏せっていたため、老中の松平信綱と阿部重次が上意を命じたのだが、この時、「御直ニ雖可被仰付、頃日之寒気甚付而、為御養生無出御之間、先可申渡之旨、上意也」として、両人が申し渡している。

以上、大番以外、将軍の親衛隊としての性格が強い書院番、小姓組番、徒組、小十人組について家光は、番頭や物頭という番方の頭への任命について直接命じている。そしてこうした物頭層の家督相続においては、若年寄が任命したのである。つまり役職任命は将軍が直接行い、一方、家督相続は若年寄が上意を伝える、というように分かれていたと考えられる。役職の任命を家光自身で行うとしていることは、幕府の運営を人事面から統制しようとする強い意思が感じられるし、家臣団統制の一環でもあった。

大番の統制

家光は大番についてもまた統制・把握しようと意図していた。寛永期（一六二四―四四）から正保期（一六四四―四八）にかけて、譜代大名や物頭が、毎月数回、月次御目見とは別の日に登城して家光へ御目見をしていたが、寛永十年（一六三三）五月三日、家光は「物頭・番頭如例御目見仕、大御番頭従今日右之ことく罷出御目見可仕之旨、被仰出」として、大番頭の出仕を命じている。ということは、今まで大番頭は御目見に他の物頭と一緒には出ていなかったことがわかる。さらに八月二十二日には、大番頭に対して乗物（乗輿）に乗ることを許している。こうした優遇措置は、他にも大番は大坂城の守衛にも赴くことから、まだ家督を相続していない部屋住の息子たちも玄緒の祝いなどに出仕することが許されていた。寛永十九年正月十九日、家光は大番頭の堀利長（一万二千石）を御前に召して、「若年だが大番頭に任命しているおり、父子とも命じられた例はない、大番は先鋒であり重職だが怠りなく勤めるように」と、父利重同様、親子二代に渡って大番頭を勤めることを特別に命じるなど、個別に大番頭として目をかけていることを伝えて忠節を求めている。

家光の側で職務を果たす朽木種綱

家光期の若年寄は、「中奥」に詰めて日常の家光を支える側近であり、かつ将軍の直轄軍団である物頭を取りまとめる役割を担った。家光はよく江戸近郊へ鷹狩に行ったり、高田、品川、王子などの御殿へ御成をしたが、寛永十三年（一六三六）十二月二十一日、朽木種綱に対して、物頭や供の衆は明けの六ツに勢ぞろいしておくようにと命じており、朽木種綱が家光御成の際、近習を管轄していた。

また朽木種綱は屋敷に犬を飼っており、家光の狩りに合わせて連れて行き獲物を仕留めるということをしている（「曽我日記」正保三年三月八日、十三日の項）。近習が家光のために動物を飼うというのは、同じように堀田正盛も犬を飼い家光の狩りに供していたし、さらに新番頭であった曽我包助は家光からイタチを預けられて飼育しており、家光はたびたびこれを召し寄せて間近で眺めては楽しんでいた。

同十五年七月十七日、家光は、自身の誕生日にあたって、「大奥」の老女などへ祝いの餅と酒を与えると朽木種綱をもって伝えている。このあたりから朽木が「大奥」や「中奥」を差配する活動が目につくようになる。それは十二月五日に三浦正次とともに小姓組番頭を赦免されて職務が若年寄のみになったことと無関係ではないだろう。同十六年四月には、新たに中奥番へ入番する者を三浦とともに申し渡している。

さらに若年寄の重要な役割として、家光の食事を管理する、ということがある。もっとも、これは個別のメニューやレシピを考えるということではなく、食事を差配する膳奉行や料理を作る台所衆を管理するという意味である。食事は、将軍の健康状態に直結するとともに、政権の維持とも関わる極めて重要な事柄である。

同十七年三月八日、台所衆の堀谷弥九郎とその子猪七郎が家光の食事の中で塩と砂糖を間違えてしまった。このため、台所奉行の神谷又五郎正重へお預けとなったが、これとともに、家光の食事については「万事念を入れる」ように、朽木種綱が御膳奉行、台所衆、神谷正重、台所頭鈴木重成へ命じている。九月十八日には、家光が昨晩食べた小豆の粥の味が悪かったとして、三浦正次が調べている。この結果、御膳奉行三宅康政、台所組頭吉村又左衛門などが改易となり、台所人鵜野吉右衛門、牧野兵左衛門は台所頭鈴木重成へお預けとなっている。味が悪いから改易になるというのは、いささか気の毒な気もするが、食事と健康は直結する上、寛永年間（一六二四―四四）のうち後半は、特に家光にとって健康不安という問題を抱えており、看過できなかったのだろう。十月二十八日には朽木種綱が、神谷と鈴木へ、「家光が召し上がる御膳方の台所衆と食事について念を入れるように」と命じている。

この時期の若年寄は芸能にも通じている必要があった。正保元年（一六四四）九月九日には嫡子家綱が誕生したことを祝うため、御三家の各当主、前田光高、松平光長《みつなが》、国持大名、阿部忠秋、松平信綱、阿部重次を招いて能を興業したが、この時、朽木種綱と三浦正次は、それぞれが囃子と舞を担当している（「曽我日記」正保元年九月九日の項）。嫡子誕生の式日に御三家を始めとした歴々の大名たちの前で披露する囃子と舞は、よほど上手でないと人前には出ていけないだろう。これがこなせる朽木種綱と三浦正次は、能や幸若舞などの芸能を好んだ家光にとって、お気に入りの側近ということである。

2 側衆の設置と展開

ここでは若年寄がどのように将軍の直轄軍団を管轄したのかについて、御成などの際、家光の身の回りを徒士で固めた徒組との関係からみてみよう。

若年寄と徒組

まず徒組に所属する徒士の支配は、基本的に徒頭が担っている。寛永十七年(一六四〇)二月十日、火の番に出ていた近藤用清《もちきよ》組の徒士が病気で出動できないことを目付へ訴えた際、目付はこれを許してしまった(「曽我日記」)。しかし近藤は聞いておらず、そもそも病気でもないのに嘘をついて目付へ訴えるようなやり方は不届きとして切腹を命じようとした。支配筋と違うルートで訴訟を行うことは、徒頭の統率に大きな影響を与えることから、許されないということである。また組には一定度の判断を行うことができる自律性があり、これに抵触したのである。もっとも、これを聞いた堀田一純、彦坂重定、小林正重、曽我包助などの他の組頭が談合して追放に変更している。では次に徒頭に対する支配はどうであろうか。この点については、以下、①若年寄による単独支配、②老中・若年寄による複数支配(関与)に分けることができる。

まず①若年寄の単独支配については、将軍の御成に関することや、江戸城内の番に関することが多い。たとえば、寛永十八年二月二十七日、三浦正次から徒頭に対して、江戸城内の火の番を徒組から三十人を出すので書付を提出するように命じている。六月七日、朽木種綱から徒頭曽我包助へ、夜中に家光が御成から帰ってくる際、後から不審な者が付いてきてはいけないので、十人の徒士を駕籠の後ろにお供させておくように命じている。さらに家光の御成について、正保元年(一六四四)九月十二日、御成の際に使用する王子御殿の番について徒組から昼夜五人ずつ出していたが、四人にしてもらうように徒頭近藤用清が朽木種綱へ願い、許可されている。

②老中・若年寄による複数支配(関与)については、正保四年三月二十六日に江戸近郊田端村で起きた傷害事件

からみてみよう。

　事件の第一報は、同村の真言宗与楽寺《よらくじ》に盗人が入り、居合わせた浪人と斬り合い手負いや死人が出ており、盗人も手負いとなっているというもので、同日幕府は旗本全員に対して、盗人を探すように命じた（『江戸幕府日記』）。その後、調査が行われ、四月十三日の「曽我日記」によると、盗人とされていたのは実は徒組岡田重治組の石賀与左衛門という徒士で、浪人と喧嘩をして脇を切られていたということであった。石賀は傷を隠して暇を願ったのだが、本来は岡田組の「肝煎《きもいり》」である加々爪信澄へも願うべきところ、願いが延びていると、加々爪から岡田重治へ報告があった。このため岡田から朽木種綱へ報告があった。徒頭（物頭）を支配するのが若年寄の朽木種綱なのだから当然のルートであろう。そして、さらに朽木種綱から老中へ伝えられ、最終的には家光にまで達した。老中と若年寄には上下関係があり、将軍へ伝えたのは老中であった。この後家光は、石賀が傷を隠したり嘘を言ったこと、また現場での不甲斐なさは、将軍の駕籠を供する者として不届きであるため成敗するようにと、老中松平信綱、阿部忠秋、阿部重次と朽木種綱へ命じた。このため四人が協議して、石賀を切腹させることにした。将軍の供回りに不届き者を配置させないということは、警備の面からしても重要なことだったのであろう。

　その後、一方の当事者である浪人については岡田から老中へ問い合わせており、今回は喧嘩を問題とはしていないのでお構いなし、とのことであった。若年寄の朽木種綱を飛び越しての問い合わせだったが、特に問題とはなっていない。この点、徒組以外の者に関する処罰は老中が関与することを示している。

　徒士が起こした傷害について家光の上意があったところに事件の大きさがうかがえ、事件後の五月二十二日、家光は与楽寺へ立ち寄っている。

　さて、当該期は、たとえ若年寄支配であっても老中が関与することもあったことに特徴があるが、やはり場合によっては若年寄のみ関与するということもあった。次に、また事件からとなるが、この点をみてみることにしよう。

　先ほどと同じく、正保四年九月二十七日、連雀町《れんじゃくちょう》（現千代田区神田淡路町）において田辺伝三郎の従者が持つ挟箱《はさみばこ》に、先手頭依田信重の前職である徒組の徒士の従者がぶつかり、従者同士で口論となった。依田の徒士の従者が怒って大脇差を抜いたため、田辺はこれを討ち果たしてしまった。もっとも田辺も負傷したため、旗本阿倍正之へ伝えるとともに近くの店へ入って休んでいた。すると、ほどなく噂を聞きつけた徒組組頭一人と徒士十四人の合わせて十五人が集まって来るとともに、阿倍正之と長子政継もまた駆けつけたため、道中は大騒ぎとなった。田辺は親子に守られて阿倍の屋敷へ帰って行った（「江戸幕府日記」『徳川実紀』より）。

この顚末については、「曽我日記」十月十一日の項に、老中から徒頭が全員召し出され、家光の上意として、今回集まった徒組組頭一人と徒士十四人は全員改易に処するとの処分が下された。これを徒頭が組頭を含めた十五人へ伝えている。ここに若年寄は一切関与していないのだが、翌日、家光は依田と朽木を呼び出して、今回の件は「今度之儀めいわく仕候哉、又めいわくニ不存候哉」、と尋ねている。この家光の発言は解釈が難しいのだが、徒側は一気に十五人が処分されたものの、田辺に処分はなく、かつ酒井忠勝とも懇意で大名家との「取次」もしていた旗本阿倍正之も関わっていることから、「迷惑」とは「不快」（『日本国語大辞典』）くらいの意味だろう。そこで両人は、家光の近習でもある徒頭岡田重治をもって「迷惑」であると申し上げた。家光が今回の処置に対して気を遣っていることがわかるし、尋ねられた側も、家光お気に入りの近習である岡田を通して上申しているということからも当時の人間関係がわかっておもしろいのだが、ここでは、朽木種綱が徒側となっていることに注目したい。朽木は単に家光取り立ての出頭人だからという訳ではなく、改易という処分には関与していないものの徒側の言い分を聞く立場におり、若年寄として徒組支配に関与した。

若年寄と側衆

家光の時代、「中奥」で活動した役職として側衆がいる。慶安三年（一六五〇）六月五日、病だった家光は、本丸の菊間に大番頭、書院番頭、小姓組番頭、小十人頭、徒頭を召し寄せて、各番組内の善悪について今は体調が悪いので直接聞けないが、あれば必ず言上するようにとの上意を側衆中根正盛を通して伝えた。老中の阿部忠秋と同重次も列座した。本来、このような番頭・物頭への上意伝達は若年寄の役目だが、実は前月の五月二十九日に杤木種綱が肥後の大名細川光尚《みつなお》が死去したため同国へ派遣されており不在であった。このため杤木種綱に代わって中根が上意を伝えたのである。家光死去後の同四年十二月二十四日、家光の遺品であった小袖や覆被などを、家光の小姓、小納戸、医師、膳奉行などの近習へ与えると伝達したのは、杤木種綱と側衆の牧野親成、久世広之であった。

側衆の展開

三浦正次が寛永十八年（一六四一）に死去して以降、若年寄は補充されず、杤木種綱のみとなった。以後、慶安二年（一六四九）二月十九日、杤木種綱は土浦城三万石を拝領した上で役職を免除され、二十一日、これまで杤木種綱が担ってきた旗本御用は他の役人に命じるまで老中が行うこととなった（「江戸幕府日記」）。これにより若年寄は廃止され、再び、同職が置かれるのは、四代将軍家綱代である寛文二年（一六六二）であり、側衆であった久世広之、土屋数直《かずなお》が任命されている。この点は後述する。

さて、三浦正次が死去した寛永十八年以降、杤木種綱は、職務を免除される慶安二年まで、一人で若年寄の職務を担っていたが、この時期、特徴的なこととして、側衆をはじめとする家光の近習とともに職務を担っていたことである。

まず家光期の側衆としては、中根正盛、内田正信、久世広之、牧野親成、斎藤三友などがあげられる。

側衆の起源について、松平太郎は、寛永九年十二月十四日に太田資宗と阿部重次が「昵近」を命じられるとともに小姓組番頭を命じられたことが始まりとする（松平太郎、一九七一）。太田資宗と阿部重次の両人は、同十年三月二十六日には、先述した通り、松平信綱などとともに若年寄となっている。そこで、この間の両人の活動を「江戸幕府日記」からみてみると二例のみ確認できる。一つ目は、遡って同年正月十一日、家光は、紀伊家の徳川頼宣が病気のため太田資宗を同屋敷へ派遣したが、金地院《こんち》崇伝《いんすうでん》も病気のため、阿部重次が派遣されている。二つ目は二月十七日に江戸城内紅葉山東照宮へ社参するにあたって、家光の御簾を太田と阿部両人は池田長賢（小姓組組頭）、三枝守恵（小姓組組頭）、稲垣重大、服部政久といった物頭層と同じ列で家光のすぐ側にいて役している。松平信綱や堀田正盛ほど高い格式ではなく、むしろ立場としては池田や稲垣などと同じグループの先頭にいたともいえる。以上、二例しか見当たらないものの、「昵近」を命じられた太田資宗と阿部重次の両名は、小姓組番頭として家光の側に仕えていたことは確かである。

当該期の側衆の特徴として重要なのは、将軍にもっとも近い軍団である小姓組番頭を兼ねていることである。ただし、太田・阿部の次に側衆となる中根正盛は小姓組番頭に任命されていない。これは側衆の制度が未確立の時期であることによるものと思われる。

側衆中根正盛

まず側衆の中でも、老中とともに評定所にも出座するなど、一段高く位置付けられていた中根正盛を取り上げる。中根について『寛永小説』では、比類ない出頭であり、「威勢つよく奥向にては老中も手をつきあひさつ也」と、「奥」(「中奥」)では老中でも手をついて挨拶をする程であったという。

そもそも『寛永伝』では中根家の系統を六家記載しているが、うち五家は平氏良文流であり、中根正盛の中根家のみ藤原姓となっている。『寛政譜』によれば、正盛は藤原姓の近藤市左衛門正則の二男で中根正時の養子になったため藤原姓だという。

同史料によれば、養父の中根正時は、秀忠の小姓を勤め、慶長十八年(一六一三)七月二十四日に三十八歳で死去した。祖先も詳らかでなく家格はそれほど高いものではない。中根正盛もまた秀忠の小姓を勤め、その後大番士となり、二百二十石を領した。寛永九年(一六三二)に小納戸として百八十石加増され、同十一年正月十三日に、再び加増され、合計八百石となった。その後は側衆になり、与力二十二騎が預けられた。同十五年ごろから「江戸幕府日記」でも活動が目に付くようになる。同年正月一日、従五位下諸大夫となり壱岐守と号すると、四月十四日には「御側中根壱岐守」へ千石が加増された。この年から、井伊直孝への上使として派遣されるようになり、翌年六月十一日には三千石となり、同十七年十一月十四日にはさらに加増され五千石となった。この時、「夜詰」を免除されて別の役を命じるとされた。

実は、話が前後するが、寛永十五年十一月、徒頭久世広之が小姓組番頭となり、同十七年六月十六日には「奥において御側奉公するように」命じられている。さらに家光から寵愛されていた内田正信（一万石）もまた寛永十六年十一月十一日に小姓組番頭に任命されている。なお、久世家は榊原家の大須賀衆であったものが取り立てられ、内田家も正信の父正世《まさよ》が品川御殿で奉公していた時に取り立てられたようで、家格は低い。

さて、これ以降の久世広之や内田正信の活動については、側衆として差し支えないが、いずれにせよ中根正盛は、同じ側衆でも久世広之とは違う役割が与えられていたのである。また内田正信も中根や久世とは異なり、特に江戸城二丸において茶道を命じられるところに特徴がある。

さて中根正盛は他の側衆と何が違うのだろうか。この点、国目付の監督をしていたことが指摘されている（深井雅海、一九九一）。また、家光の使としてたびたび寛永寺へ上意を伝える役割を担っている（早稲田大学萩野研究室収集文書）。「曽我日記」では、同じ側衆の久世広之や牧野親成は徒組の支配にかかわっているが、中根正盛はかかわった跡がまったくない。

「江戸幕府日記」から評定所出座を確認しておこう。初見は寛永十八年三月、会津藩主加藤家における御家騒動の評定においてで、藩主加藤明成《あきなり》と家老堀主水《ほりもんど》が対立したことが、幕府の評定所にまで持ち込まれた一件であった。十九日、評定所で老中が寄合を行い、事件について相談をした際、中根正盛は、町奉行朝倉在重、目付市橋長吉、同喜多見重勝《しげかつ》とともに列席している。これが中根の評定所出座の初見である。以後、評定所出座は、正保二年（一六四五）五月十九日にも確認できる。

江戸城内の殿中儀礼においても、他の側衆が給仕役を勤めても中根は勤めることがない。

再び『寛永小説』では、正盛は家光に目をかけられて出頭したが、「一生の内五千石也、あまり威勢つよく候故、わさと禄はかろく」していたということであった。他の側衆もだが、基本的に側衆の石高は五千石が基準となっている。

側衆のメンバー

側衆には中根正盛、久世広之に加えて、寛永十九年（一六四二）三月十九日には、徒頭の牧野親成が書院番頭兼任で久世広之と同様に「側奉公」＝側衆に任じられた。牧野親成の父同信成は、松平重則《しげのり》や酒井忠吉とともに留守居役として家光が信任する大名の一人であり、前年八月九日には、三日に誕生したばかりの家光の嫡子家綱付となっていた。したがって親成は家督を継いでいない部屋住の身であったが、親子で家光へ奉公をしている。またこの牧野家は、後に譜代大名の中でも身分格式の高い家が控えた江戸城内の帝鑑《ていかん》間《のま》を伺候席《しこうせき》とする長岡藩牧野家とは系統が異なり、家格も低い。中根正盛、久世広之もまた三河譜代を中心とする徳川家臣団の中では、低い身分の出身である。

それから側衆として斎藤三友もあげておく。斎藤三友の父は春日局の兄斎藤三存である。三存の兄で三友の伯父にあたる斎藤利宗《としむね》は、寛永十一年から春日局の子で家光の信任が厚かった稲葉正勝の後見となったが、三友は十三年に小出尹貞と同じく徒頭となり、同十五年十一月七日、久世広之とともに小姓組番頭へと昇進した。「江戸幕府日記」には、この時、久世や牧野のように御側奉公を命じられた形跡はないが、御咄衆の立花宗茂への上使（寛永十七年十二月十八日）や、病の三浦正次への上使（寛永十八年十月二十一日）を勤め、殿中儀礼にも給仕役として参加をしていることから、寛永年間後半から小姓組番頭の中でも側奉公をする役割となっている。

慶安元年（一六四八）四月十一日、二日後に家光が日光社参へ出発するにあたって、家綱から供奉する「御側」の久世広之、牧野親成、斎藤三友、内田正信、中根正盛をはじめ、新番頭へ時服を与えており、六月十八日、「表」と「中奥」の体制について、牧野親成、久世広之、内田正信、斎藤三友の四人は一人ずつ、「奥」と「表」に伺候するように定められている（「江戸幕府日記」）。

なおこの時、徒頭の小出尹貞と岡田重治もまた、一人ずつ「奥」と「表」に伺候するように定められている。小出尹貞は和泉陶器《いずみとうき》藩主小出三尹《みつまさ》（一万石）の二男で、家光の小姓となり斎藤三友とともに抜擢されていた。岡田重治は利治の長男で、やはり家光の小姓から書院番士となり、寛永十年正月七日には牧野親成とともに「奥」（「中奥」）にて御膳番となっており、八月九日には両人とも徒頭となった。物頭として家光の近習となったのである。同十七年の家光日光社参時には、廟塔にお供をして拝殿の門の内で井伊直孝、松平忠明、保科正之をはじめ、酒井忠勝、堀田正盛、松平信綱などが待機し、瑞籬の下では土井利隆、三浦正次、朽木種綱、内田正信、中根正盛、小出尹貞、岡田重治、宮崎時重（小納戸）、板倉重大（小姓）が伺候しており、家光の近習グループを形成している。「曽我日記」には、家光が柳生宗矩の下屋敷へ御成をした際の記事の中で小出尹貞も「側衆」と表現している（「江戸幕府日記」寛永十八年七月十三日の項）。もっとも小出と岡田は、他の側衆同様に大名への上使となったり、家光の上意を旗本へ伝えることはしていない。側衆にも階層があるということである。

側衆の活動

近習は日常、「中奥」にいる将軍の側近くに仕え、移動や御成をすれば供をする。将軍の側近くにいるため情報も集まる。慶安三年（一六五〇）九月十四日、後に述べる近習役であった新番頭曽我包助は、去る八月二十日に豊後萩原へ配流となっていた松平忠直《ただなお》（一伯）が死去したことを知ったが、これはあくまで隠密の事であった（「曽我日記」）。こうした情報も近習であれば入ってくる。

近習の中でも側衆は、正保四年（一六四七）以降、御成や徒士についても関与するようになる。「曽我日記」には、正保四年二月七日、江戸城内で家光が、番をしている最中に笑ったり雑談をしている徒士を見た際の対応が記されている。ふざけている徒士は一人二人ではなく「大勢」だったため、家光は曽我包助へ徒士は許すものの、徒頭は「不調法」であるとの上意を牧野親成から伝えた。家光の機嫌が悪かったことも添えて。焦った包助は、家光への御目見を控えた方がよいか尋ねたが、牧野は、自分から指図はし難いが、少しの「会釈」ならしてよいのではないか、と返答した。牧野は書院番頭兼側衆であり、徒頭に対する支配権がないため、指図できないのだろう。

側衆と「内証」

将軍の近習集団を形成していた側衆だが、「表」の老中とはどのような関係なのだろうか。家光が備前岡山藩主池田光政《みつまさ》へ「上意」を遣わした事例からみてみよう（『池田光政日記』）。

家光が死去する前年となる慶安三年（一六五〇）五月三日、光政のもとへ家光からの上使として中根正盛がやって来た。そして家光からの上意として、「直接言いたいが病のため言えないので中根を遣わした。光政は天樹院（千）と縁続きであり、輝子（光政娘）を自分の養女にもしているから心安く思っている。光政も同じように考えて奉公をしてくれているので、もし言いたいことがあれば、内証でも表向きからでも遠慮なく言って欲しい」と伝えた。姉天樹院の娘勝を正室にしていた光政に対して、家光の信頼している様子がわかるが、ここでは家光の個人的な考えを中根正盛が伝えている。さらに中根は家光の上意として、このこと自体、「内証」のことなので、天樹院と酒井忠勝以外へのお礼は無用とのことであった。「内証」のルートで伝えたことに対しては、「表」の老中たちへはお礼をしなくてよい、つまりこの家光の上意は老中とは無関係ということである。この内証のルートを担ったのが側衆であった。

3　家光の側近集団としての近習

「近習」と呼ばれた側

後年の編纂物だが『寛永小説』には、「御側衆と云は牧野佐渡守（親成）・内田信濃守（正信）・久世大和守（広之）・斎藤摂津守（三友）・中根壱岐守（正盛）」の五人としている。これに「徒頭四人二丸組と云、小出越中守（尹貞）・板倉市正（重大）・岡田淡路守（重治）・石野八兵衛（氏照）、右何も御近習にて相勤候」として、前者の側衆とは区別している。側を兼帯した徒頭は近習であるが、側衆と同じ職務ではなく格式も違う。ここでは「奥」（「中奥」）の近習にも階層による序列があるという点を指摘しておきたい。

「江戸幕府日記」正保三年（一六四六）の元旦儀礼では、正月一日、御座間にて家光が歯固の餅と御膳を食べ、酒を飲む時に、御目見をした酒井忠勝、堀田正盛、松平信綱、阿部忠秋、阿部重次へ吸物を与えている。その次に柳生宗矩へ盃を与えた。吸物はない。老中たちと区別されている。そして家光は黒書院へ移動して酒井忠勝を召した。話が終わると家光は白書院へ出御し、徳川義直（尾張）、徳川頼房（水戸）、松平光長、池田光仲《みつなか》が御礼をした。徳川頼宣（紀伊）は在国中のため名代が御礼している。この時、盃が出て大沢基重が役し、引渡を今川直房という、それぞれ高家が役するのだが、給仕役として、尾張の義直へは内田正信が、水戸の頼房へは斎藤三友が、松平光長へは岡田重治（徒頭）が、池田光仲へは板倉重大（徒頭）が、それぞれ担当している。ここで牧野や久世は給仕をしていないが、本年は家光の側にいて太刀持役・刀持役を勤めている。ここでは側衆と「側」の役割が分離しているが、すべての儀礼で分離している訳ではない。儀礼面において、特に正保二年以降、正月などの大規模な儀礼を除き、久世、牧野、内田および斎藤三友が一緒になって給仕の役割を果たす機会が増加していることが「江戸幕府日記」からも確認できることから、「側」にはやはり側衆と徒頭を主体とした階層があったことがわかる。慶安二年（一六四九）正月元旦の記事では、御座間にて行われる家光と老中への給仕は、例年の如く「近習之面々」が役するとあることから、久世、牧野、内田、斎藤、岡田、板倉は「近習」として一括されることもあった。近習は江戸城内における殿中儀礼の給仕役を担うのであり、将軍とともに「中奥」を運営する集団なのである。

将軍の馬廻を構成する直轄軍団としては書院番、小姓組番、小十人組などがあり、特に近世初期の小姓組番頭は老中や若年寄、さらに側衆が兼任するケースが多く、側近としての性格を持った。

新番（近習番）の成立

こうしたなか家光は、寛永二十年（一六四三）八月七日、新たに近習の番である新番を設置して、小十人頭であった中根正寄と小納戸の安西元真、玉虫宗茂（玉虫家は旗本城家〈二千石〉の分家）、遠山景重、遠山方景を新番頭に任命した。新たに新番頭となった中根正寄は側衆であった中根正盛の二男であり、役職は違えど、親子で家光の近習となっている。また安西元真は、父安勝が天正期ころから家康に仕えた新参の家柄であったが、寛永九年六月二十九日以来、小納戸として仕えてきた家光もよく知る旗本であった。就任した新番頭たちの家格は分家筋や新参などであり格式としては高くない。翌日には、大番と小十人組から移動してきた番士も付属された（横山則孝、二〇一二）。これは前年、浅草の蔵米衆（城米蔵奉行、浅草蔵奉行）が蔵米を不正に売買したとして大量に処分された後、新たに奉行を命じた際も浅草蔵奉行六人の内、大番から二人、小十人組から四人、城米蔵奉行六人もまた大番から二人、小十人組から四人、切米手形役人二人の内、大番から一人、勘定衆から一人が、それぞれ命じられており、最後の勘定衆を除いてほぼ大番士と小十人番士からの抜擢であった（「江戸幕府日記」寛永十九年八月十八日の項）。この蔵米不正事件は江戸の町人たちからも大きく批判されており、後任となる奉行は厳選された旗本たちであったろう。その母体となった大番と小十人組から、再び新番士は選ばれたのであり、番方から幅広く選抜しようとした家光の意図がうかがえる。

新番は当初、近習番とも呼ばれ、慶安元年（一六四八）六月に新番頭に命じられた曽我包助は、「御側」にて召し使うと命じられており（「曽我日記」）、将軍の近習として位置付けられていた。『寛永小説』でも「新番頭六人何も御側にて相勤」めたと書かれており、家光の新たな側近軍団が創出されたのである。

新番設置の背景としては、『落葉集』（大道寺友山著、享保十三年成立）では、大奥の年寄や女中から子弟を取り立ててほしいと要望されたためとしているが、現在では、否定されている。北島正元は、当該期が大名家や旗本家における分家の創出時期にあたることから、これへの対応措置とし（北島正元、一九六四）、また後世の編纂物だが、『明良洪範《めいりょうこうはん》』は、寛永の大飢饉による旗本窮乏化の打開策とする。またこの点小池進は、幕府が前年旗本に対して、寛永の大飢饉で疲弊している知行所経営のため、それぞれ知行所へ赴くように命じていることから、江戸を離れた番士の不足を補うためとする。

家光が、小姓組番頭を兼帯している側衆以外の近習を新たに同番頭や書院番頭に命じるのではなく、新しい番を創設した背景として、ここでは、新番の職務や江戸城内の詰所から二点指摘しておきたい。まず一点目に、新番の職務は、「御成の際、将軍の先駆けをしていること」であった。寛永末年ごろの家光は、体調を崩す時もあったが、外出することができるほど比較的体調が良い時もあり、江戸近郊への鷹狩をはじめ、王子・品川・高田各御殿や麻布薬種屋敷、矢来（牛込）の酒井忠勝下屋敷、浅草の堀田正盛下屋敷などへの御成を頻繁に行っており、御成場所の警備の強化という側面がある。

二点目に、設置当初、江戸城内における新番士の詰め所は不明だが、「江戸幕府日記」正保二年（一六四五）十二月一日の項に、「中奥」と「表」との境目に位置する土圭間《とけいのま》番士へ、今後、新番士に加わって勤仕するようにと命じており、これ以降、新番士と土圭間番士はともに同間を詰所にしたものと思われる。もっとも、その後、万治元年（一六五八）閏十二月十七日に、新番頭・組頭は土圭間に、番士はその次の間に詰めるように定められており（「江戸幕府日記」）、この間における新番の詰所については今後の研究が待たれる。いずれにせよ新番は、土圭間番と混同されがちだが、両者は別物であり、統合された可能性もあるだろう。

一方、同じ将軍の直轄軍団としての小姓組番士は黒書院（西湖間）に詰めていたが、ちょうど寛永末年から正保期にかけて、家光は健康不安もあって、老中・若年寄や諸役人などとの評議を行うための黒書院出御の回数が減り、御座間を中心としたことから、黒書院は「中奥」から「表」へと性格が変化していた（深井雅海、二〇〇八）。小姓組番は江戸城「表」の番としての性格が強まっていたのではないだろうか。さらに明暦期以降、小姓組番士の詰所は黒書院西湖間から紅葉間へと移動している。また書院番士は紅葉間を詰め所としていたが寛永二十年に同じく表向きの虎間へ移動している。このように本来将軍の側近軍団である小姓組番・書院番が「表」の番へと移行していくなかで、新番の設置は「中奥」の警備を強化していこうとする意図があったものと思われる。なお、その後、新番の詰所は、正徳三年（一七一三）に桐間、安政三年（一八五六）に桔梗間へと移動している。

新番頭の活動

新番頭の職務について、曽我包助の活動を「曽我日記」からみてみると、先ほど述べた土圭間に詰めていたほか、井伊直孝をはじめ、老中松平信綱や堀田正盛が病気の際、家光の上使として各屋敷へ遣わされている。また家光による江戸近郊への鷹狩や御成の際も供奉している。

それから包助は、晩年の家光が愛玩し、たびたび上覧していたイタチの飼育を任されていた。曽我自身が屋敷内で飼育をしていたようで、慶安二年（一六四九）三月二十九日、曽我は預かっていたイタチが死んだことを小納戸の梶定良へ報告している。また五月十三日には、家光から直接、子どものイタチを預けられている。家光は、時に曽我へ「(餌に)食いついたか」と尋ねたり(慶安二年二月二十七日の項)、預けた子イタチをたびたび気にしていた。家光は、旗本の安部正之へイタチを見せることもあったが(同年七月一日の項)、御三家や諸大名へ見せることはなかった。イタチの上覧は公儀の儀礼ではなく、あくまで家光の個人的趣味であったが、こうした世界を支えていたのが近習であり新番頭でもあった曽我包助なのである。

このため、曽我は家光と直接、話すことができる立場にあった。たとえば、慶安二年九月八日、江戸城内で側衆兼書院番頭の牧野親成が家光へ鑓を披露した際、曽我は家光の前へ盃を持っていった。すると家光から、以前徒頭だった曽我が宇治へ茶を取りに行った時に「道中に雁はいたか」と問われた。このため曽我は「鶴なら四、五羽おりました」と返答した。さらにその後も、宇治の茶園のことを説明している。外様の国持大名であった細川忠利は、家光の言動について、友人でもあった旗本の曽我古祐《ひさすけ》(包助の兄)をはじめ、老中や旗本などへしつこいほど尋ねていた。これは細川家に限らず、どの国持大名も同じような状況である。細川家のような大大名では将軍から呼ばれるか殿中儀礼の場でないと家光と対面できないが、新番頭であった曽我包助は、官位や石高はそれほど高くないが常に将軍の顔色まで見ることができる立場にあった。

春日局の縁による取り立て

家光は乳母であった春日局の縁をもって近習を取り立てることがあった。有名なのは、春日局と稲葉正成との子で家光とは乳兄弟であった稲葉正勝(相模小田原藩八万五千石)やその子正則、また母が稲葉正成の娘であり、春日局には義理の孫となる堀田正盛といった大名であろう。

特に稲葉正勝には家光も並々ならぬ期待をかけていた。元和九年(一六二三)に年寄衆となった稲葉正勝は、すでに述べたように寛永元年(一六二四)十一月三日に家光が本丸へ移徙《わたまし》すると本丸付年寄となり、同九年六月一日に肥後熊本藩加藤家が改易されると、三日には上使として熊本城の受け渡しという大役を勤めるために派遣されている。家光は稲葉正勝へ功績を積ませようとしたのであろう。なお前日の二日に上使として、やはり家光の近習であった秋山正重と石河勝政を派遣すると命じている。さらに六日には、朝倉在重、曽我古佑といった旗本を肥後へ派遣することにした。こうして派遣された旗本たちは、石河を除いて、徳川譜代の家臣ではなく親を含めて他国出身であった。

さて熊本城を受け取り、無事に大役を済ませた稲葉正勝であったが、寛永十年夏ごろから体調を崩し、翌年正月二十五日に死去してしまう。享年三十八であった。遺児正則は未だ十一歳であり、取り立てられて老中となるのは、明暦三年（一六五七）九月、四代将軍家綱の時代となる。

図14　春日局　麟祥院所蔵

斎藤利三

稲葉家が治める小田原藩は、箱根の関所を含め江戸の西方を守る枢要の地であったが、家光は藩主稲葉正則が幼少であっても転封させることなく、春日局の兄である叔父の先手頭斎藤利宗を後見に命じて、たびたび小田原へ派遣した。斎藤利宗は、明智光秀《あけちみつひで》の重臣斎藤利三《としみつ》の三男で山崎の合戦後、加藤清正《かとうきよまさ》に仕えた武将であった。しかし清正の死後、慶長十六年（一六一一）、加藤家を出奔してしまった。その後、春日局の縁によって家光に旗本として取り立てられ、常陸国真壁にて五千石を拝領し、寛永九年（一六三二）から先手頭に任命され、将軍近習の物頭となっていた。

一方、家光は、利宗の弟（利三の五男）であった三存の子三友も旗本として取り立て、寛永十三年四月十一日、小出尹貞とともに徒頭としている。小出とともに将軍近習の一員となったのである。そして同十五年十一月七日、小姓組番頭に昇進している。同十六年六月十一日には、加増されて五千石となった。幕府の殿中儀礼では、内田正信、久世広之、牧野親成とともに、出席した大名を饗応する役人としての役割であり、「江戸幕府日記」では、慶安元年（一六四八）四月十一日の日光社参供奉の記事で、久世、牧野、内田、中根とともに斎

図15　祖心尼　済松寺所蔵

図16　町野氏略系図

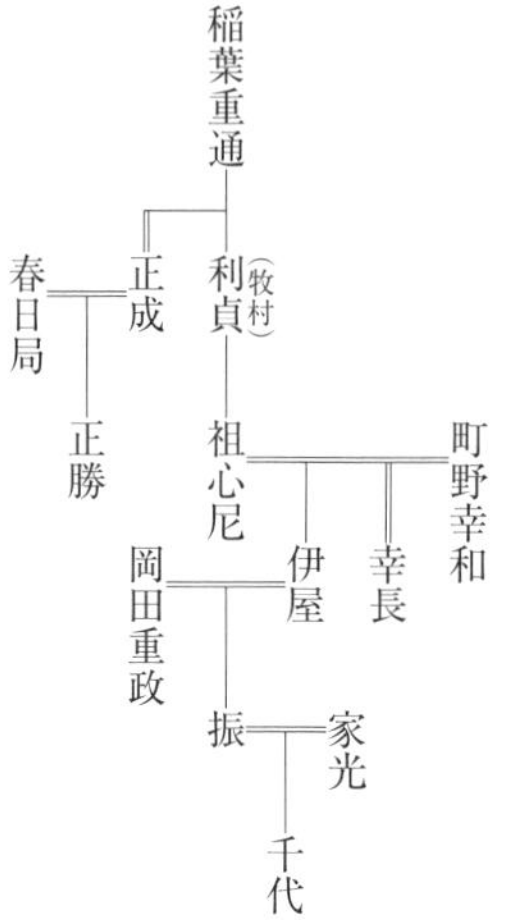

藤三友も「御側」と記載されていることから、斎藤は側衆として差し支えないだろう。

祖心尼との縁

寛永十七年（一六四〇）十月二十六日、旗本町野《まちの》幸《ゆき》和《かず》は斎藤利宗の二男幸宣《ゆきのぶ》を養子にすることが認められた。町野家は、家光の側室振の母方の実家であったが、春日局と深い関係を有していた。振の母伊屋の父は町野幸和で、母は祖心尼《そしんに》である。祖心尼は、禅法を説き家光の大きな信頼を受け、病気がちであった家光の側を離れることなく、春日局亡き後も家光から絶大な信頼を得た女性であった。その父牧村利貞《まきむらとしさだ》は、実は稲葉重通《しげみち》の長男であったが牧村政倫の養子となっていた。そして稲葉重通の養子となったのが春日局の夫であった稲葉正成なので、春日局の子稲葉正勝と祖心尼は従兄弟となる。また『柳営婦女伝系』では祖心尼を斎藤利三の娘とする。福田千鶴によりこの説は否定されているが、可能性が無い訳ではないという（福田千鶴、二〇一七）。いずれにせよ、町野家と斎藤家は春日局を通した縁があった。町野幸和は、会津藩蒲生《がもう》家六十万石の家老として陸奥白河二万八千石の城主であったが、寛永四年に同家が無嗣断絶したため浪人となっていた。同十年五月二十二日に幕府へ召し出された（「江戸幕府日記」）。翌年六月十六日、御先鉄砲頭を命じられ「鉄砲同心五十人」が預けられ、十七日には甲斐国内にて五千石が与えられた。浪人の新規召し出しを始め、将軍近習である御先鉄砲頭任命や新知五千石は、破格の待遇であり、春日局との縁がなければ難しかったであろう。

堀田家との縁と佐久間実勝

家光の寵臣として、死後殉死した堀田正盛の父は堀田正吉《まさよし》であり、母は春日局の夫であった稲葉正成の先妻の子であったことから、正盛は春日局にとって義理の孫にあたる。正保元年（一六四四）九月十一日、春日局の一周忌には、幕府から追善供養費として、銀子五百枚と米三百俵を堀田正盛と稲葉正則へ与えていることからも二人が春日局と深い結び付きがあった。

さて、堀田正吉の娘で正盛にとっては妹となる女性を妻にしたのが、佐久間実勝である。実勝は茶道宗可流の開祖として、茶人としても著名な武将であった。寛永十一年（一六三四）四月二十四日付細川忠利の書状では、「御そは」である佐久間へ書状を遣わしたところ、家光への進上物について、堀田正盛と相談して書状を送ってきたのか」と言われたとのことだった（『細川家史料』）。家光へ進上物をするにあたって細川忠利は、実勝を仲介にすることもあった。また十二月八日付春日局宛書状では、「佐久間実勝が江戸普請奉行になった。細川家にとって悪いことがあれば言ってもらいたいので、春日局から実勝へ言って欲しい」と依頼をしている（『細川家史料』）。家光は佐久間の大久保屋敷（現新宿区富久町）へ頻繁に御成をしており、またプライベート空間であった二丸での茶会においてもたびたび実勝に茶を立てさせている。こうした家光の「側」にいる佐久間は、忠利の良い噂をしてくれたこともあり（『細川家史料』寛永十二年正月二日書状）、細川家にとっても大切な存在であった。

図17　佐久間実勝　大徳寺塔頭真珠庵所蔵

寛永十四年閏三月二十五日付の細川忠利から曽我古祐宛書状によれば、当時家光は病で短気になっており、老中の夜詰が免除されたことをはじめ、永井直清（尚政弟）と実勝の昼詰は免除されて二、三日に一度ずつの夜詰になったという（『細川家史料』）。この時の家光には、伽衆の大橋隆慶《りゅうけい》や内田正世（正信の父）が病気のため「御とき」がおらず、小幡直之を山里曲輪《やまざとくるわ》へ詰めさせるも伽には出ていないとのことであった。また老中や土井利勝も気遣いして控えたため、家光の御前に出てきているのは酒井忠勝一人であり、家光お気に入りの大名であった戸田氏鉄《うじかね》や松平定綱も控えているとのことだった。老中でさえ控えている中で、家光から夜詰を命じられた実勝は相当、気に入られていたのであろう。

実勝の後継者

寛永十八年（一六四一）二月六日、実勝は息子を亡くしたが（『細川家史料』同年二月六日書状）、『寛政譜』では、実勝以降の系図が記載されておらず、子孫は不明である。ただ実勝の妻は、先述の通り堀田正吉の娘であり、この女性は実は実勝との婚姻の前に、家光の抱守を勤めていた大草高正と結婚していたが死別していた。高正は寛永元年正月二十四日に死去しており、このため実勝と再婚したのであるが、死後に生まれたのが高盛であった。高盛は寛永七年に家光の小姓となり、正保四年（一六四七）十月三日、徒頭へと抜擢されている。この時に実勝の屋敷地も拝領した（「曽我日記」）。高盛は、万治元年（一六五八）三月二十七日には、小姓組番頭へと進んでおり、近習として順調なルートを歩んだ旗本である。高盛が実勝の養子になった形跡はないが、おそらく実勝のもとで育てられ、寛永十九年十月二十二日実勝死後、母の面倒を見ていたようである。

将軍の「側」

家光の近習には、三河以来の譜代家臣ではない他国出身者や、三河出身であっても中根正盛のように出自がはっきりしない者、庶子筋からの取り立てなど、身分格式の低い者たちが多くいた。しかし彼らは日常、将軍の「側」にいることができ、家光の意をうかがうことができた。もっとも官位や石高は低く抑えられた。近習出身の松平信綱は寛永二十年（一六四三）に従四位下侍従となったが、それ以外、同じく近習から老中となった阿部忠秋や同重次の官位は、家光が死去するまで従四位下（四品）に抑えられていた。四品は、後の帝鑑間に控える譜代大名と同じ官位であり、多くの国持大名の嫡子の初官でもある。老中になると必ず従四位下侍従へ昇進するのは、十七世紀後半以降であった。若年寄や側衆をはじめ、小姓、町奉行、大番頭、書院番頭、小姓組番頭、新番などは従五位下諸大夫に叙位任官され、小十人頭、徒頭、先手頭などの物頭層は従六位相当の布衣《ほい》となった。

一方、徳川家の一族である家門大名や譜代大名は、常に将軍の「側」にいることはできないが、大幅な加増をされる機会があり、「家」を大きくすることができた。越前家の松平直政が寛永十五年、京極家の改易によって空いた出雲・隠岐両国十八万六千石へ転封となり国持大名並となり、水戸家の庶子松平頼重《よりしげ》は、常陸下館を拝領して以降、生駒家が御家騒動によって改易となり空いた讃岐高松へ転封された。譜代大名もまた江戸幕府による全国支配政策のもと、加増転封されていった。また外様でも細川家のように加増転封されることもあった。これらに較べると、近習の加増は、将軍とじかに接する機会があったものの三百石程度から多くて一万石程度までであり、比較的小規模であった。

4　側近としての活動と「家」

旧主家今川氏の子孫を取り立てる

家光は近習として高家今川直房を重用した。直房は駿河国の戦国大名であった今川義元《いまがわよしもと》の曽孫である。まだ松平を名乗っていた少年期の徳川家康は、父広忠《ひろただ》の人質として今川義元の本拠地である駿府で過ごした。しかし永禄三年（一五六〇）五月、桶狭間の戦いで今川義元が尾張の織田信長に討たれると、家康は岡崎へ戻り信長と同盟を結び大きく発展していく。一方今川家は、嫡子氏真《うじざね》が継いだものの甲斐の武田信玄《たけだしんげん》に攻め込まれ、没落していった。以後の氏真は、妻の実家である相模国の戦国大名北条氏康《ほうじょううじやす》を頼って小田原で暮らした。天正十九年（一五九一）以降は、京都に腰を落ち着けて、その子範以《のりもち》とともに暮らし、衣紋道《えもんどう》を家職とする山科言継《やましなときつぐ》や冷泉為将（藤原惺窩の弟）などの公家たちと交流を重ねた。文禄三年（一五九四）、範以の子直房《なおふさ》が誕生している。範以は父に先立って慶長十二年（一六〇七）に没したため、同人の妻（吉良義安の娘、利正院）は、山科と同じく衣紋道を家職とする公家大炊御門経頼《おおいのみかどつねより》と再婚した。こうした山科家や大炊御門家との関係が、直房の人生にも大きな影響を及ぼすことになる。

直房は慶長十六年十二月、十歳で秀忠へ初御目見を果たした。その後、祖父氏真の遺領（五百石）を継いでいる。慶長・元和期の活動は定かではないが、「江戸幕府日記」によれば、寛永十年（一六三三）五月十二日、直房は小笠原政信《まさのぶ》（下総関宿城主二万二千七百石）の祖母（武田信玄弟同逍遙軒信廉の娘）の屋敷を拝領していることから、この頃にはすでに京都から江戸へ移住していた。寛永末年作成と推定される「寛永江戸図」（臼杵市立教育委員会所蔵）には、平河町（千代田区平河町二丁目）に「今川主膳（直房）」とある。

「江戸幕府日記」から確認できる今川直房の初仕事は、寛永十年十二月二十日、江戸へ来ていた勅使・院使・国母使に対して、家光から菓子を送る使として酒井忠勝が遣わされた際に、知恩院門跡へ今川直房が使として派遣されたことである。この当時、直房の官位は従五位下侍従であり、すでに小大名の従五位下諸大夫よりも上位にあることから、高家として位置付けられていた。翌年正月十五日に、増上寺において秀忠三回忌が営まれ、二十四日には家光も同寺へ参詣しているが、奥の方丈にて、公家の高倉永慶と今川直房は家光が束帯に着替える際、これを補助している。なお高倉家もまた衣紋道を家職として、歴代の室町幕府将軍の装束を調える役割を果たしてきた。以後、直房は紅葉山東照宮や増上寺などへの社参において、家光が装束に着替える際の着付け役を果たしたほか、一例として、寛永二十一年正月十七日、家光が紅葉山へ社参した折りには、神前で家光へ銚子にて酒を差す役を織田高長《たかなが》（宇陀藩三万石）が、この補助をする加役を直房が、それぞれ勤めている。

高家であった今川直房だが、家光の側近くにいるところに特徴がある。正保三年（一六四六）には、主に外様大名を対象とした正月二日の元旦儀礼において、家光は萌黄《もえぎ》の直垂《ひたたれ》を着して最初に黒書院へ出座したが、この後ろで太刀持を勤めたのが直房で、釼役は品川高如《たかゆき》であった。高如は、氏真の次男で品川を名乗っていた高久の子であるため、直房とは従弟の関係にある。家光は、祖父家康も臣従した旧主今川氏の末裔二人を従えて出座したのである。もちろん直房と高如がお気に入りであったということもあるが、主従が逆転したことを見事に表していた。織田家も含め、こうした扱いは、旧主家筋の子孫であっても登用し大事にしているという将軍の度量の広さ、ひいては徳川家の徳を表すものでもあったろう。

なお寛永二十一年四月十日、家光は上意として、高如へ今後、江戸城内に詰めて、吉良義冬《よしふゆ》および直房と同じように奉公をするようにと老中を通して伝えている。これらの高家は江戸城に詰めるという、将軍の近習としての側面も持っており、かつ高家の中でも、吉良、今川、品川は同じグループとして扱われていた。同年六月二十五日に琉球の使者と対面した家光が大広間へ出座した際、釼を吉良義冬が持ち、着座すると家光の後ろに義冬と直房が控えており、吉良もまた直房と同様に将軍の背後に控える役割を果たしている。

近習とは

「奥」において家光の側回りにいる者たちは、「側」「近習」「昵懇」などと呼ばれたが、彼らの多くは家柄や格式にとらわれず、家光に才能を認められて取り立てられた者たちであり、出頭人とも呼ばれる。「江戸幕府日記」正保四年（一六四七）九月二十三日の項には、家光から御膳を与えられた「近習之面々」について、メンバーは以下の通りとなっている。

井伊直孝、酒井忠勝（若狭小浜藩）、酒井忠清、松平信綱、阿部忠秋、阿部重次、堀田正盛、稲葉正則、松平勝隆《かつたか》、小笠原忠知、今川直房、大沢基重、永井尚政、水野忠善、井上正利、松平正綱、水野元綱《もとつな》、三浦甚太郎（安次）、牧野親成、久世広之、内田正信、斎藤三友、小出尹貞、岡田重治、中根正盛、秋元忠朝、浅岡国孝、御小姓衆、新番頭、小納戸衆、小姓組頭、中奥衆、大目付衆、町奉行、留守居衆、伊丹順斉（勘定頭）、曽根吉次（勘定頭）、曽我古祐、落合道次（小十人番頭）、作事奉行、惣番頭

右は「江戸幕府日記」の記事をそのまま抜き出したのだが（人名は改めた）、個人と職が混在しているなかで、個人については、井伊と酒井忠清は徳川譜代家臣の中でも別格であり、なぜこのグループに入っているのか理由は定かでない。老中経験者はもともと近習であり、老中に就任することで「表」での活動が増え、「奥」での勤仕がなくなりはしないものの給仕役などはしない格式となり、近習出頭人としての立場にも変化をもたらすことになったが、この時期の将軍との関係は遠くなったものの「近習」としての性格は脱却していなかった。この時期、今川や

大沢は、高家の中でも家光の「近習」としての性格が強い。永井尚政、水野忠善、井上正利、松平正綱、水野元綱、三浦安次といったグループは、「譜代衆」ではなく、さらに分家筋もおり、高い家格ではない。おそらく詰衆の原型と推定される。牧野、久世、内田、斎藤、中根は側衆であり、小出と岡田は奥勤めの徒頭であり物頭である。秋元と朝岡は中奥小姓である。役職では、小姓、小納戸、中奥衆といった常に将軍の側にいる役職や、町奉行、作事《さくじ》奉行、大番・書院番・小姓組各番頭、勘定頭も、ここでは「近習」として把握されている。

こうした近習は、大名と同様に婚姻も自由にはできず将軍の許可が必要であり、寛永十二年（一六三五）六月に公布された武家諸法度にも「国主・城主・一万石以上并近習・物頭者、私不可結婚姻事」と規定されている。近習・物頭は将軍と近い関係にある他の旗本とは異なった立場・グループであった。

コラム—1

曽我包助と「曽我日記」

本巻で多く使用している「曽我日記」は、旗本曽我包助が寛永十六年（一六三九）七月から寛文八年（一六六八）まで書き続けた「日記」である。途中、寛永十九年から二十一年、明暦元年（一六五五）、同二年は欠落している。包助は徒頭、新番頭といった家光の近習から、その信任を得て綱吉の附家老にまで登用されたが、「日記」は、その時々の職務を中心に書いており、「江戸幕府日記」とも異なる立場から幕府内の実態を明らかにしてくれる貴重な史料である。現在、国立公文書館内閣文庫に二系統の写本が残されている。

曽我氏は、桓武《かんむ》平氏良文流《へいしよしふみりゅう》千葉氏の流れを汲み、代々、鎌倉・室町両幕府に仕え、武家の書札法式を伝承した。包助の父尚祐《なおすけ》は足利義昭や織田信雄に仕え、慶長五年から家康に仕え、翌年から江戸の秀忠のもとで夜詰を勤めた。包助は、尚祐の三男で、兄に古祐がいる。古祐は『国史大辞典』にも載っている人物で、寛永三年に、室町幕府の書札法式を祐筆久保正元に伝えている。古祐は、家光に気に入られ、使番や目付を経て、寛永十一年から大坂西町奉行を勤め、子の近祐《ちかすけ》もまた同役を継ぎ寛文元年九月まで勤めたことから、親子で二十七年に渡り大坂を治めた。また古祐は、本巻にもたびたび出てくる細川忠利とも友人であり、『細川家史料』の中にも多く登場する。

一方、包助は、元和五年（一六一九）に秀忠へ初御目見をすると、寛永元年から家光に仕えて小姓組番士となった。のちに書院番士へ移り、寛永十六年七月に徒頭へ転じた。同十八年には六位相当である布衣を着することを許されている。慶安元年（一六四八）六月、新番頭となり、同四年四月二十日に家光が死去した際には、終日、家光の「側」に詰めていた。万治三年（一六六〇）五月、綱吉付となり、十二月に従五位下諸大夫に任じられ伊賀守を名乗っている。寛文元年閏八月には、二千石を加増され、これまでの知行を合わせて五千石となった。延宝四年（一六七六）十月に、綱吉が将軍となることをみることなく、六十六歳で死去している。

三　大名の類別と家臣団編成

1　家門大名の成立

徳川家の一門大名

徳川家康には、松平忠政など異母兄弟がいたとされるが、江戸時代から存在自体、疑問視されている（中村孝也、一九六六）。三河以来のいわゆる十四松平とも十八松平（岩津、安城、青野、三木、福釜、桜井、藤井、大給、宮石、滝脇、竹谷、形原、大草、五井、深溝、能見、長沢、押鴨）とも呼ばれる同族としての松平庶家はいた。しかし家康の父広忠の代から、有力な松平庶家の松平（桜井）信定や松平（三木）信孝《のぶたか》を討つなどして惣領権を確立するなかで（平野明夫、二〇一〇）、松平庶家は血統的にも離れていったこともあり、家臣化が進み徳川家の跡取りとしての位置にはなかった。このため松平庶家は他の家臣に較べてまだ特別な存在ではあったものの、家康にとって家族ともいうべき存在ではなかった。そこで家康は異父弟である久松《ひさまつ》系松平の康元《やすもと》・勝俊・定勝を取り立てるものの、彼らは父系ではなく徳川家を継承すべき立場にはなかった。

一方、慶長五年（一六〇〇）の関ヶ原合戦で勝利した家康にとって、かつて豊臣期には徳川家と肩を並べる存在だった国持大名家の臣従化をいかに進めていくかという政治的問題があった。このため家康は自身の男子へ大幅な加増や新規に領地を与えて、一門を積極的に創出していく。合戦後、二男結城《ゆうき》秀康《ひでやす》へは越前国北庄六十八万石を、四男松平忠吉《ただよし》へは尾張国清洲五十七万石余を、五男で武田家の名跡を継いでいた武田信吉《のぶよし》へは慶長七年常陸国水戸二十五万石をそれぞれ与えた。六男松平忠輝《ただてる》へは同年下総国佐倉四万石を与えた後に、同八年、信濃国川中島十四

図19　徳川頼宣　和歌山県立博物館所蔵

図18　徳川義直　徳川美術館所蔵
© 徳川美術館イメージアーカイブ／DNPartcom

万石を経て、同十五年越後国福島四十五万石に加増転封している。九男義直へは慶長八年、甲斐国府中二十五万石を、十男頼宣へも同年に兄武田信吉が死去したためその遺領水戸二十万石を与え、翌年には五万石加増して二十五万石としている。十一男頼房へは慶長十一年、常陸国下妻十万石を、同十四年には兄頼宣が駿河へ転封となったため水戸二十五万石を与えている。こうして庶子たちを、国持大名に匹敵するか、より規模の大きな領地を与えるなどして一門領を形成していった。

九男義直は、同十二年に兄松平忠吉が死去したため、その遺領を継承して尾張国主となったが、この時に「尾張国一円」を安堵する領知判物が兄である将軍秀忠から発給された。この領知判物には具体的な石高や村名が書かれていないが、「尾張国」を与えるとは、すなわち家康庶子を国持大名と同様にする、いわば「家康系国持大名」の創出に他ならなかった。

上知を願う大名

豊臣家を滅ぼして以降、徳川家にとって最大の軍事的脅威は、臣従したとはいえ領国経済や家臣団数で他の大名を凌駕する国持大名であった。しかし、御家騒動や無嗣断絶によって国持大名も減少していくことになる。

また家光期になると国持大名自身も、自家（「御家」）の永続

図 20　徳川頼房（「頼房公」部分）
徳川ミュージアム所蔵　© 徳川ミュージアム・イメージアーカイブ／DNPartcom

を願う考えによって、当主の死去後、領地を一旦返上するという態度を示す大名家まで現れた。当時、豊前小倉藩主であった細川忠利によれば、寛永七年（一六三〇）十月、藤堂高虎は死去する前に、領地三十二万石の内、嫡男高次へ十万石を相続させて、次男高重に一万石を分知して、残りは幕府の考え次第にして欲しいと願ったという（『細川家史料』寛永八年正月九日書状）。また会津藩では、寛永八年九月十二日、藩主加藤嘉明《よしあき》が死去した際、子の明成《あきなり》への遺言として、将軍の機嫌をそこねてもいいから会津領を徳川家へ上知（返上）するように言って置いたとのことで、これを聞いた細川忠利は、「はつれぬ」こと（時宜にかなっている）と感想を述べている（『細川家史料』寛永八年九月二十三日書状）。さらに忠利の父忠興は進んだ考えで、加藤嘉明は生きている内に会津を上知していれば親子のため幕府にも聞こえがよかったとまで言っている（『細川家史料』寛永八年閏十月十五日書状）。

中世から所領を離れることのなかった旧族居付大名の佐賀藩主鍋島勝茂は、こうした加藤家の動きを「苦々敷《にがにがしき》儀」と思っていたものの（『坊所鍋島家文書』）、徳川将軍家も三代続いたことで、もはや将軍と国持大名の関係も明らかに変化していた。先ほどの細川忠利は、寛永十五年十月二十五日付、子の光尚への書状のなかで「家光から忝い上意を受け、涙を流してありがたく思う。常の心がけにも公儀を大事に思う」とまで述べている。

徳川一門と国持大名

徳川家と国持大名との関係が変化していくなかで、徳川一門の位置付けにも変化があらわれた。すでに述べた通り、徳川義直（尾張）や同頼宣（紀伊）などの一門へ広い領地と高い石高を与えたのは国持大名を凌駕するためであったが、国持大名の存在感が以前よりも低下する中で次第に重要になったのは、一門の格式をあげるということである。一門は徳川将軍家に後継者がいない場合に備える、いわば血

図21　徳川氏略系図2

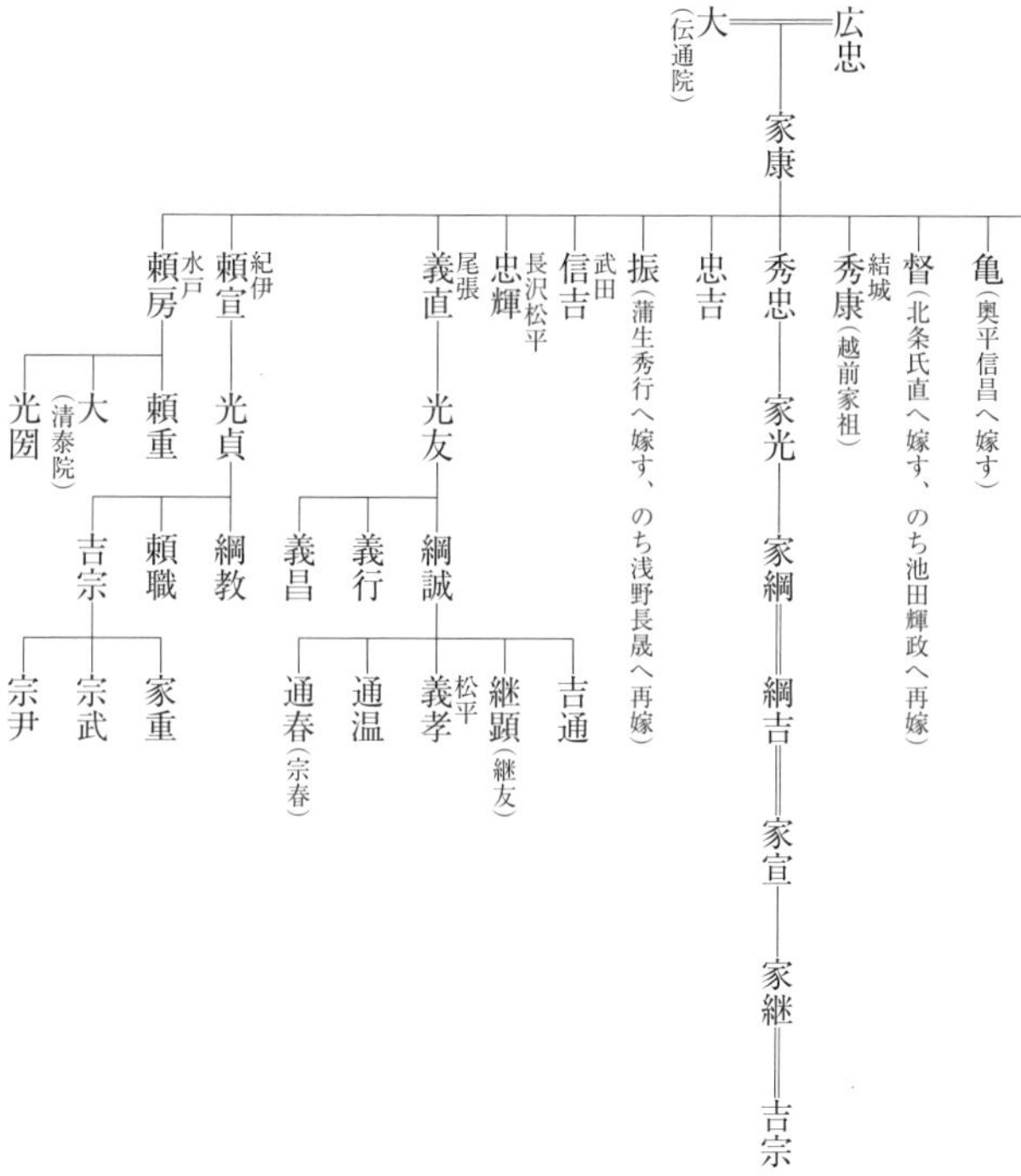

縁のスペアとしての意味も持ったことから、一門の格式を上昇させるということは徳川将軍家の権威化とも密接に関わることであった。この点、武家諸法度における乗物免許の項からみてみよう。乗物に関する乗輿《じょうよ》規定について、元和元年（一六一五）七月に出された元和令や、寛永六年（一六二九）九月に改訂した寛永六年令までは、たとえば元和令をみてみると「国大名以下、一門之歴々者《は》不及御免可乗」とあるように「一門」よりも「国大名」＝国持大名が先に記載されている。これが、寛永十二年六月の寛永十二年令では、「乗輿者一門之歴々、国主、城主、一万石以上並ニ国大名之息、城主暨《および》侍従以上之嫡子」というように、「国主」＝国持大名よりも先に「一門」を記載するようになった。徳川家として国持大名よりも一門が優先すべき存在となったのである。寛永十二年令は、徳川の「一門」が「国持」の上位に位置することを法によって具体的に示したのであり、将軍家を守護する一門家は名実ともに、諸大名の頂上に位置付けられたのであった。なお、寛永六年、

細川忠利はこの条項について、「一門と御座候所ハ御一門之儀にて御座候、国持之下ニ一門と御座候故、国主之一門之様ニ紛申候」と述べている（『細川家史料』寛永六年九月十三日付書状）。したがって、国持大名の一門という意味ではない。当然といえば当然なのだが、諸大名は武家諸法度を一字一句注視していた。

家門大名

家門とは、徳川一族であるとともに、諸大名よりも高い格式を有する大名家で、世代を越えた家の家格としての親族・親類である。尾張・紀伊・水戸各徳川家の御三家をはじめ、越前家、保科松平家、奥平松平家がある。なお御三家や、十八世紀中ごろ以降に創出される一橋・田安・清水各徳川家の御三卿は別格ともされる（『江戸幕府大事典』）。

もっとも、享保期に成立したと考えられる、諸大名の格式について記された「御三家並諸大名等作法」（加越能文庫）という史料には、御三家の解説に「御三人方、御三家、或御家門と称」えるとあるように、御三家を家門と呼ぶとしている。さらに「御三家、松平加賀守（前田吉徳）、松平兵部太輔（宗矩）、松平相模守（池田吉泰）、松平越後守（長孝）を御家門と称事有之」として、御三家や加賀藩前田家、福井藩松平家（越前家）、鳥取藩池田家、津山藩松平家（越前家）を家門と称えることもあるというのである。家康の二男結城秀康を祖とする越前家はともかく、外様大名である加賀藩前田家や鳥取藩池田家までもが、どうして家門となるのであろうか。

そもそも家門であることの第一義的な条件として、徳川家の一門であることは言うまでもない。もちろん、史料上、一門と家門が同義で使われていることも珍しくない。そこで本書では、家光期に一門がどのように認識されていたのかを江戸城内での殿中儀礼からみていくことにする。

「江戸幕府日記」寛永十年（一六三三）五月三日の項には、「尾張・紀伊亜相、水戸黄門其外御家門之衆ゟ《より》端午之御帷子等」が献上されたとある。尾張の徳川義直、紀伊の同頼宣、水戸の同頼房や「家門」が家光へ、端午《たんご》の祝儀として帷子《かたびら》を献上したという。ここでは、御三家以外に「御家門衆」がいるとしている。毎年、端午の節句の前には祝儀として帷子や単物が献上されるのだが、同十三年五月三日の項には献上した大名として、尾張の徳川義直、紀伊の同頼宣、水戸の同頼房をはじめ、松平光長、前田利常、松平忠昌、前田光高、松平勝五郎（池田光仲）、松平直政、浅野光晟、松平直基、松平直良、松平忠昌、池田輝興の名が記載されている。御三家を家門に含めるのかは別にしても、この時期まで、三月三日の上巳《じょうし》、五月五日の端午、九月九日の重陽《ちょうよう》のいわゆる三節句において帷子を献上できるのは「家門」に限られていた。もっとも寛永十八年からは国持大名も献上するようになるので、家門のみ献上することはなくなっていったようであるが、それでも正保三年（一六四六）五月二日の項では、家光へ「御一門方并諸大名」より帷子・単物を献上したと有るから、「一門」＝「家門」というカテゴリーはなくなっていない。

もう一つ、江戸城内における殿中儀礼の中で、一門のみ参加するものとして、生見玉《いきみだま》（魂）の儀礼がある。同儀礼は、後年の史料だが、『東都歳時記』によれば、「七月の盆に亡者の霊魂来るよしを云いてまつるより移りて、現存の父母兄弟などの生身たまをいわう意なりとぞ」とあって、本来、七月の盆に生きている両親や兄弟に対して祝儀を送り饗応する儀礼であるが、江戸幕府では、将軍へ金銀を進上して御目見をするという儀式となっていた。生見玉は、家光が徳川家の家長として御三家をはじめとした一門から敬意を表されて祝儀が献上されるという、「家」の行事としての性格が極めて強い。尾張徳川家の義直は慶長六年（一六〇一）生まれで、紀伊徳川家の頼宣は同七年生まれであり、家光は同九年だから家光の方が二人よりも年下だが、義直・頼宣からも献上されることで、家長であることが毎年改めて確認されていく。

さて、この生見玉に家光へ金銀を進上していた一門だが、「江戸幕府日記」において、名前が明らかになるのは寛永十年七月四日である。ここで黄金十両を献上したのが、①徳川義直、同頼宣、同頼房、松平光長、松平（前田）光高、松平（池田）光政、松平忠昌、松平（蒲生）忠知、松平勝五郎（池田光仲）、松平（浅野）光晟である。次に銀五枚を献上したのが②松平直政である。次に銀三枚を献上し

図22　越前家略系図

秀康
- 忠直——光長（越後高田藩松平家）
- 忠昌——光通（越前藩松平家）
- 直政（出雲松江藩松平家）
- 直基（播磨姫路藩松平家）
- 直良（越前大野藩松平家）

たのが、③松平直基と同直良の兄弟である。そして、最後に帷子を献上したのが④藤堂高次であった。まず①のグループは御三家や越前家の松平光長、同忠昌である。加賀藩前田家の光高の母は、秀忠と江与の娘珠であり、正室は家光の養女大（実は徳川頼房の娘）という母方が徳川家の血統となる。岡山藩池田家の光政は、祖母（祖父同輝政の継室）が家康の娘督であるが、血縁関係はない。また正室は秀忠の娘千の娘勝であった。蒲生忠知と浅野光晟の母は家康の娘振である。

②と③は越前家の分家である。④の藤堂高次は徳川家と血縁関係にはない。つまり生見玉の祝儀献上には、徳川家一門と少数だが一門ではない大名が含まれていた。もっとも同十九年七月六日では、この①から④までの大名に加えて池田光仲（父同忠雄の母は同光政の祖母にもあたる家康の娘督）、松平頼重、前田利次（同光高と同母）が新たに献上をしており、寛永十一年に無嗣断絶となった蒲生家はいない。池田光政と藤堂高次の使者は奏者番と謁したが、残りはすべて老中と謁している。両人は、格式が区別されている。これは正保元年七月六日の記事に、「御連枝並御一門之歴々より」献上があったとして同じメンバーが献上しているが、池田光政と藤堂高次は「此両人は御一門之外たるにより」使者が老中へ謁することはなかったというのである。以降の年も踏襲されており、幕府は儀礼上、池田光政と藤堂高次は徳川の「一門」ではないという認識であった。

また話は戻るが、ここでいう「御連枝」とは後の御三家のことであり、一門とは越前家、加賀藩前田家および前田利次、広島藩浅野家、鳥取藩池田家、高松藩松平家ということである。つまり、後年の教科書的な理解でいえば、高松藩松平家は御三家の分家を意味する「連枝」であり、前田家、浅野家、鳥取池田家は外様であろうが、幕府の認識では徳川家の一門として扱っているのである。実際他の儀礼でも、たとえば正保二年正月元日の正月儀礼では、一日の「御家門御礼之次第」では、御三家、松平忠昌、前田光高、同利次、池田光仲が出仕している。池田光仲はこの年から正月一日に初めて出仕しており、以降、同家の先例となっている。そして、引き続き正月二日の外様大名が登城する正月儀礼では、松平直政や松平直良が浅野光晟とともに外様国持大名に交じって出仕している。これら越前家は近江彦根藩の井伊直孝とともに国持大名のカテゴリーとしての性格も持っていたことがわかる。幕府は国持大名を警戒して、同じカテゴリーに家門や譜代大名を交ぜて把握していた。なお、越前家の分家である松平直政や同直良は、譜代大名のカテゴリーに入っていることもある。

このように家光期の「家門」には、越前家以外、前田家、浅野家、鳥取池田家をも含んでおり、血縁関係をより重視しながら決められていたのである。ただし、前田家、浅野家、鳥取池田家は、外様国持大名としての性格も有しており、単純に一つと割り切れるものではなく、二重のカテゴリーを有していた。

「御三家」という枠組み

寛永九年（一六三二）分から残っている江戸幕府の公的な日記である「江戸幕府日記」では、当初、尾張・紀伊・水戸各徳川家を「御三家」とは呼称していない。「江戸幕府日記」に初めて「御三家」という言葉が出て来るのは、明暦二年（一六五六）九月二十八日の項に、能見物の前に家綱が、綱重・綱吉の両典厩家《てんきゅうけ》および「御三家」と対面したという記事である。綱重と綱吉は新将軍家綱と血統が一番近い実弟であり、それぞれ左馬頭・右馬頭を名乗ったことから中国風の読み方である典厩家と呼ばれ、一つのグループを形成した。また少し離れて、万治二年（一六五九）九月十二日の項に、やはり、家綱の本丸移徙を祝う能興行において、「御両殿、御三家御対顔」とあり、「両殿」＝両典厩家とともに「御三家」である尾張・紀伊・水戸各徳川家が対面した。これらのように典厩家と並んで「御三家」が使用されているところに特徴がある。

もっとも、同日の記事に「紀伊・水戸・尾張三卿」とも記載されており、「御三家」という表現が定着していた訳ではなかった。「御三卿」というと、後の八代将軍徳川吉宗の子や孫によって成立した「御三卿」が有名であるが、家綱期も同じ「御三卿」という言葉を使用することがあった。「卿」は、従三位以上に対する敬称であり、この時点での当主の官位は、尾張の徳川光友《みつとも》が正三位権中納言、紀伊の徳川頼宣が従二位大納言、水戸の徳川頼房が正三位中納言であったから、まずは各当主の官位によって呼称されていた。

徒頭や新番頭などを歴任した旗本曽我包助の日記「曽我日記」では、早くも寛永十八年（一六四一）九月六日の項に、誕生したばかりの家綱へ樽肴《たるざかな》を献上したため、「御三家」、その外「近キ御一門」の使者へ「奥」にて袷が与えられたとある。

しかし、この後、「曽我日記」において「御三家」という用語は翌日に出て以降、しばらく登場しない。次に出て来るのは万治元年正月元日の儀礼において、家綱が御座間で「御両殿」と対顔し、次に白書院へ移動して「御三家」が御礼をしたというものである。やはり一般化していくのは明暦期から万治期にかけてということであろう。一方で、宝永六年（一七〇九）成立の『武野燭談《ぶやしよくだん》』に、徳川頼房（水戸）が「御三家」とは将軍家と尾張・紀伊両家を指すのであって、水戸は越前家と同前であると語ったエピソードが載っている。

尾張・紀伊・水戸各徳川家を一まとめに呼称することは、家康の庶子の中でも「徳川」を名乗る特別な立場にある親族であり、彼らが江戸城内の年中行事でも、同じグループを形成していたためであろう。一例として正保四年（一六四七）五月十八日、徳川義直（尾張）が参府したので家光へ御目見をした際、徳川頼宣（紀伊）と徳川頼房（水戸）もまた御目見をしている。本来、尾張徳川家の参府であり、紀伊と水戸の両徳川家は無関係のようにも思われるが、これは「義直が御礼をしたために頼宣と頼房も御礼をした」のであり、親族として登城して出座をしたのである。こうしたことは、ほかにも秀忠の兄結城秀康を祖とする越前家でも行われており、徳川家のなかでも狭い範囲での親族のグループが形成されていた。

それから「江戸幕府日記」に明暦年間以降、「御三家」が出て来る理由としてあげておきたいのが、綱重と綱吉の両典厩家の存在がある。後で述べるが、慶安四年（一六五一）四月の家光死去直前から二人は同列で扱われ始め、六月二十一日には、この年の九月の重陽の儀式から家綱へ祝儀を進上するように命じられ、さらに今後の年中行事において五月五日の端午は帷子五を、重陽は呉服三、十二月晦日の歳暮は呉服五というように、それぞれの進上物が定められた。つまり二人は新しい徳川家当主である家綱の臣下として幕府儀礼に参加することが決まったのである。以後、二人はどの儀式においてもまず最初に家綱に対面しており、その優位性が明らかである。もちろん、これまで、この位置にいたのは尾張・紀伊・水戸の各当主であったことは言うまでもない。

この典厩家と区別するために、尾張・紀伊・水戸は、「御三卿」とも称されたが、綱重・綱吉もまた承応二年（一六五三）八月には従三位に叙任して「卿」であったことから、これと区別するために「御三家」という呼称が定着したものと思われる。

徳川を名乗る

永禄九年（一五六六）、家康は三河を統一したことを機に関白近衛前久《このえさきひさ》を通じて朝廷へ徳川名字の改姓と叙位・任官を願い出た。この願いは許可されて徳川を名乗ることとなり、従五位下三河守が与えられた。この時、家康は藤原氏の氏長者であった近衛を通しての申請であったことから藤原姓であり、源氏となるのは天正十四年（一五八六）十一月五日の正三位権中納言への叙位・任官時である（柴裕之、二〇一七）。

その後、徳川家の中での徳川姓は、家康の息子であれば誰でも名乗れた訳ではなく、嫡男秀忠以外、九男義直、十男頼宣、十一男頼房に限られた。将軍家に万が一の時があった場合は、これらの「家」のみが継承権を持つことを内外へ示すものであった。もっとも、後に御三家となる、この庶子たちの「家」においても名乗れるのは当主と嫡男だけであったが、当初は嫡男でさえも名乗っておらず、「江戸幕府日記」寛永十年（一六三三）正月三日の項において、正月儀礼に徳川頼宣（紀伊）の嫡男「松平常陸介」が初めて登場する。後の二代藩主となる徳川光貞（寛永三年生）だが、まだ「松平」姓である。すでに同八年五月には従五位上に叙位され、同九年七月に元服をして常陸介を名乗っている（『徳川諸家系譜』）。しかし同十年七月二日の記事では家光の御鷹《おたか》が捕獲した雲雀《ひばり》が「徳川常陸介殿」へ与えられており、以降、光貞は「徳川」を名乗っていたことがわかる。なおこの時、頼宣より一歳年上の徳川義直（尾張）の嫡子光友（寛永二年生）は「松平五郎八殿」と記載されて御鷹の雲雀を拝領している。光友は寛永十年十二月に元服し右兵衛督を名乗っている（『徳川諸家系譜』）。光友も寛永十二年正月三日の正月儀礼において、御座間にて家光と「徳川右兵衛督殿、同常陸介殿、同千代松殿」が御礼をしたとあるから、すでに徳川を名乗っている。また徳川頼房（水戸）の嫡男光圀（寛永五年生）も徳川であった。

2 江戸城内における譜代大名と詰衆

譜代大名

十七世紀前期から中期における「譜代」や「譜代大名」とは、いわゆる関ヶ原以前から徳川家に臣従していた歴史性を有する家臣全体を指すとする教科書的理解での譜代大名ではなく、後に帝鑑間に伺候するようになる、一部の格式の高い譜代大名を指している（松尾美恵子、一九八四）。本書では後に述べる譜代大名の雁間詰衆と区別するために「譜代衆」と表現しておく。

具体的な「譜代衆」については、「江戸幕府日記」寛永十四年（一六三七）十一月三日の項によれば、家光の鷹で捕獲した鶴が与えられる、いわゆる御鷹の鶴が国持大名へ与えられ、翌日は「御譜代之面々」へ御鷹の鶴の料理を与えると命じた。そして翌日与えられた「譜代之面々」とは以下の通りである。松平直政（信濃松本七万石）、井伊直孝（近江彦根三十万石）、松平忠明（大和郡山十二万石）、保科正之（出羽山形二十万石）、榊原忠次（上野館林十万石）、酒井忠勝（出羽庄内十四万石）、奥平忠昌（下野宇都宮十一万石）、石川忠総（近江膳所七万石）、小笠原忠真（豊前小倉十五万石）、戸田氏鉄（美濃大垣十万石）、松平定行（伊予松山十五万石）、松平定綱（伊勢桑名十一万三千石）、牧野忠成（越後長岡七万四千石）、本多政朝（忠政二男）、同忠利（康紀長男）、同忠義（忠政三男）、小笠原長次（豊前中津八万石）、本多政勝（忠朝二男）、内藤忠興（陸奥磐城平七万石）、井伊直好（上野安中三万石）、松平乗寿（美濃岩村二万石）、松平忠房（三河刈谷三万石）、松平忠憲（信濃小諸四万五千石）、松平光重（播磨明石六万石）、内藤信照《のぶてる》（陸奥棚倉五万石）、諏訪頼水《よりみず》（信濃諏訪二万七千石）、井伊直滋（直孝長男）、小笠原政信、同忠知、松平重直（豊前竜王三万七千石）、土岐《とき》頼行《よりゆき》（出羽上山二万五千石）、鳥居忠春（信濃高遠三万二千石）、松平定房（伊予今治三万石）、松平忠昭（豊後中津留二万二千石）であった。これらの大名の官位は従四位下侍従、従四位下（四品）、従五位下諸大夫とさまざまである。

これらの「譜代衆」は、もともと戦国時代における国人領主の系譜を引いていたり、城主であるなど、徳川家中でも有力な家臣の子孫であり、幕府が全国支配を展開する上で主要な拠点となる城を守る大名である。

こうした「譜代衆」は諸大名に比べて諸儀礼において優遇されており、たとえば寛永十三年九月一日の月次御目見では、黒書院にてまず御三家、松平光長、前田光高が家光と御目見をすると、勝手方に「御譜代之面々」が控えており御目見をした。これが「譜代衆」である。また同じ寛永期には、月次御目見とは別に「譜代衆」と物頭が一緒に御礼をする不時の御目見日があり、当時黒書院は「中奥」に属したため、「江戸幕府日記」寛永十六年正月二十日の項に、「毎奥にて御目見の御譜代衆」として、奥平忠昌、榊原忠次、酒井忠勝、本多俊次、菅沼定芳《さだよし》、水野忠清《ただきよ》、大久保忠職《ただもと》といった「譜代衆」が記載されている。『寛永小説』には、この不時の御目見を行うのは「御譜代衆は御心安儀候間、御通掛に御目見いたし候、表向は御隔心の儀候間」と、「譜代衆」は心安い存在であるから御目見をするのであり、「表向」だと打ち解けないので「黒書院に廊下に並居候て致御目見候、其節又立と、まり被成、御腰をすへられ御手を御おろし被遊、右之通又上意也」と、黒書院大廊下にて並んでいると家光が立ち止まって話しかける時もあったと記している。「表向」だと、将軍と家臣の関係が打ち解けないというのが大変興味深い。国持大名や外様小大名、老中、さらに小姓組番頭といった番方の役職であっても、奥勤めを兼ねない限り基本的には「表」に属することになる。後に柳間を伺候席とする大名は表大名とも称された。家光期の譜代衆は、物頭とともに御目見を果たすことで、ほかの大名とは異なる将軍との親近性を獲得していた。この「譜代衆」は後年になると、江戸城内の殿席が帝鑑間に定められる。

詰衆

詰衆は十七世紀中後期以降、雁間を殿席とした譜代大名であり、正保期ごろには、「竹間詰衆」と呼ばれ、殿席は竹間にあった。もっとも呼称については、正保四年（一六四七）五月四日に小笠原忠知（三河吉田四万五千石）を今後、「近習」の面々並に殿中へ伺候するように命じており、『寛政譜』ではこれを詰衆としている。また万治二年（一六五九）七月二十三日、奥小姓であった永井尚庸を「近習並」に命じているが、これを『徳川実紀』では、「雁間詰並」としている。『寛政譜』と『徳川実紀』は後世の編纂物だが、「江戸幕府日記」から二人を殿中儀礼の位置からみてみると、詰衆としてよいと思う。つまり詰衆は、「近習」の一つとして把握されていたようである。こうした存在は当時、「御譜代大名、近習・外様之諸大夫」（正保五年正月一日の項）というように「外様之諸大夫」として登場する。

そして、万治二年九月五日、家綱が西丸から本丸へ移徙した際に本丸の殿席を定めた時、雁間は高家と詰衆というように定められている（『武家厳制録』）。また雁間詰の長子は殿席が菊間に定められた。なお後年、雁間は城主大名が、菊間は無城大名がそれぞれ詰めている。

そもそも詰衆は、他の大名が基本的に毎月三度の月次御目見や年中行事にのみ江戸城へ登城していたのに対して、その名の通り、これらの日以外も城内に詰めて将軍に会う機会を持っていた。江戸城内における雁間は「表」の空間にあり、「表」は「外様」とも称される。城主であれば、当主となればほぼ従五位下諸大夫に任じられることから、近習と並ぶ「外様之諸大夫」と呼ばれた。

「譜代衆」の中には老中をはじめとした幕府役職者は含まれていないことが三宅正浩によって指摘されているが（三宅正浩、二〇一四）、土井利勝、酒井忠勝といった「大老」経験者であっても家柄が低いため「譜代衆」に加わることはなく、その子である土井利隆、酒井忠直などは詰衆として雁間に定められていく。こうした家光取り立ての近習出頭人の子どもたちは、まだ家督を相続していない「部屋住」時代から、小姓などに命じられて奉公を始める。たとえば、土井利勝の五男利直は、万治元年閏十二月十六日に西丸奥小姓から詰衆に命じられて近習として位置付けられていた。近習が再生産されていくのである。一方で雁間詰衆は、後に「御役家」と呼ばれるほどに老中、京都所司代、大坂城代、奏者番、寺社奉行などへの就任度が高く、加増される機会も多かった（笠谷和比古、一九九三）。

本分家の逆転

大名家や旗本家における庶子の進路は、家臣化したり他家へ養子に行く以外、幕府へ奉公することによって一家となることもあった。分家となるのである。幕府は、こうした本家と分家の関係性については、それぞれの「家」によって事情や状況も異なるであろうから、特に法で定めるようなことはしなかった。しかし、そもそも分家の創出は、本家に家督相続者がいない場合に備えていたという事情もあり、かつ本家の家督相続者の選定は、一歩間違えると御家騒動になりかねないきわめて重要な問題であったから、幕府は、幕府法における養子相続法のなか、同姓（同族）に関して規定することで本分家の秩序を維持していった。本分家の秩序において大事だったのは、あくまで本家と分家は上下関係にあるということである。実際、多くの大名家・旗本家の場合、石高や官位など、本家は分家よりも高くなっているのが一般的であった。こうした秩序が乱れてしまうと、本家は養子の獲得が困難になることも考えられたし、相続をめぐって争いの種にもなりかねなかった。また儒学的な考え方における「五倫」（父子・君臣・夫婦・長幼・朋友）・「五常」（仁・義・礼・智・信）とも反することになる。上下秩序の創出は戦国時代に戻らないための倫理観でもあった。

ただ現実の本分家関係は、すべてが儒学的な考え方に基づいて維持されていた訳ではない。特に分家・庶子が将軍によって取り立てられ近習になった場合は、本分家が逆転してしまうことも珍しいことではなかった。たとえば家光期に若年寄であった朽木種綱や、側衆の久世広之・土屋数直などは、出世と加増を重ねて本家の石高を上回り大名となっていったが、本家は一万石未満の旗本家であった。

こうした本分家の逆転は、同族の秩序よりも将軍の意向が優先することを示すものであったが、将軍も無制限に逆転できた訳ではなかったことは、多くの大名家・旗本家では本家の石高や官位を分家が越えることはなかった事実にあらわれているだろう。本分家の秩序が維持された背景には、当事者である本分家が同族関係を守っていこうとする意識があった。幕閣であっても、家光がもっとも信頼していた酒井忠勝は、本家筋で甥の酒井忠清を一家の嫡宗として重んじ、列座をしても忠清を上座とし、同道しても忠清を先に歩かせたという（福田千鶴、二〇〇〇）。こうしたことは家光の小姓から老中にまで取り立てられた阿部忠秋も、『武野燭談』によれば、登城する際には、本家筋で家光へ殉死した阿部重次の子定高《さだたか》を先にして登城していたという。将軍の

図23　久世氏略系図

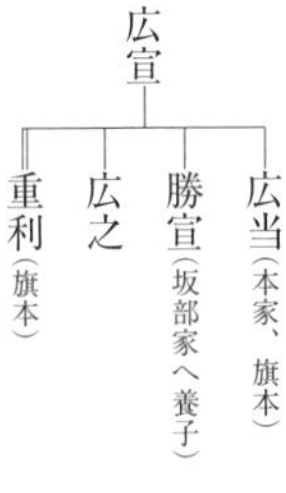

近習には庶子や分家筋が多く、一見、同族秩序の無視のようにも思われる。しかしこうした身分であっても有能であれば取り立てられる人事こそが将軍権力をより強固にしていくのである。

3　外様大名とは

「表」としての「外様」

江戸城本丸御殿の空間において「奥」と対の概念として使われていたのが「表」であるが、もう一つの言い方として「外様」とも言った。「外様」について現代では「外様大名」と使う時が一番有名であろう。しかし江戸城内の空間を区別する用語として使われることもあった。たとえば、「江戸幕府日記」寛永二十年（一六四三）八月十六日の項には、老中阿部重次は娘が痘瘡に罹ったため、重次が「奥」へ入ることは憚るといえども「外様」には出てきて万事を沙汰するようにと命じられた。ここで言うところの「奥」とは、日頃、老中が大奥へ容易に出入りしているとは考えにくいので、そうすると「中奥」と考えられ、また「外様」で沙汰をするとなると、大広間や白書院などがある「表」の空間を意味している。なお「外様大名」という呼び方も、この時期は一般的な用語ではなく、国持・城主をはじめ、中大名、中小大名、小名などと呼んでいる。

国持大名

国持大名は、戦国大名や織田信長、豊臣秀吉の有力家臣であった系譜を引く大名家であり、もともと徳川家と肩を並べる存在であった。一国もしくは同規模を領する大名家で「国大名」や「国主」などとも呼ばれ、笠谷和比古は、「自余の一般的な大名に対して隔絶した地位と格式を有していた」と評価している（笠谷和比古、一九九三）。国持大名は時代によっても異なるが、御家断絶がなくなり数が安定してくる江戸時代中期では加賀藩前田家、薩摩藩島津家、仙台藩伊達家、熊本藩細川家、福岡藩黒田家、広島藩浅野家、萩藩毛利家、佐賀藩鍋島家、岡山藩・鳥取藩両池田家、伊勢津藩藤堂家、土佐藩山内家、阿波藩蜂須賀家、久留米藩有馬家、久保田藩佐竹家、米沢藩上杉家、対馬宗家に加え、津山藩松平家、松江藩松平家、大和郡山藩柳沢家などの一部の家門大名や譜代大名も含まれる場合がある。文化五年（一八〇八）以降は、二十万石に高直しをした盛岡藩南部家も加わっている。

江戸城内の殿席では、「表」の中でも「奥」から一番離れた部屋である大広間に控え、多くは嫡子で従四位下に叙任し家督相続とともに侍従へと昇進していった。加賀藩前田家は国持大名であるが、御三家と同じ家門大名に近い性格も有しているため、殿席も御三家と同じ大廊下に控え、御三家が上之間であるのに対して、前田家は下之間であった。また嫡子時の官位も前田家は正四位下少将に叙任されるが島津家や伊達家などは従四位下侍従に叙任されるなど、すべてが同じ扱いという訳でもなかった。

江戸中期には「国持十八家」などと称されることになるが、家光期は熊本藩加藤家、高松藩生駒家、出雲松江京極家などの国持大名がまだおり、改易と新たな領主の転封が繰り返されていたため、数も定まっていなかった。また、国持大名に準じる准国持大名として、宇和島藩伊達家、柳川藩立花家、二本松藩丹羽家があった。

こうした国持大名は、関ヶ原合戦や大坂の陣の功により西国や東北に加増転封され江戸から離されたことから、近世初頭の徳川家において警戒の対象であったことは確かであろう。しかし家康以来、婚姻政策や「松平」姓の授与などによって徳川家と密接な関係のある国持大名が現れることによって、臣従化が進むことになった。譜代大名松平定綱は、国持大名であった広島藩浅野光晟《みつあきら》に対して後見をしていたことから、寛永期と推定される書状において、「只今国持大名衆之内、御年来もくわほうも無残所、又は上様（家光）へ御したしく候事も無比類候」（『浅野家文書』）と、国持大名が将軍家光と親しくなっていると述べている。

外様大名

十八世紀以降になると、国持大名を含めた大名のカテゴリーの一つに外様大名という言葉が頻繁に使われるようになり、これが現代にまで至っているが、家光期には、それほど一般的な用語ではなかった。「江戸幕府日記」には、慶安二年（一六四九）九月二十五日の項に、来日した琉球王子が家光へ御礼をするために登城した際、「外様之大名出仕無之」として初めて外様大名という言葉が出て来る。

もっとも、徳川家の中でも家門や譜代ではない大名は、「外様」という枠組みが確かにあった。たとえば寛永十二年（一六三五）六月晦日、武家諸法度に記載された参勤交代制が発足し、参勤交代をすべき「大名・小名」が発表されたが、この年に帰国すべき衆として、主に東国に領地がある前田利常《としつね》、伊達政宗、松平忠昌、上杉定勝《さだかつ》、加藤明成、佐竹義隆《よしたか》、丹羽《にわ》長重《ながしげ》、南部重直《しげなお》、池田輝興《てるおき》、松平直基《なおもと》（越前家一門）、松平直良《なおよし》（越前家一門）、金森重頼《しげより》、戸沢政盛《まさもり》、相馬義胤《よしたね》、仙石政俊《まさとし》、脇坂安元《やすもと》、一柳《ひとつやなぎ》直重《なおしげ》・同直家《なおいえ》・同直頼《なおより》、津軽信義《のぶよし》、加藤明利《あきとし》、松下長綱《ながつな》、溝口宣直《のぶなお》、本多成重《なりしげ》（越前丸岡四万六千三百石）、片桐孝利《たかとし》、小出吉親《よしちか》、杉原重長《しげなが》、遠藤慶利《よしとし》、土方雄次《かつつぐ》、六郷政勝《まさかつ》、岩城宣隆《のぶたか》、九鬼《くき》隆季《たかすえ》、市橋長政《ながまさ》、谷衛政《もりまさ》、伊東長昌《ながまさ》、織田長政《ながまさ》、池田重政《しげまさ》、遠山秀友《ひでとも》、宮城豊嗣《とよつぐ》、小出三尹、朽木宣綱《のぶつな》となっている。

次に、今年は江戸にいるべき衆として、主に西国に領地がある島津家久《いえひさ》、細川忠利、池田光政、京極忠高《ただたか》、毛利秀就《ひでなり》、毛利秀元、蜂須賀忠英《ただてる》、山内忠義《ただよし》、黒田忠之《ただゆき》、浅野光晟、鍋島勝茂《かつしげ》、藤堂高次《たかつぐ》、有馬豊氏、京極高広《たかひろ》、宗義《そうよし》成《なり》、伊達秀宗《ひでむね》、池田光仲、森長継《ながつぐ》、立花宗茂、寺沢堅高《かたたか》、織田高長、松平虎之助、毛利就隆《なりたか》、黒田長興《ながおき》、黒田高政《たかまさ》、浅野長治《ながはる》、中川久盛《ひさもり》、松浦隆信《たかのぶ》、加藤泰興《やすおき》、伊東祐慶《すけのり》、古田重恒《しげつね》、有馬直純《なおずみ》、稲葉一通《かずみち》、小出吉英、稲葉紀通《のりみち》、亀井茲政《これまさ》、京極高三《たかみつ》、織田信勝《のぶかつ》、島津忠興《ただおき》、九鬼久隆《ひさたか》、木下延俊、山崎家治《いえはる》、秋月種春《たねはる》、木下利当《としまさ》、大村純信《すみのぶ》、戸川正安《まさやす》、相良頼房《よりふさ》、毛利高直《たかなお》、分部《わけべ》光信《みつのぶ》、桑山一直《かずなお》、五島盛利《もりとし》、土方雄氏《かつうじ》、片桐貞昌《さだまさ》、久留《くる》島通春《しまみちはる》、立花種長《たねなが》、建部《たけべ》政長《まさなが》、織田尚長《なおなが》、北条氏宗《うじむね》、平岡頼資《よりすけ》、青木重兼《しげかね》、蒔田《まいた》広定《ひろさだ》となっている。

この参勤交代が定められた中に基本的に譜代大名は含まれておらず、「外様」の枠組みがすでにあったと考えてよいだろう。また東国衆の中に越前家の松平忠昌、松平直基、松平直良の兄弟がいるが、越前家は家門でありながら外様として二重の属性を持っている。

こうした外様と譜代を区別する一例として、寛永十九年四月二十二日、家光が日光から江戸城へ帰ってきた際も、

「御譜代之大小名」は残らず江戸城大手の下馬に左右並んで御目見をし、「御近習之御譜代衆之子共」は城内百人組の門外井形の内に並んで御目見をして家光の帰城を出迎えたが、「外様之大名小名」は御目見に出てこなくて良いと命じられている（「江戸幕府日記」）。

一般的には関ヶ原の合戦以降、徳川家に従った大名は外様大名として一括されるが、このカテゴリーの大名は、国持大名、准国持大名、それ以下の小大名、さらに国持大名の庶子たちと分けることができるだろう。特に小大名と国持大名の庶子は一緒に考えられがちだが、幕府儀礼をみても明らかに異なる処遇を受け、国持大名の庶子が優遇されている。また、現代の我々が考える教科書的な「一万石以上が大名」と定義されていくのは、寛永十一年の老中宛法度と翌年六月の武家諸法度以降となる（三宅正浩、二〇一四）。

新参者としての外様大名

外様大名は譜代大名と違って、老中・若年寄をはじめとした幕府要職に就任する機会は少ない。時代によっても異なるのだが、確かに、家光期に譜代大名以外で老中や若年寄、寺社奉行といった幕府の要職に外様が就任することはなかったものの、けっしてほかの役職に就かなかった訳ではない。また旗本層になると、先ほどの池田長賢が小姓組番頭に、同長信が書院番頭などといった番方の頭役になっているし、越後四十五万石の国持大名であった堀秀政《ひでまさ》の弟利重は、慶長四年（一五九九）、兄の「証人（人質）」として江戸へ参府すると秀忠へ仕え、書院番頭、大番頭、寺社奉行などを歴任した。その子利長について、『徳川実紀』によれば、寛永十九年（一六四二）正月十九日、家光は利長を御前に召して、「若年だが大番頭に任命しており、父子ともに命じられた例はない。大番は先鋒であり重職だが怠りなく勤めるように」と、直接上意を伝えている。また同じ堀一族で、もともと秀治の家臣だった堀直之も、慶長十六年に徳川家に仕えると、寛永八年九月に江戸町奉行となり、寛永十七年正月には寺社奉行に就任している。

同時期に譜代旗本大久保彦左衛門忠教が著した『三河物語』にも、「外様」という用語は出てこない。同書において大久保が厳しく批判するのは、今の世の中は譜代よりも「新参」の者を優遇していることに対してであった。

堀一族もまた、徳川家では「新参」の部類に属していた。

外様小大名の徳川家臣化

　そもそも徳川家では、旗本身分において、後に述べる大名身分と違い、それほど「外様」という歴史性を意識していない。出仕については本人や奉公に出した親の意向に基づいて判断していたようである。寛永十四年（一六三七）三月、外様小大名であった豊後国日出《ひじ》藩木下延俊の四男延次は、「御番ニ入、御奉公有度」と、たびたび徳川家の「御番」、つまり大番、書院番、小姓組番といった番方に入って旗本になりたいと願っていたが、父延俊が同意しなかった。実は父延俊の考えは、延次を旗本にすることには同意していたが、五千石を分知して「御番無之様に」したいというものであった。このことを延次から相談された細川忠利は、延俊の意向を書付にするとともに、参府した時に松平信綱へ言っておけば埒が明くでしょうと述べている（『細川家史料』寛永十四年三月四日書状）。結局、延次は寄合となっている。寄合は、平時には果たすべき役はなく（無役）、石高が主に三千石以上一万石未満の旗本であり、延次は父延俊の望み通りとなったのである。大番、書院番、小姓組番など、どの番かによって異なるが、平番（番士）の多くは二百石（俵）から三百石（俵）程度であり、さすがに五千石となると番士としての格式に合わず寄合に編入されることになる。いずれにせよ、すべてとは言えないが、外様の小大名家にも徳川家の番士（旗本）になりたいと考える家があった。慶安年間（一六四八―五二）は後に述べる通り家光が嫡子家綱へ軍団の譲与と創出をしていた時期だが、同元年四月六日、外様小大名の丸亀藩主山崎家治と仁正寺藩主市橋長政の両人が死去していたことから、幕府はそれぞれ長子山崎俊家《としいえ》と、同じく長子市橋政信《まさのぶ》の家督相続を認めたが、この時、家治と長政が生前から庶子への分知と家綱への付属を願っていたため、これも許可した。山崎家は家治の五男勝政に千石を分知し、市橋家も長政の二男政直へ千石分知している。『寛政譜』によれば、山崎勝政は同二年四月十九日に死去しており、家綱に付属となったかどうかは定かでない。しかし市橋政直はこの後、家綱の小姓に命じられ、同三年九月四日小姓組番士となり、明暦三年（一六五七）七月十九日物頭である徒頭へ昇格し、十二月二十八日布衣を着することを許されている。次の将軍となる家綱の近習と

料金受取人払郵便

本郷局承認

5788

差出有効期間
2025年1月
31日まで

郵便はがき

113-8790

東京都文京区本郷7丁目2番8号

吉川弘文館 行

愛読者カード

本書をお買い上げいただきまして、まことにありがとうございました。このハガキを、小社へのご意見またはご注文にご利用下さい。

お買上**書名**

＊本書に関するご感想、ご批判をお聞かせ下さい。

＊出版を希望するテーマ・執筆者名をお聞かせ下さい。

お買上書店名	区市町	書店

ふりがな ご氏名		年齢　　歳	男・女
〒 □□□-□□□□		電話	
ご住所			
ご職業		所属学会等	
ご購読 新聞名		ご購読 雑誌名	

今後、吉川弘文館の「新刊案内」等をお送りいたします(年に数回を予定)。
ご承諾いただける方は右の□の中に✓をご記入ください。　□

注 文 書

月　　日

書　　名	定　価	部　数
	円	部
	円	部
	円	部
	円	部
	円	部

配本は、○印を付けた方法にして下さい。

イ. 下記書店へ配本して下さい。

(直接書店にお渡し下さい)

(書店・取次帖合印)

書店様へ=書店帖合印を捺印下さい。

ロ. 直接送本して下さい。

代金(書籍代+送料・代引手数料)は、お届けの際に現品と引換えにお支払下さい。送料・代引手数料は、1回のお届けごとに500円です(いずれも税込)。

＊お急ぎのご注文には電話、FAXをご利用ください。
電話 03−3813−9151(代)
FAX 03−3812−3544

なることで、徳川家の中で活動していくことも可能であった。

旗本池田長賢

家光は、「側」に譜代の家人以外、国持大名の子弟も近侍させていたが、その中でも、特に家光からの信頼を得ていた人物として、岡山・鳥取両池田家の一族であった池田長賢《ながかた》がいる。長賢は、小牧長久手《こまきながくて》の戦いで戦死した池田信輝《のぶてる》（恒興）の三男であった池田長吉《ながよし》（鳥取城主）の五男である。したがって長賢は、同じく信輝の長男輝政《てるまさ》の子利隆《としたか》（姫路藩主）や忠雄《ただかつ》（後に鳥取藩主）と従兄弟になる。

長賢は、元和三年（一六一七）に十四歳で家光へ初御目見をすると「側」に近侍して小姓となり、同八年番方である小姓組組頭へと転出し、寛永十一年（一六三四）には書院番頭となって家光が死去する直前まで同役であった。家光の最晩年、慶安三年（一六五〇）には大番頭へと転出し、知行高も最終的には六千石となっている。

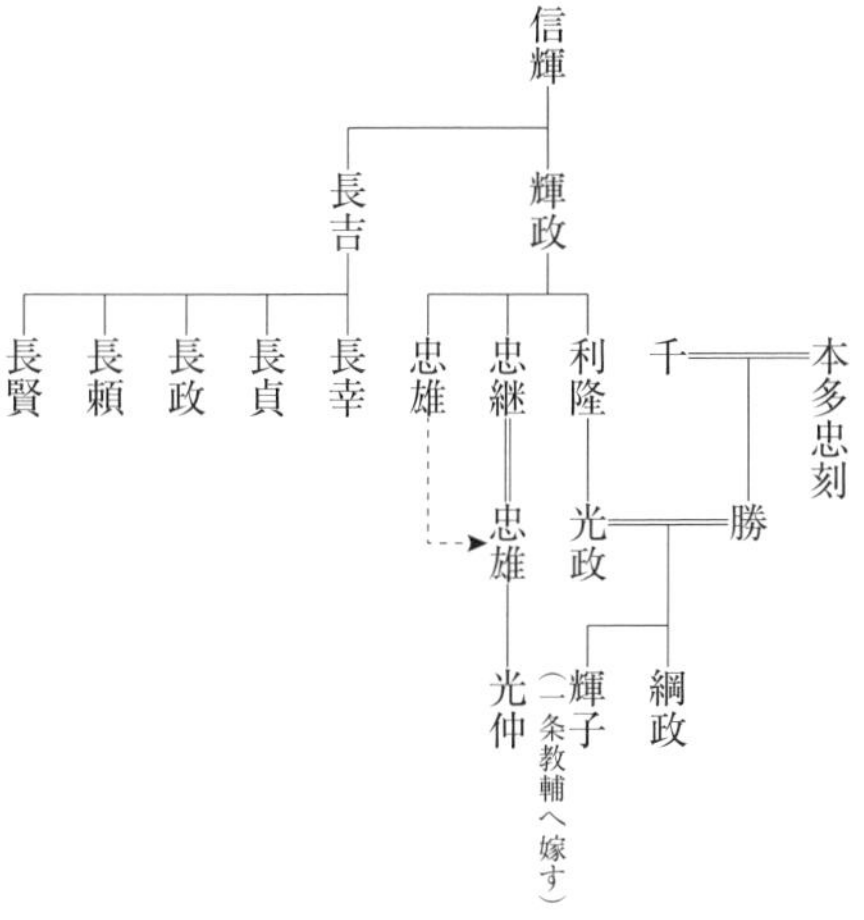

図24　池田氏略系図

長賢の家光に対する奉公は、小姓として近習が出発点であったが、その性格は小姓組組頭や書院番頭に就任して以降も、家光が死去するまで変わらなかった。この点は「江戸幕府日記」にある長賢の活動からわかるので、以下にあげてみよう。

まだ小姓組組頭であった寛永十年正月一日の儀式では、白書院において、家光の給仕を阿部忠秋、堀田正盛、太田資宗が勤めると、長賢はその加（補助）として、朽木種綱、佐野正直（徒頭）とともに勤め、以降も正月元日の儀礼では、たとえば同二十一年ではやはり近習の斎藤三友とともに家光の盃へ酌をする役を担うなど、家光の目の前で給仕役を勤めていた。ほかにも寛永十八年正月十七日、江戸城内紅葉山東照宮への社参では、家光の太刀を堀田正盛が、釼を池田長賢が、鞜を安藤重長がそれぞれ持ち、家光は社殿へ進んでおり、周囲から見ても家光の近習であることを示す位置にいた。

こうした幕府内の儀礼を確実にこなしていく長賢に対する家光の信頼は厚く、慶安元年正月元旦の儀式では、例年、高家の品川高如《たかゆき》と大沢基将《もとまさ》（基重の長男、従四位下侍従）が酌の役をしているが品川は上使として日光へ行って江戸を不在にしていたため、諸大夫である牧野親成が勤めることになったが、侍従と諸大夫が交じって酌をするのはいかがとのことで、大沢の代わりに池田長賢が酌の役を勤めるなど、高家がいない場合の代理として起用されることもあった。相役が側衆の牧野親成ということもあり、家光の厚い信頼の程がわかるだろう。

慶安三年十一月十九日、長賢は「近習之輩伺候」をしたなか大番頭に命じられた。大番頭は徳川家において先手の軍団であり、いわば公儀の軍団として書院番・小姓組両番にくらべると将軍から距離があるとされるが、長賢を大番頭としたのは、大番もまた重要な軍団として把握していこうとする家光の意図があったものと思われる。

長賢は大番頭となっても、家光の近習であったことに変わりはなく、家光の死の直前である同四年二月二十四日には、家光の病を慰めるため鑓釼の上覧があった。ここに長賢は、持筒頭坪内定次、百人組頭久世広当《ひろまさ》、小十人頭渡辺久次、細井勝茂、船手頭溝口重長や、柳生宗冬《むねふゆ》、小十人番士、書院番士、中奥番士などとともに参加している。持筒頭以下、将軍の近習集団である。

このように家光近習の一人であった長賢だが、他の近習と違うのは、やはり国持大名である池田家の一族であり、徳川譜代家臣とは異なる出身であったということである。家光の時代は、祖父家康や父秀忠の時代と違って、かなり国持大名の臣従化・徳川家臣化が進んでいたが、それでも将軍家が政治的に注意すべき大名家が国持大名であった。

長賢は国持大名池田家の一族でありながら、主従関係は徳川家と結んでいるということである。こうした点を考慮して家光は、正保三年（一六四六）七月二十二日、池田光仲が病気になったと聞き、長賢を上使として同家へ遣わした。これも長賢が池田家の同族であり、かつ書院番頭という役職も上使として適任ということであろう。長賢の正室は、これもまた家光が信頼していた大名内藤忠重（志摩鳥羽二万石）の娘であった。近習は近習同士で縁組をしていることが多い。

このような池田家・将軍家と関係を持つ長賢だが、家光の近習としてどちらを優先すべきかという点については、その役職からして将軍家との関係ということになる。『池田光政日記』によれば、長賢から池田家の「御家中」のことや奉公人のことについて自分が申し上げることは無用と命じて欲しいと言ってきた（寛永十八年五月十六日）。これは長賢が池田家中のことについて指南したり指図したりすることは近習として控えたいということである。長賢にとっては将軍への「御為」こそが最優先なのである。ただし光政の為になることは言うと述べており同族として、完全に切り離して考えていた訳でもなかった。

4 京極高通からみる外様化

京極高通は外様か譜代か

それでは大名の場合は、どうであろうか。丹後国峰山藩主の京極高通《きょうごくたかみち》をみてみよう。京極家の場合、先ほどの堀家と違って、まだ家光期には本家（丹後宮津藩七万八千石）が存続している。峰山藩は本家宮津藩から一万石の分知を受け、高通が徳川秀忠の小姓をしていた時に拝領していた三千石を合わせて一万三千石の所領を有する大名であった。一方、高通の実父は織田信長・豊臣秀吉・徳川家康にそれぞれ仕え、近江国朽木谷の領主であった朽木元綱の子宣綱である。高通は宮津藩主京極高知の養子に入ったが、京極氏も朽木氏も、ともに近江佐々木氏の流れである。また宣綱の正室は高通の養父高知の妹（すなわち高通の叔母）マグダレナである。さらに高知の父高吉《たかよし》の正室は、近江国の戦国大名浅井久政《ひさまさ》の娘マリアであり、家光の実母崇源院《すうげんいん》（江与）にとって叔母にあたる。

寛永十一年（一六三四）六月二十日、家光は、父秀忠が死去して以降、初めての上洛を果たすため、江戸を出発

図25　京極高通　常立寺所蔵

し、七月十一日、二条城へ到着した。この時、近江膳所から京都まで、家光を一目見ようと、貴賤を問わず群衆が集まり尺地《せきち》も無しという状況であったという（「江戸幕府日記」）。

同十八日、家光は御三家と国持大名を除いた大名や旗本が行列を組んで供奉するなか参内《さんだい》を果たしたが、供奉した大名・旗本は、次の①から⑨までの集団に分けられる。

まず先頭に

①板倉重宗《しげむね》（京都所司代、従四位下侍従）

②酒井忠行（四品）

③諸大夫（従五位下）の大名百八十人

④家光の前を堀田正盛、松平信綱、阿部重次、阿部忠秋、安藤重長、永井尚政、三浦正次、三枝守恵、稲垣重大、高力忠房、朽木種綱、服部政久、堀直政、滝川利貞《としさだ》、牧野親成、佐久間実勝、佐野正直、京極高通、伊沢政信、杉浦正友《まさとも》、内藤正重、内藤信光《のぶみつ》（部屋住、信広長男）、永井白元

⑤家光

⑥家光の後ろに井伊直孝（少将）

⑦松平忠明、酒井忠勝、松平定勝、保科正之、本多政朝（全員従四位下侍従）

⑧榊原忠次、水野勝成《かつなり》、小笠原忠真、松平定綱、松平家信《いえのぶ》、松平（松井）康重、牧野忠成、石川忠総、戸田氏鉄（全員四品、譜代大名）

⑨目付井上筑後守、柳生但馬守、目付三人、徒目付衆二十人

ここで注目したいのは、京極高通が含まれている家光の直前にいる④のグループである。このグループは官位は

諸大夫であるが、③の大名に含まれないグループである。ここには大名・旗本それぞれがおり、堀田正盛、老中、安藤重長、永井尚政、徒頭佐野正直など、広い意味で家光の「側」を構成している側近・出頭人大名であり、この中に京極高通も一緒に供奉している。高通が単なる外様大名であれば諸大夫なので③にいて当然であるが、高通はこれらとは別のグループであったことがわかる。

そして七月二十一日には、摂家、門跡、公卿、殿上人、国持大名を招いた能興行が二条城で行われた。ここで譜代大名と旗本は、饗応奉行と給仕それぞれの役割を与えられていたが、この内、門跡衆十九人に対する饗応をみてみると、全体を統轄する饗応奉行として石川忠総、松平忠国《ただくに》（藤井本家）、高力忠房が担当し、実際、各門跡の横で給仕する役として、服部政久、滝川利貞、京極高通、土屋利直《としなお》、有馬豊長、森川氏時、大久保忠興、嶋田直次《なおつぐ》、松平氏信、神尾守重、仁賀保誠政《のぶまさ》、内藤勝次、谷衛之《もりゆき》、川口正武、渡辺吉綱、本多俊昌、妻木重門《しげかど》、本多景次、斎藤平十郎（利宗カ）が担っている。こうした饗応する役人を外様の小大名が担うことはない。ここから京極高通が徳川家と距離を持つ外様大名としての立場とは違うことが明らかであろう。実は京極高通は、秀忠の小姓を勤めていた履歴を有し、家光の代になっても、引き続き、将軍の近習であったのである。

図26　京極氏・浅井氏略系図

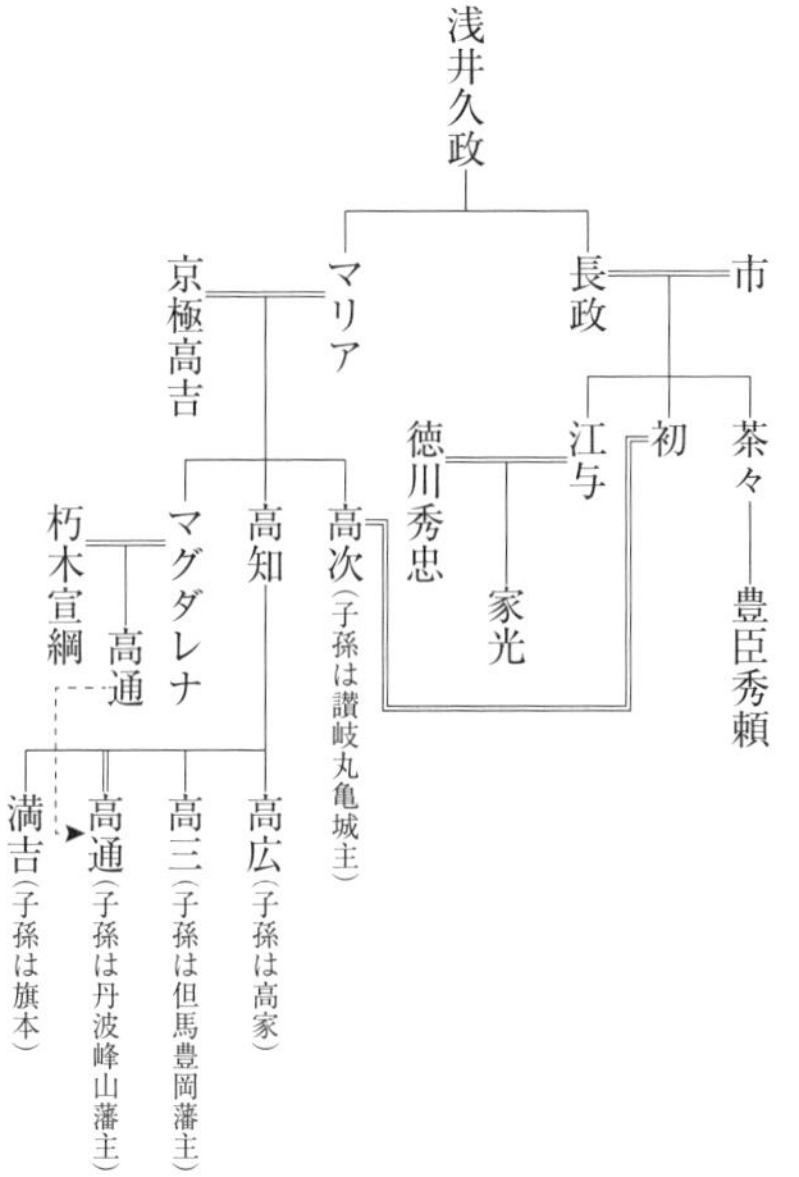

一方、京極高通が外様の小大名としての性格も持っていたことを、参勤交代制との関連からみてみると、寛永十九年五月二日（「江戸幕府日記」）、「西国筋領知有之面々」に「御暇」が出された。帰国が許された西国大名は松浦鎮信《しげのぶ》

(肥前平戸藩)、京極高知(播磨龍野藩)、伊東祐久《すけひさ》(日向飫肥藩)、亀井茲政(石見津和野藩)、相良頼寛《よりひろ》(肥後人吉藩)、稲葉信通《のぶみち》(豊後臼杵藩)、毛利就隆(長門下松藩)、大村純信(肥前大村藩)、五島盛利(肥前福江藩)、桑山一玄《かずはる》(大和新庄藩)、片桐貞昌(大和小泉藩)、京極高治(丹後宮津藩京極高国嫡子)、金森重頼(飛騨高山藩)、九鬼久隆(摂津三田藩)、織田長《なが》種《たね》(大和柳本藩)、建部政長(播磨林田藩)、京極高通(丹後峰山藩)、平野長勝(交代寄合)、織田長定《ながさだ》、高原直久《なおひさ》(交代寄合)となっており、平野や高原といった交代寄合も含まれるなか、外様小大名の中に京極高通が含まれている。

もっとも、同年は譜代大名でも参勤交代が始まったが、同月十四日に鬮取《くじと》りが行われ、在府と帰国それぞれの大名が定められ、「当年、在所より江戸へ参勤する衆」は、松平定行《さだゆき》、小笠原長次《ながつぐ》、酒井忠勝(庄内)、本多政勝、水野勝俊《かつとし》、牧野忠成、松平(久松)忠憲《ただのり》、松平忠房《ただふさ》、小笠原忠知、松平将監、松平定政《さだまさ》、戸田忠能《ただよし》、京極高通、溝口政勝《まさかつ》、浅野長直《ながなお》、本堂茂親、本多忠利《ただとし》というグループであり、京極高通は改めて譜代大名の中に組み込まれている。なお溝口政勝、浅野長直、本堂茂親といった小大名もまた譜代大名と一緒に定められており、当該期、外様小大名が譜代扱いされるケースが散見される。高通はこの後も譜代大名のグループの中で参勤交代を果たしている。

外様化していく京極高通

京極高通は、正保四年(一六四七)から属性に変化がみられる。四月五日、公家衆接待役を秋田俊季、新庄直好、谷衛政、浅野長直とともに命じられているが(「江戸幕府日記」)、同役はすでに外様の小大名が命じられる公儀役であることから、この点からすると外様大名としての性格を残していたといえる。同五年三月十九日、家光へ参勤したことの御礼をするメンバーとして、譜代大名の戸田氏鉄以外、織田長頼、浅野長治、仙石政俊、一柳直興、九鬼隆季、遠藤常友、織田長政、土方雄次、中川久清、木下利当、小出吉重、青木重兼、大田原政清といった外様小大名の中に加わっている。

京極高通は当初、家光の近習であったものの、やがて外様の性格をも持ちだしたのだが、家光の「側」を構成するメンバーであったことは周囲からも認められていたようである。家光が死去した直後の慶安四年(一六五一)四月二十二日、老中松平信綱は、家光の亡骸を日光山へ葬送するため、内藤忠重、永井直清、土屋利直、小笠原忠知、秋元富朝、小出吉親、片桐貞昌、三浦安次、京極高通、鳥居忠春は日光へ行って、中陰《ちゅういん》の間は詰めるようにと伝えている。特に内藤忠重と永井直清は落髪をして、四十九日である中陰の間は日光へ居るようにとのことであった。これらの大名は家光によって取り立てられたり、関係が深かったからこそ、中陰の期間、詰めることが許されたのである。もちろん松平信綱や阿部忠秋をはじめ松平乗寿《のりなが》などの老中も家光との関係は深いが、彼らが幼少の家綱を残して中陰の期間中、江戸を離れていることは現実的ではない。京極高通の外様・譜代両属の性格によってであろう。『寛政譜』によると子孫は高通を初代とすると六代目の高久《たかひさ》の項に「代々菊間の広縁に候す」と、京極家の中でも唯一、雁間詰大名の嫡子や無城の一万石から三万石程度の譜代大名が詰める菊間詰となっている。ほかの同族である丸亀藩京極家や但馬豊岡藩京極家の殿席は、外様の小大名と同じ柳間である。

徳川家臣団への編入

国持大名家（本家）にとって、庶子を徳川家へ奉公に出すことは、自「家」の安定的な存続を期待してのことである。ましてや家光の言動を常に気にしていた諸大名からすれば庶子が将軍の「側」で奉公をしていれば、それだけ将軍家と近い距離になることができる。このため、庶子を徳川家へ奉公に出すということは家康・秀忠の時代もそうだが、家光の時代においても行われた。

こうした国持大名の庶子がどのように位置付けられたのかについては、慶安三年（一六五〇）九月九日、家綱が西丸に移るためその小姓および小姓の席を規定した「定」があり、小姓の役割もわかる史料なので、全体を含めてみてみよう。まず①「表」にて給仕番をするように命じられたのが、石川総氏（忠総の七男）、松平信定（信綱の四男）、松平信興（信綱の五男）、松平正朝（正綱の五男）、堀田正俊（正盛の五男）、戸田氏春（氏信の三男）、岡部豊明（宣勝の三男）、松平信重（忠国の三男）、松平英信（康信の三男）、松平直政（重直の三男）、三浦共次（正次の二男）、永井尚庸（尚政の三男）、青山幸道（幸成の二男）であった。

次に②御膳の給仕役として菅沼定賞（定芳の五男）、牧野直成（信成の九男）、大久保忠朝（教隆の二男）が命じられた。

次に③御礼日に罷り出てきて御目見をするようにとされたのが、蜂須賀隆重《たかしげ》（忠英の二男）、山内一安《かずやす》（忠義の四男）、毛利元知《もととも》（秀元の三男）であった。

最後に④奥小姓が詰める座敷に伺候して御目見するようにされたのが土井利長（利勝の三男）、土井利房（利勝の四男）、増山資弥（利長の二男）、阿部正春（重次の二男）、堀田正英（正盛の四男）、水野良全（紀伊附家老重良の二男）、秋田季久（俊季の二男）、土井利直（利勝の五男）、本多利郎（俊次の四男）、野々山秀元（兼綱の四男）、同兼孝（兼綱の五男）、榊原久近（照久の四男）、榊原宗好（元義の次男）、市橋長宗（不明）、大久保十蔵（不明）、松平康勝（康親の三男）、石川乗政（松平乗寿の二男）、松平乗員（乗寿の三男）であった。

全体的に、家綱の小姓は庶子出身である。また一部ですでに従五位下諸大夫に叙位任官されている者もいるが、多くは無官であり、家綱が将軍になってから諸大夫成をしている。これは家光の小姓との差別化であろう。①は「表」とあるが、これは「中奥」小姓のことで、中奥番士を差配する役割がある。②は家光の御膳を運ぶ役割である。先に④の説明となるが、これは日常、将軍の「側」に仕える奥小姓の席で御目見をするように、とのことである。そして③が国持大名家の庶子のみであって、月次御目見日などに登城するように命じられており、小姓として職務の実態はほとんどないものと思われる。何の職務がなくても将軍側近の小姓として認めるということである。これは、やはり親が国持大名ということで優遇しているのであり、親の家格が強く意識された上での小姓への登用なのである。

蜂須賀隆重と毛利元知

右の国持大名の庶子が小姓として取り立てられた蜂須賀隆重と毛利元知について、もう少し細かくみてみよう。

蜂須賀隆重は『寛政譜』によれば、正保元年（一六四四）五月七日、父忠英の願いにより召し出され、家綱の小姓となった。明暦三年（一六五七）三月十五日には詰衆となり廩米《りんまい》三千俵を拝領している。一方、本家阿波藩では幼少での家督相続が続き、寛文六年（一六六六）、当主綱通《つなみち》が十一歳で新藩主となったため、隆重はその後見となるように老中から命じられ、同十二年九月二十八日に辞するまで続けた。さらに延宝六年（一六七八）七月晦日、綱通が二十三歳の若さで死去してしまうと、末期養子として一族の綱矩《つなのり》が家督相続したため、再び隆重は十月七日、老中から後見をするように命じられ、十九日、新田五万石の分知を受け阿波富田に陣屋を置いた。隆重は幕府からの廩米は収公されるとともに詰衆も御免となっている。つまり、詰衆が免除になるということは、まだ雁間詰が家格としてというよりも、個人に付随する実際の役職として機能しているということである。同八年閏八月二十五日には初めて帰国が許されている。しかし綱矩が成人した貞享五年（一六八八）四月十四日から、再び詰衆に任じられ、以後、代々の例となっている。なお、隆重の孫で富田藩主であった正員《まさかず》が享保十年（一七二五）、綱矩の養子となったため、富田藩は廃藩となった。

次に毛利元知は、茶の湯に関する造詣が深く家光の咄衆として活躍した毛利秀元（長門国長府六万石）の三男であり、『寛政譜』によれば寛永八年（一六三一）に生まれ、正保三年（一六四六）正月一日、家綱へ初めて御目見をし、側近く仕え、三月一日に「大奥」で初めて家光へ御目見をしている。慶安元年（一六四八）から家綱の小姓となり、同四年八月十六日に従五位下諸大夫に叙任され刑部少輔を名乗った。この間、石高は無い無高であり、兄光広《みつひろ》から扶養を受ける部屋住格であった。承応二年（一六五三）十月十二日に兄光広から長門国長府新田（清末藩）一万石の分知を受けている。正室は増山正利《ましやままさとし》（姉が家綱の生母宝樹院）の妹であった。増山家は新参でもあり、それほど家格は高くないが、将軍ともつながる家であり、一万石の分家大名であった元知としては過分な縁組みであったろう。また元知の姉は老中稲葉正則へ嫁いでいる。

図27　蜂須賀氏略系図

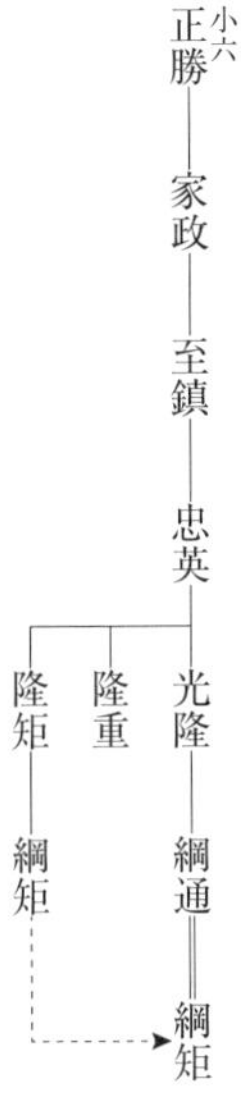

図28　毛利氏略系図

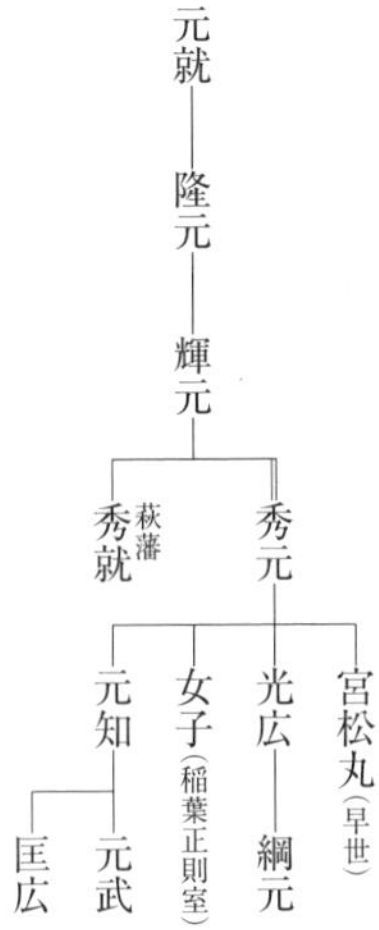

さて、『寛政譜』によれば元知の子元武は延宝元年九月一日に詰衆となっており、幕府から明らかに他の外様大名とは異なる扱いを受けている。なお、遡るが、元武は、万治元年（一六五八）に誕生すると十一月五日に「大奥」にて家綱とその正室である浅宮顕子から刀や時服を賜り、元武も色紙短冊などを献上している。『寛政譜』ではこれを「父母の陰によりてなり」と記載している。祖父秀元や父元知が小姓であったことによるのであろう。いずれにせよ、秀元・元知・元武は、親子三代に渡って将軍の近習として活動したのである。しかし元武は、延宝五年七月二十五日、国許にて二十歳の若さで家督を相続する前に死去してしまった。元知の跡を継いだのは延宝三年生まれの二男元平《もとひら》（後の匡広）だったが、興味深いのは、天和三年（一六八三）に元知の家督を相続した際、『寛政譜』によれば殿席はこの時に柳間とされている。柳間は中小の外様大名が控える殿席である。元平は将軍の小姓などを勤めておらず、清末藩毛利家としては、将軍近習という由緒が途絶えていた。十七世紀後半は殿席が定まっていく時期でもあり、外様の毛利家という本来的な歴史性と、将軍の「側」ではない当主の出現という条件の中で殿席も柳間に定められていく。

5　外様大名の役割

外様大名の歴史性

国持大名や外様小大名は、三河以来の譜代家臣のように、徳川家の当主とともに戦場を駆け巡り生死をともにした由緒・歴史を持っていない。もっとも徳川家へ奉公に出て、一万石未満の所領高であれば、やがて旗本として活動していくことになり、外様か譜代かという家の属性が意識されて番方や役方へ編入されることはない。

しかし一万石以上の所領高を有する大名の場合は違う。後年の編纂史料だが、大名・旗本の系図や由緒を集め幕府が編纂した『寛政譜』には、十七世紀中期から後期にかけて江戸城内における殿席が多く記載されているなかで、外様の小大名は江戸城へ登城すると柳間に控えることが定まっている。大名の属性については、これまで家門、譜代、外様という三分類法が用いられ、広く一般的になっているが、松尾美恵子は、各大名が江戸城へ登城してきた時に控える殿席（部屋）が大名の属性・類別をみる上で有効であると指摘した（松尾美恵子、一九八〇）。外様の小大名もまた柳間に控えるということが定まっていくことによって、外様の小大名というカテゴリーが視覚的に体感的に表現されることになる。

もっとも、外様大名がいつから柳間に控えるようになったのかということについては不明な点が多く、全体的な状況としては後世の編纂物である『寛政譜』に頼るしかない。それでも一例をあげると、佐賀藩鍋島家の分家大名小城《おぎ》藩鍋島家の項には、三代目鍋島元武の「（延宝）七年十二月二十八日封を襲、柳間に候す。のち代々おなじ」と、十七世紀中に記載されていれば良い方で、たとえば豊後森藩久留島《くるしま》家（一万四千石）のように、『寛政譜』の系図上、最後に書かれている天明五年生まれの当主通嘉の項に「代々柳間に候す」とだけ書かれており、いつから柳間に控えるようになったかは判然としないこともある。

外様大名の役割

外様大名が自身の領地支配のみならず、幕府の役人として幕府支配の一端を担っていた例として、慶長期から備中国の国奉行として活動していた小堀政一《こぼりまさかず》がいる（高木昭作、一九九〇）。もともと小堀家は、近江国の戦国大名浅井家の家臣で、次いで豊臣秀吉に仕え、五千石を知行していた。関ヶ原の戦いで徳川家に属すと、戦後、加増され備中国内で一万石を領した。

備中の国奉行として小堀政一が担っていた職掌としては、①備中国の国絵図・郷村帳の作成・管理、②新たに備中国内で知行を拝領した給人へ所領を引き渡す、③各地の城普請・国内の堤普請を指揮する、④幕府代官所を預かる、があった。国奉行は本多正純、安藤直次、成瀬正成、村越直吉、大久保長安を中心とした駿府奉行衆の指示に従っており、幕府の西国支配の一端を担う存在といえる。

寛永十年（一六三三）正月六日、家光は秀忠死去後、初めて日本全国を六つに分けて、外様小大名一名を正使に、使番である旗本二名を副使として「国廻衆」（巡見使）を派遣した。諸国の地図を作成することや、翌年に予定されていた将軍上洛の準備や政情・民情の視察を目的とするものであった（半田隆夫、一九九三）。

ここで正使として派遣された大名は、九州―小出吉親（丹波園部藩二万八千石）、奥州―分部光信（近江大溝藩二万石）、中国―市橋長政（近江仁正寺藩一万八千石）、北国―桑山一直（大和新庄藩一万三千石）、五畿内―溝口善勝《よしかつ》（越後沢海藩一万四千石）、東海道―小出三尹（和泉陶器藩一万石）と、全員、外様の小大名であった。小出吉親、分部光信、市橋長政は半役で、桑山一直と溝口善勝は八千石の役で、小出三尹は七千石の役でそれぞれ勤めるように命じられている。これらの西国の外様小大名建部家、小出家、桑山家は、高野山の大塔造営奉行や仁和寺の作事奉行など、寺社再建のための奉行として、自家の領地以外での職務を徳川家から命じられて果たしている。これらの外様小大名は譜代大名と違い、家光期をはじめ幕末に至るまで転封されることなく、領地との結びつきが強いところも特徴としてあげることができる。なお陶器藩小出家は、元禄九年（一六九六）に家督の相続者が不在により家名断絶してしまったが、宝永二年（一七〇五）、二代藩主有宗の四男小出有仍（五千石）が知行替によって陶器の知行主となっている。

江戸の火消役

外様小大名が幕府から命じられる代表的な役として、江戸城や大坂城などの天下普請をはじめ、江戸城の神田橋や鍛冶橋を守衛する門番役や、江戸で火事が起こった際の大名火消役がある。

寛永十八年（一六四一）五月十二日、出羽米沢藩上杉家や同久保田藩佐竹家をはじめとした東北の大名家十四家や、国持大名家の部屋住である嫡子・庶子五名に対して江戸から国許への帰国が許された。この時、相馬義胤（陸奥中村藩六万石）、仙石政俊（信濃上田藩六万石）、脇坂安元（信濃飯田藩五万五千石）、溝口宣直（越後新発田藩五万石）の四人のみ、家光の御前近くに召し出され、家光から直接、「火事の時に精を出したと聞いている」と言われた。「江戸幕府日記」はこれを、この四人が火消役人だからと説明している。これは少し時期を遡るが、同年正月晦日に江戸城からも近い京橋桶町から出火した、いわゆる桶町火事での活動を褒めたものであった。同火事は『徳川実紀』によれば、南は増上寺、東は木挽町《こびきちょう》の海岸、北は幸橋、南西は麻布という広範囲に渡って家屋を焼き、死傷者を多数出し、江戸町奉行の加々爪忠澄までも消火活動中に煙に巻かれて死亡してしまった。相馬義胤も消火活動中に落馬して重傷を負っていた（『相馬藩世紀』）。家光にとっても衝撃が大きかったのではないだろうか。相馬義胤は帰国するために江戸城へ登城したということは傷も癒えたのであろう。たとえ国持大名であっても、将軍と直接話す機会というのは滅多に無い中で、言葉をかけられたことに感激したのではないだろうか。

『徳川実紀』によれば、二年後の寛永二十年九月二十七日には、江戸市中の大名火消として、

①水谷勝隆、伊東祐久、亀井茲政、松平英親
②加藤泰興、京極高和、秋月種春、松平定房
③有馬康純、稲葉紀通、木下俊治、青山幸利
④稲葉信通、古田重恒、九鬼久澄、井上正利

の四組が編成されている。各番がそれぞれ外様小大名三名に譜代大名一名の組み合わせで、一万石に三十人を出し、一隊が十日ずつ交代で勤めるようにとするものであった。外様と譜代の組み合わせがこれ以降、定着する。そして寛永二十一年五月四日、参勤交代で帰国する大名が出てきたため、改めて三番組として、

①一番松平英親（三万二千石）、相馬義胤（六万石）、遠藤慶利（二万六千石）、
②二番青山宗俊（四万八千石）、溝口宣直（五万石）、九鬼隆季（二万石）、
③三番松平定房（三万石）、水谷勝隆（五万石）、杉原重長（二万七千石）、土方雄次（二万石）

と、③のみ外様小大名が三名いるが、残りの①②は譜代大名一名と外様大名二名で構成されている。これ以降も江戸の大名火消は表2のように多くの外様小大名が命じられており、将軍の城下町江戸の治安・警備を担当する公儀役の一つと言える。

慶安三年（一六五〇）四月六日に市谷や麻布などで火事のあった翌七日、大名火消へ老中から「火事之節、入精消之由、達上聞聞御感被思召候、向後弥可抽精誠之旨被仰出成」との家光の上意があったと伝えられたが、ここで

表2　外様大名による火消役

正保2年5月16日	•青山幸利，亀井茲政，菅沼定昭，木下利治 •内藤政次，加藤泰興，稲葉紀通，九鬼久隆 •松平忠昭，伊東祐久，有馬康純，秋月種春
6月12日	菅沼定昭，内藤政次，松平忠昭が帰国のため代わりに稲葉信通，秋田俊季，松平英親を命じる
正保3年4月20日	一番―松平定房，仙石政俊，六郷政勝 二番―青山幸利，遠藤慶利，土方雄次 三番―相馬義胤，堀親昌，九鬼隆季
6月22日	火消役に帰国・病気・在番などがあるため，代わりに松平康信，菅沼定昭，松平忠昭，松平忠房を命じる
正保4年6月27日	殿中火消役を命じる 浅野長直，秋田俊季，松平英親
正保5年正月27日	4月に日光社参があるため日光火消役を命じる 西尾忠照，新庄直好，堀親昌，秋元富朝
閏正月23日	日光道中の内，小比川六郷の上―小笠原忠知，水野元綱 稲荷川多門坊坂の上―青山幸利，太田資宗
7月11日	日光火消役堀親昌の代わりに松平忠昭を遣わす
慶安3年4月7日	火消役に褒美有り，浅野長直，稲葉信通，加藤泰興，木下利治，伊東祐久，秋月種春，堀親昌，戸川正安，有馬直純，分部嘉治
4月7日	仙石政俊，大関高増，山崎俊家，九鬼隆季，島津久雄，六郷政勝，溝口宣直を加える
6月27日	新庄直好と大田原政清を火消役に命じる
慶安4年4月28日	一番―有馬直純，戸川正安，土方雄次 二番―加藤泰興，秋月種春，相良頼寛 三番―稲葉信通，木下利治，分部嘉治
5月23日	木下利治が公家衆馳走役となったため木下利当を火消役に命じる
8月6日	日光火消役高木善次郎の代わりに市橋政信を命じる
承応2年2月3日	火消加役を命じる 秋田安房守，京極高直，遠藤常喜，堀親昌，大関増親
5月15日	火消役を定める 上旬―稲葉信通，有馬直純，分部嘉治，毛利高直 中旬―相馬義胤，堀親昌，遠藤常喜，大関増親 下旬―仙石政俊，秋月種春，木下利当，戸川正安

万治２年４月16日	火消役を命じる 秋月種春，木下利当，土方雄次，毛利高直
６月16日	上十日—秋月種春，木下利治，一柳直興，遠藤常季 中十日—仙石政俊，土方雄次，毛利高直，市橋政信 下十日—加藤泰興，黒田之勝，木下利当，戸川正安
浅草御蔵火消役として松平昌親を命じる	
10月19日	火消役代として遠藤常季，秋月種春，大村純長，細川興隆，黒田之勝，大関増親を命じる
11月23日	火消役を命じる 新庄直好，六郷政勝，土方雄次 加藤泰興は所労により火消役ご免，大関増親が替わる 紅葉山火消番として森川重政が三浦安次に代わって命じられる

（注）「江戸幕府日記」から作成．

上意を聞いたのは浅野長直、稲葉信通、加藤泰興、木下俊治、伊東祐慶、秋月種春、堀親昌《ちかまさ》、戸川正安、有馬直純、分部光信であった。さらに幕府は新たに右の大名の加役（補助）として仙石政俊、大関増親《ますちか》、山崎俊家、九鬼久隆、島津忠興、六郷政勝、溝口宣直を命じており、担当する外様小大名家が拡大しており、これ以降、譜代大名は任じられなくなった。ただし、日光や江戸城内紅葉山の火の番は譜代大名が命じられている。なお、家光期には、萩藩毛利家や佐賀藩鍋島家などの本家と結び付きが強い内分分家大名は命じられていない。彼らはほかの外様小大名のような役は勤めていなかった。江戸城下を守る門番役などを負担するのは十七世紀後半からである。

江戸城火の番

江戸の市街と人々を火事から守るための火消役について、十七世紀中ごろ以降、外様小大名が大名火消として担うことになったが、江戸の中心であり将軍の居城であった江戸城の守衛については、外様と譜代で区別があったのだろうか。寛永十六年（一六三九）八月十一日の江戸城本丸火災時の対応を中心にみてみたい。

昼の四つ時分（午前九時から十一時）、本丸「奥之御台所」を火元として、北東の風に乗って瞬く間に本丸を焼き尽くしてしまった。このため本丸に居た家光も、火が移らなかった西丸へ移っている。本丸が焼失してしまうという緊急事態において、家光の身の安全を確保することをはじめとした警備体制が本丸・西丸で取られた。この門番を示したのが表3であり、家光の座敷番は小姓組番・書院番・大番の三番と徒組と使番で固められ、本丸については大手門冠木門を榊原忠次、梅林坂門を酒井忠吉、裏門(北桔橋門)を斎藤利宗などが担当し、二丸御殿を保科正之が担い、三丸大手門を安藤重長、同じく三丸桜田口門を阿部重次、西丸大手門を百人頭久世広当、紅葉山下門を石川忠総が、坂下門を松平定綱が固めるなどして、火災の混乱に乗じて不審者が入らないように警備した。実際、徒頭の曽我包助は、同僚の堀田一純(一継の三男)などとともに、江戸城内の鎮火にあたっている(「曽我日記」)。表3からは、これらの警備をしている者は、譜代大名か旗本であることがわかる。外様大名は担当していない。火災という緊急事態時において、将軍の身体や命をはじめとする江戸城の警備を任せるのは譜代なのである。もっとも十月十五日、本丸火事の際、秋元泰朝、土屋利直、西尾忠昭、細川興昌《おきまさ》、浅野長直、大関高増《たかます》が精を入れて消火したとの家光の上意があり、右の大名が御目見をしている。細川興昌、浅野長直、大関高増といった外様大名もいることから、外様大名を完全に排除するというものでもなかった。

本丸焼失後、再建を始めた八月十四日、家光は二丸から西丸へ渡御《とぎょ》すると、本丸の作事奉行に松平信綱を命じている。また十六日には、作事手伝として水戸家の徳川光圀《みつくに》、井伊直孝、松平定行、松平定綱、松平定房、松平能登守、青山幸成、本多俊次へ命じ、石垣普請は藤堂高虎へ命じている。本丸再建は主に家門・譜代各大名が担当したが、石垣担当の藤堂高虎は、築城の名手として有名であり、その技術が買われたのだろう。十七日には、本丸作事の手伝人足として、岡部宣勝《のぶかつ》、松平忠房、織田長政、木下利当へ老中奉書にて命じている。織田と木下という外様大名が人足を出す役割を果たしている。

この本丸作事中に、もし城廻の作事台場近辺で火災が発生した時の対応として、町奉行の加々爪忠澄と堀直之に火消しを命じている。それでも火消し人数が足りなければ、小笠原忠真、牧野忠成、内藤忠興《ただおき》といった譜代衆が加勢するようにとした。

表３　将軍警固および江戸門番

(1)　将軍警固

小姓組	仙石久隆，安藤重元
書院番組	酒井忠重，中根正成
大　番	水野元綱，北条氏重
小十人組	室賀正俊組，小栗久玄組，細井勝茂組
徒　組	依田信重組，能勢頼永組，彦坂重定組，大久保忠貞組
使　番	能勢頼重
目　付	高木越前守，村越正重，市橋長吉

(2)　西丸門番

大手門	百人組頭久世広当
西　門	先手頭屋代忠正
裏　門	中山直定
山里門	阿倍正之
山里後門	依田信政
紅葉山下門	石川忠総
坂下門	松平定綱

(3)　本丸番

本丸の二丸門	先手頭近藤貞用
二丸銅門	持筒頭根来盛正
大手門	百人組頭渡辺宗綱
大手門冠木門外回	榊原忠次
切手門	中山勝信
裏　門	持筒頭斎藤利宗
梅林坂門	留守居酒井忠吉
二丸宮門	先手頭神谷清正
平川口門	榊原正成
蓮池門	大久保忠良
三丸大手門	安藤重長
桜田口門	阿部重次
二丸御殿	保科正之
使　番	蒔田定正
目　付	野々山兼綱

本丸作事中、江戸城の近辺で火事があった際には、榊原忠次と奥平忠昌《おくだいらただまさ》が当番の衆や作事衆を指揮して火の用心を行うように命じている。もし人数が不足の時は、両人の内、非番の者が江戸城の門外に詰めているようにして、当番より指図次第に江戸城内へ入り両人にて火消しを行うようにとの上意を伝えている。火事が起きた際の江戸城内の安全や警備を重視しているのである。なお、西丸の警備は、保科正之と石川忠総が担当とされ、火事の際は本丸と同じように火消しを行うようにとの上意を伝えている。江戸城本丸という将軍の居城を普請する上で、将軍の警備は譜代大名と旗本に任せており、外様大名は除かれていた。

公家衆接待役

外様小大名が幕府から命じられた勤役として、京都から江戸へ来る天皇の勅使や院の院使をはじめとする門跡や公家たちを接待する、いわゆる公家衆接待役がある。有名な出来事として、後年のことになるが、元禄十四年（一七〇一）三月十四日、江戸城松の廊下で浅野《あさの》内匠頭《たくみのかみ》長矩《ながのり》が吉良《きら》上野介《こうずけのすけ》義央《よしなか》を斬りつけた、いわゆる赤穂事件は、浅野が公家衆接待役を勤めていた最中に起きた出来事であった。

将軍が年頭の祝儀を朝廷へ送る返礼として天皇が年頭を祝う祝儀を遣わす勅使をはじめ、将軍の法事などにおいて、大名が馳走役としての役割を担うことは、朝廷や公家ともかかわることから国家的な役であり、徳川家の「家」的性格を持つ役ではないが、外様小大名が関係しているので述べておく。

家光期の公家衆馳走役について、『徳川実紀』によれば寛永二年（一六二五）四月十日、家光の将軍職就任を賀するための勅使・女院使が江戸へ下向すると、近衛信尋《このえのぶひろ》には安藤重長、八条親王には松平重則、伏見親王には牧野信成、一乗院門跡には水野元綱がそれぞれ「饗応使」に命じられている。寛永九年七月十四日に幕府が公家衆馳走役を命じた際には外様大名に交じって、高松宮好仁親王の饗応を本多成重（越前丸岡四万六千石）が担当している。

それが寛永十年正月十八日、秀忠の一周忌により、門跡や公家が増上寺における法事に参加するため江戸へ下向した際の公家衆馳走役は、知恩院門跡良純法親王《りょうじゅんほっしんのう》には堀親良《ちかよし》、烏丸光広《からすまるみつひろ》には細川興昌、飛鳥井雅宣《あすかいまさのぶ》には片桐貞昌、清閑寺共房《せいかんじともふさ》には建部政長がそれぞれ命じられた。外様の小大名のみであり、譜代が担当することはなくなった。

以降、譜代大名が命じられることはなく、外様の小大名の役となっている。なお、全大名に領地の朱印状が発給された寛文四年の寛文印知《かんぶんいんち》において、その記載をめぐって揉めた萩藩毛利家と佐賀藩鍋島家の分家については馳走役を勤めておらず、これらも含めてすべての外様小大名に命じるのは五代将軍綱吉期以降である。

6 国持大名の庶子と小大名

国持大名庶子

大名や旗本が将軍へ奉公を行う場合、基本的には当主が出仕することになる。ただし、部屋住の嫡子が召し出されて役職に就任するのも珍しいことではなく、たとえば、家康、秀忠、家光に仕えた牧野信成と、その子親成の場合、父信成は寛永十八年（一六四一）八月に家綱が誕生すると留守居から家綱付となった。一方、嫡男親成は、『寛政譜』によると、慶長十二年（一六〇七）に生まれると、幼少時に家光の小姓となり、寛永十年正月には膳番、八月には徒頭となり、父とは別に上総国高根村にて千石を拝領していた。同十九年三月、書院番頭となり、寛永二十一年（一六四四）三月、四千石を加増されている。父信成は同四年十一月二十六日に隠居をしたので、親成は、部屋住のまま書院番頭を勤めていたのである。

しかし、国持大名家の場合、当主自身が幕府の役職に就任することはない。幕府は、国持大名の嫡子や庶子へ将軍との御目見を許可したり、江戸城年中行事への参加を認めることで、当主・嫡子・庶子それぞれはもちろん、当該家への優遇とした。

国持大名の息子たちについて、正保四年（一六四七）八月一日に江戸城内で行われた八朔《はっさく》からみてみよう。八朔では、将軍は、まず黒書院に出てくる。衣装は白帷子《しろかたびら》に長袴を着している。次に白書院に出御して①御三家、その嫡子、②井伊直孝、松平光通《みつみち》、保科正之、松平頼重、およびまだ幼少であった前田綱紀《つなのり》（四歳）の使者が縁側で御礼をした。終わると、家光は大廊下を通って大広間へ行くのだが、そこで③近習の面々、家綱小姓衆、医師、林道春親子が並んで御礼をした。家光が大広間に到着すると、④松平光長、毛利秀就、池田光政、毛利秀元、池田光仲、松平直政、島津光久、蜂須賀至鎮《よししげ》、山内忠義、浅野光晟、鍋島勝茂、細川光尚、井伊直滋（直孝嫡子）、京極高広、藤堂高次、伊達秀宗、森長継、松平頼元《よりもと》（徳川頼房庶子）、松平頼隆《よりたか》（同上）、前田利治、織田高長、吉良義冬、酒井忠勝、酒井忠清、堀田正盛、松平信綱といった、国持大名、越前家、准国持大名、井伊家の嫡男、水戸徳川家や加賀藩前田家の庶子、高家、従四位下侍従となっている老中や堀田正盛が御礼をした。最上位の官位は松平光長の従四位下左近衛権少将であり、下位は従四位下侍従までとなっている。この一群が終わると、今度は四品（従四位下）の大名が御礼をする。⑤立花忠茂、有馬忠頼、黒田光之（嫡子）、京極高国（嫡子）、毛利光広、小笠原忠真、榊原忠次、松平定綱、阿部忠秋、阿部重次、松平乗寿であり、黒田光之や京極高国のように国持大名の嫡子が他の大名当主と同じ列で家光へ御目見をしている。ここまでが一人ずつ、太刀目録を持参して御礼をする。

次の一群である⑥「国持大名幼少無官之息」は「御譜代大名」の前に並んで御礼をしている。国持大名の「無官之息」ということだが、これは次に並んでいる者たちからして、官位を持っていない幼少の嫡子という意味だろう。この次に並んでいたのは、⑦「壱万石以上之面々御礼并国持二男又ハ弟」は一同に御礼とあり、ここで国持大名の庶子である二男以下や当主にとって弟となる者たちが御礼をしている。つまり、⑤は四品に叙された国持大名の嫡子が、⑥では、無官の嫡子が、それぞれ御礼をする列となっており、ここに庶子が並ぶことはできない。庶子は⑦であるから、嫡子と庶子が区別されている。なお、こうした区別は本年からで、それまでは嫡子と庶子が入り交じって御礼をしていた。

本来、幕府が国持大名庶子へ年中行事への参加を認めていたのは国持大名家が自発的に庶子を江戸詰としていたことに対する優遇であったが、徳川家と国持大名家の関係が安定してくると、このような優遇策も意味がなくなっていく。そのため、出仕していた庶子たちは、そのまま江戸で大名や旗本となるか、国許で本家の家臣となるかといった選択をしていく。

伊達政宗の庶子宗泰

江戸時代前期における国持大名の庶子は、大名家（本家）の意思によって、江戸に留まり将軍に仕えることもできたし、国許で家臣化していくという選択肢もあり得た。

陸奥仙台藩の祖となる伊達政宗の四男同宗泰《むねやす》をみてみると、慶長七年（一六〇二）、京の伏見屋敷で誕生し、寛永三年（一六二六）閏四月、初めて江戸へ行き、大御所となっていた秀忠、将軍家光に初御目見を果たした。翌四年十二月二十八日、従五位下諸大夫に叙任され、三河守を名乗っている。この時、伊達家の記録『伊達世臣家譜』では、父政宗から知行として岩出山に一万六七〇〇石余が与えられたと記している。また政宗は、宗泰の家臣たちも江戸での生活が困窮しているような状態のため、大坂の陣の軍功によって長男秀宗へ伊予宇和島十万石が与えられたように、幕府に対して宗泰への新知拝領を願っていたという。しかしその願いは叶えられず、幕府から宗泰へ所領が与えられることはなかった。この時期の国持大名庶子は証人として江戸詰を行っており、徳川家に対して謀反を起こさない証でもあった。

宗泰は寛永八年以降、正月に江戸城中で行われる年頭行事には兄忠宗とともに登城している。同十一年六月には、家光の上洛に父政宗や兄秀宗・その子宗時《むねとき》とともに供奉している。なお、この上洛時に、宗泰は家光から急に宗時とともに前駆けの供奉をするように命じられ、それぞれ馬を拝領した。宗時が拝領した馬には豹《ひょう》の皮の鞍覆《くらおおい》に手綱《たづな》が緋《あか》であった。宗泰が拝領した馬には虎の皮の鞍覆に手綱が紫であった（『岩出山伊達家文書』三）。

虎の皮の鞍覆は、名前の通り、馬の鞍の上に虎の皮を敷くのだが、誰でも敷けるものではなく、御三家やその分家である御連枝、それから国持大名など限られた大名しか用いることができなかった。ただし家光期くらいまでは、この宗泰の事例のように、大名の庶子に対する御恩として許可することもあり、佐賀藩鍋島家でも、慶長五年から江戸に詰めていた分家当主鍋島忠茂（鹿島・餅木両鍋島家祖）に対して、二万五千石（当時）と小さな大名であるにもかかわらず、虎皮の鞍覆の使用を許可している。

しかし、時代が離れて安永五年（一七七六）三月、幕府は宇和島藩伊達家や二本松藩丹羽家（どちらも准国持大名）が使用を願ったものの不許可としており、虎皮の鞍覆を使用することを制限している。これは、本来使用が認められていないにもかかわらず使用している大名がいるための処置であったが、従来から使用してきた場合は許可されており、岩出山伊達家も宗泰拝領の由緒をもって使用している。

さて、宗泰は、寛永十五年十二月二十三日、江戸において三十七歳の若さで死去してしまった。このため宗泰の家督は、寛永二年生まれの二男宗敏《むねとし》が相続したものの、父のように将軍へ御目見を行って奉公をしたり、官位を拝領することはなかった。伊達家では、宗敏を宗泰同様、江戸に置き将軍へ奉公させる意思はなく、幕府もまた、これを強要することはなかった。つまり宗泰・宗敏は、大名の嫡子ではなく庶子なのだから、本来、江戸に居ることが義務付けられている存在ではなく、あくまで伊達家が自発的に江戸に置いている状態なのである。宗敏に幕府へ奉公する意思があったのかどうかは定かでないものの、伊達家のなかで家臣化の道が選択された。

この宗泰の系統は、もともと政宗が仙台城を築城する以前まで本拠地としていた岩出山城（要害）を宗泰が譲られたことから岩出山伊達家と呼ばれたが、宗敏の子宗親《むねちか》の代になると、伊達家の証人として江戸へ参府することになる。

宗親は明暦三年（一六五七）七月九日に七歳で元服すると、九月には伊達家の証人として江戸へ行き、翌万治元年（一六五八）に将軍家綱へ御目見をし、同三年から寛文元年（一六六一）まで証人として在府した（『岩出山町史』通史編・上巻）。しかし以後、官位を拝領したり、江戸城内の殿中儀礼に参加することはなかった。つまり大名化することはなく、仙台藩伊達家の家臣として存続していく。

大名家において、本来、徳川将軍へ奉公すべきなのは当主か嫡子のみであり、家老以下大名の家臣は、万石以上の領地を持っていても、将軍に対して大名の当主と同様の奉公を行うことは原則、認められていなかった。これは、特に近世前期に大名家内部における当主権力が未確立のなか、将軍―大名間において主従関係を結ぶことで、将軍権力が大名の当主権力の確立を担保することになった。また幕府は、大名家の大身《たいしん》家臣に対しては、証人として江戸に詰めさせ、彼らには江戸城で将軍への御目見を許したが、これも大名家内部の当主権力を安定させるためであった。

証人については、特に外様大名が対象となっており、寛永十五年八月には証人改めが行われ、西国大名家の家老の子弟が証人として提出された。翌年には一部を除いた東北の大名家でも実施されており、幕府が定める制度として寛文五年に廃止されるまで続いた。

慶長期以来、大名家のなかには、徳川家への忠誠を示すために、命じられていないにもかかわらず、自発的に庶子たちを江戸に置く家もあった。臣従したばかりの徳川家に対して、まさに人質としての意味合いがある。これを遇するために幕府は大名家の庶子のなかで所領を公認していなくても、大名、もしくは嫡子並の扱いで遇した。

小大名と旗下

国持大名家には、将軍の家臣（大名）の家臣である陪臣として、たとえば加賀藩前田家の家臣本多家（五万石）や、薩摩藩島津家の家臣都城島津家（三万石余）など、一万石以上を有している大身家臣が存在した。彼らは基本的に将軍と主従関係を結んでいない。

一方で石高や領地の広さからすると、こうした大身家臣よりも小さい規模の外様小大名もいた。しかし、小大名は国持大名や譜代大名などと同様に、将軍と主従関係を結ぶことにより大名身分を獲得している点で大身家臣とは大きく異なる存在であった。

小大名にとって、将軍家の家臣であることは「家」の存続にとって必要不可欠であったが、一方で小大名が近隣の国持大名の「旗下《はたした》」になることを願うことがあった。

「旗下」とは『日本国語大辞典』によれば「旗頭の下に直属すること、麾下、はたもと」とあるように、要するに上下関係を伴いながら指揮命令下に入ることである。

図29　池田光政　『池田光政公伝』より

明暦三年（一六五七）正月二十七日、備前岡山藩主池田光政は、備中足守藩主（二万五千石）の木下利当より、私は「一人たちならざる者」（独り立ちができない者）なので、「何かの時は池田家の旗下でいたい。もっとも光政が将軍家綱様に背いた時は別だが、もし国が乱れた時は、私（利当）が留守でも家臣に岡山城の櫓一つでも受け取らせて奉公をするようにと内々申し付けている」と言ってきた。これは『池田光政日記』に書かれていることだが、光政がどのように対応したかまでは書かれていない。しかし、小大名である木下利当が「はたした」（旗下）でいたいと言っていることは重要である。

もう一例、後世の編纂史料だが、佐賀藩鍋島家の年譜「吉茂公譜」

四、享保二年（一七一七）十一月十七日の項には、肥前国福江藩主（一万二千石）の五島盛佳《ごとうもりよし》から、「旗下になって心安く鍋島家へ出入りをしたい。鍋島家の分家大名と同様に諸事心安くして欲しい」と、江戸城の坊主村山長古をもって願ってきた。その後、鍋島家の親類大名であった信濃松本藩主水野忠周《ただちか》（母は鍋島吉茂の姉岩）にも頼んだという。

国持大名と小大名との旗下の関係に幕府（水野家）もかかわっている背景として、島原・天草一揆が終結した寛永十五年（一六三八）五月二日に、従来の法度では、どんなことがあってもその所を守れと命じていたが、それは「私」のことであって、公儀に背くものや盗賊があれば、「隣国之面々早速申付へし、但、小身の衆はその品により近所之衆合属いたし相計申へき事」（『江戸幕府日記』）と、諸大名へ命じたことが関係しているだろう。軍事的な動員があった場合、小大名は近隣の有力な大名へ「合属」するように規定されていたことが大きい要因であったと思われる。すべての大名が行っていた訳ではないだろうが、いわば幕府公認の関係性であったのかもしれない。

さらに地縁的にも結び付こうとする小大名の意向もあった。先ほどの池田光政は、正保三年（一六四六）六月、播磨国赤穂藩主であった伯父の池田輝興が改易となった後に常陸国笠間から転封してきた浅野長直から交際を望まれた（『池田光政日記』）。しかし光政は、良いとも悪いとも言わない曖昧な返事をしている。理由は定かではないが、赤穂はもともと池田一族の所領であり、かつ輝興の身柄も預かっている立場として、新藩主とあまり密接な関係を築くことをはばかったのかもしれない。いずれにせよ、小大名から近隣の国持大名に対して、地縁をもって頼るのは、珍しいことではない。だからこそ大名同士の交際は重要な意味を持ったのである。小大名が近隣の国持大名に対して「旗下」となることを願うのは、将軍との主従関係以外に頼るべき関係性を結ぼうとするものであった。

四　「家」と人生儀礼

1　葵紋

徳川家の家紋

家紋は、一般的には先祖代々「家」の中で伝えられ譲られていくもので、武家社会においては合戦時に旗や幕などに付けることで軍団の象徴になるとともに、平時には礼服や平服をはじめ、漆器など手廻りの道具類、刀・馬具などの武具類、さらには屋敷の屋根瓦など、さまざまな場面において使用される、まさに「家」の象徴であった。また分家した場合、本家と同じ家紋を使用したり、少し意匠を変えて利用するなど、同族であることを示すシンボルでもあった。

こうした同族間において同じ家紋を使用することについて、岡山藩主池田光政の認識をみてみよう。光政によれば、尾張・紀伊両徳川家が葵紋を使用しているのは、宗家の家光が葵紋を使用しているから、両家は「御一門」として付けているのであって、池田家でも光政が蝶紋を使用しているから一門中も小袖紋まで同じ紋を付けることに少しの「かまい」(禁止すること)もないと述べている(『池田光政日記』)。ここでは、同族として同じ家紋を使用することに意義があることがわかる。

徳川家が葵紋を使用したことについては諸説あり、『柳営秘鑑』には、十五世紀中ごろの当主松平信光《のぶみつ》が合戦に勝利した記念に家臣酒井長親から葵の葉を献上されたため、これを酒井家の紋としたが、松平長親の時に松平家の家紋として定められた説が記載されている。このため、酒井家には代わりに酢漿草紋《かたばみもん》が与えられたという。

葵紋の規制

家紋は同族間における団結の象徴である一方、家の権威の象徴ともなった。このため使用を制限することもあった。徳川家の家紋と言えば、丸に三つ葉葵紋が有名であり、むしろ現代人にとっては、徳川家といえば三つ葉葵紋しか思いつかないのではないだろうか。しかし中世以来、三河国に分派した藤井・大《お》給《ぎゅう》・能見《のみ》などの松平庶家もまた葵紋を使用していた。

後年の史料だが、「天保十五年甲辰年八月上旬」の日付がある、藤井松平家の先祖に関して書かれた「孝徳全書」（公益財団法人上山城郷土資料館所蔵）によれば、同家でも葵紋を使用していたが、寛永三年（一六二六）正月に幕府から呼び出しがあり、当主松平忠国が登城したところ、上意として、今後は「公儀にて葵御紋を定紋」としたので、葵紋を使用してはならないと命じられた。また徳川家で使用されてきた葵紋以外の根笹紋《ねざさもん》、酢漿草紋、蔦紋《つたもん》については、「御門葉《ごもんよう》」（松平庶家）へ与えるとして、酢漿草紋は藤井松平家が、根笹紋は能見松平家が、蔦紋は大給松平家が、それぞれ使用することになった。蔦紋については、松平信光の肖像画（萬松寺）にも描かれており、「孝徳全書」にあった記載とも合致する。

図30　家紋（右上から時計回りに，葵紋，酢漿草紋，蔦紋，雪持ち根笹紋）

図31　松平信光　萬松寺所蔵

『寛永伝』において葵紋の使用例をみてみると、能見松平家の項に「丸の内に雪篠　本ハ葵たりといへども、憚《はばかり》あるによつて是をあらたむ」とあり、雪持ち根笹紋と思われる。また大給松平家の項に「和泉守乗寿家紋　葵、家乗（乗寿の父）にいたりて蔦の葉にあらたむ」とあり、桜井松平家の項に「万助忠政（後の忠俱）家紋　葵、別紋九曜」とある。先にもあげた藤井松平家においては「山城守忠国家紋ハ葵たりといへども、御當家をはゞかるにより、酢漿草を以て是にかへ、又桐を用事ハ（織田）信長より信一に給ハる皮羽織の紋なり」とあり、「孝徳全書」の記述とも一致する。葵紋に関する記述はこの四家のみだが、これらは松平庶家でも有力な家である。

徳川家では権威の象徴とした葵紋を下賜することもしており、たとえば、秀忠の子であった保科正之が藩祖となる会津藩松平家へは、元禄九年（一六九六）十二月九日、三代目藩主正容《まさかた》の時に、五代将軍徳川綱吉によって松平姓と葵紋を使用することが許可されており（『家世実紀』）、家康以降の血統であれば、葵紋を認めている。徳川家では、国持大名などの有力な大名へ「松平」姓や実名の一字を与えて主従関係を強固にしていったが、家紋だけは一門以外、下賜することはなかった。家紋をめぐる独占・制限と下賜を行いながら、葵紋の権威性はますます高まっていくことになった。

2　元服・一字拝領

元服と一字拝領

近世武家社会における主君と家臣とは御恩と奉公に基づく主従関係を基本としたが、主君である将軍は徳川家の家長として、家臣に自身の名の一字を与えた。もっとも誰にでも与えるものではなく、家光期以降では、御三家、福井藩松平家、津山藩松平家、国持大名とその嫡子であり、大身の大名に限られている。また将軍の実名である「家」字は将軍家で継承されるべき一字として付与されることはない。一方、一字が付与された側は実名に将軍と同じ漢字を使用でき、将軍との関係が外的にも示されることから、非常に名誉

表4　松平姓の下賜

拝　領　者	松平姓付与年	誰から
久松康元	永禄3年3月	家康
久松勝俊	同上カ	家康
久松定勝	同上カ	家康
松井康親	永禄7年	家康
戸田康長	永禄10年6月	家康
依田康国	天正11年2月	家康
松平(大河内)正綱	天正15年	家康
奥平家治	天正16年	家康
奥平忠明	天正16年	家康
大須賀康高	—	家康
菅沼定政	慶長7年	—
前田利常	慶長10年5月	—
堀忠俊	慶長11年11月11日	秀忠
蒲生秀行	慶長12年6月2日	秀忠
池田利隆	慶長12年6月2日	秀忠
中村忠一	慶長13年カ	秀忠
伊達政宗	慶長13年正月	秀忠
池田忠継	慶長13年4月18日	秀忠
池田忠雄	慶長13年4月18日	秀忠
毛利秀就	慶長13年9月13日	秀忠
池田輝澄	慶長14年4月	家康
池田恒元	—	—
山内忠義	慶長15年閏2月18日	秀忠
黒田忠之	慶長18年正月21日	秀忠
島津家久	元和3年9月1日	秀忠
鍋島忠直	元和8年12月26日	秀忠
池田政綱	元和8年	家康
蜂須賀忠英	元和9年9月10日	秀忠
浅野光晟	寛永4年8月26日	家光
前田利次	寛永8年12月27日	—
前田利治	寛永11年12月15日	家光
鷹司信平	承応3年3月10日	家綱
保科正容	元禄9年12月9日	綱吉
柳沢吉里	元禄14年11月26日	綱吉
柳沢経隆	同上	綱吉
柳沢時睦	同上	綱吉
柳沢忠仰	—	綱吉
柳沢保経	—	綱吉
本庄資俊	宝永2年3月23日	綱吉
越智清武	宝永4年正月11日	綱吉

（注）　中村孝也（1966）および『寛政譜』より作成．—は不明．

なことであった。

実際に付与された例をみてみよう。慶安四年（一六五一）十二月二十六日、黒書院において、薩摩藩松平（島津）光久の嫡男又三郎が家綱の前で元服を済ませると、「松平」の称号と「綱」の字が与えられ実名を綱久《つなひさ》と名乗った。また官位も従四位下侍従に任じられて薩摩守となり、これまで薩摩守であった父光久は大隅守となった。元服とともに、「松平」姓・一字・官位が与えられたのである。この元服式では、盃台を牧野富成《とみしげ》が持ち、家綱への引き渡しを岡部豊明が、綱久への引き渡しを松平信興がそれぞれ役しているが、全員、家綱の小姓であり、将軍の近習が役人を勤めた。奏者役は酒井忠清であったが病のため松平乗寿が勤めた。元服式の間は、保科正之と松平頼重が黒書院縁側に伺候しており、儀式を見守っている。

元服式は、将軍との関係によって行われる部屋も異なっており、承応二年（一六五三）八月十九日に行われた徳川一族の綱重・綱吉の場合は御座間であった。二人は家綱と対顔すると、まず綱重が一字を賜い酒井忠清から「綱」の一字が書かれた折紙を拝領した。綱重が頂戴して退出すると左馬頭として、次に綱吉が同じように拝領して退出すると右馬頭として、それぞれに「松平」姓が与えられた。その後、盃と脇差が与えられ、綱重の家老である諏訪頼郷、新見正信と、綱吉の家老牧野儀成、室賀正俊、それと本庄道芳が御目見をした。

このように島津家や両典厩家は、元服式で、「松平」姓・一字・官位が一緒に与えられており、他の大名も元服において、「松平」姓と一字が与えられ、これらを拝領したことを証明する折紙が渡されている。

「松平」姓の授与

江戸時代、徳川家では、特定の国持大名に「松平」姓を与えた。これにより、付与された大名は、松平を名乗ることになった。表4は「松平」姓を与えられた大名家の一覧であるが、実際に家康との血縁関係がある奥平家治・忠明兄弟のような例もあれば、前田利常のように本人に血縁関係はない例もあることから、けっして血縁関係のみで判断されていた訳ではないことがわかる。もっとも血縁関係がなくても、利常は秀忠の娘珠を正室としており、徳川家の女性を正室として迎えている。また、先程の島津家のように父が「松平」姓でも、その嫡子は「松平」を名乗れず、元服時に、実名の一字や官位とともに「松平」姓が与えられた。このため、松平姓は個人に付与される性格が強いものの、与えられる「家」は限られ、しかも多くが代々継続したことから、将軍を家長とする擬制的な徳川一族となる。

3　徳川家の祖先

家康を祀る

「家」の中でも祖先祭祀は家長にとって極めて重要な営みであった。特に徳川家では、家康こそが第一に崇敬すべき存在であり、寛永十三年（一六三六）、家光が現在においても見ることができる豪

図32　『慶安縁起絵巻』に描かれた浅草寺本堂　浅草寺所蔵

華な日光東照宮の社殿を造営し、社参を繰り返したことにあらわれている。なお、この造営時に家光が天海《てんかい》に作成を命じた『東照社縁起』における家康は、子孫の永続のために山王神道《さんのうしんとう》を選択したことが強調されている（神崎充晴、一九九四）。こうした大造営と縁起の作成背景には、家光が弟忠長を自害に追い込んだことと、健康不安であり継嗣《けいし》がいなかったために、「将軍家と子孫の存続を祈願」した家光の考えがあったという（野村玄、二〇一三）。

東照宮は日光のほか日本各地に建てられたが、ここでは浅草寺との関係をみてみよう。家康の遺命により徳川家の祈禱寺であった浅草の浅草寺にも東照宮が造営されており、寛永十二年七月十二日には、江戸城本丸内にあった「東照権現古御宮」を浅草寺へ移している。そして同十四年九月二十六日には二丸に東照宮（内宮）を造営したが、この別当は浅草寺智楽院権僧正忠尊《ちゅうそん》（伝法院）が勤めた。同十六年閏十一月十三日には後任として弟子の延命院へ命じているがまだ幼年のため、竹林坊を添えて勤仕させている。しかし承応三年（一六五四）十一月十四日、二丸内宮は、本丸御座所に近いため神威を憚って、新番頭の北条氏長《うじなが》を奉行に命じて「神意」を紅葉山へ移し、「空宮」は川越の仙波東照宮へ移した。家康を祀る紅葉山東照宮についても、少し遡るが同年六月十四日に浅草寺の別当で延命院から号を改めた知楽院が兼任するように命じられている。

家光はとりわけ浅草寺を大切に扱っており、寛永十九年二月十九日、浅草寺観音堂が火災した際、同寺には東照宮があるため、徒頭である牧野親成、北条正房、曽我兼助を遣わして火の様子を注進させた。この時、一番隊の牧野は浅草寺の神宝を運び出している。この火事について、翌二十日には御三家が登城して家光の御機嫌をうかがっている。そして同日家光は、今後浅草寺に火事がある時は酒井忠清、稲葉正則、太田資宗、井上正利が「先手番所」へ伺公するように命じている。二十一日には、牧野の組が素早く浅草寺へ行って神宝を運び出した褒美として組頭山本市右衛門などが加増されている。この火事によって浅草寺の本堂は灰燼に帰した。このため正保四年（一六四七）から浅草寺の再建に取りかかり、慶安二年（一六四九）十二月二十三日に本堂の落慶法要が行われた。

先祖を思う、祀る

家光は、自身を「きらい」になったとされる秀忠よりも、自分を将軍に推してくれたとされる祖父家康を神として敬い、「二世権現」と書かれた紙片を入れた巾着を身に付けていた（御守袋文書、日光山輪王寺所蔵）。また家光はたびたび夢で見た家康の姿を絵師に描かせている。それは将軍として正統な後継者であることを証明する意味を持ったであろう。

家光は家康の孫であるため、家康から数えて三代目となるのに対して、御三家の当主である徳川義直（尾張）、同頼宣（紀伊）、同頼房（水戸）は、家康の子であるため、血縁的にはこれらの当主の方が家康と近くなる。筆頭の徳川義直は、父への崇敬の念を書物という形で残しており、正保三年（一六四六）四月十七日、家康の年譜である「権現様御年譜」を作成して家光へ献上した。この時、義直は装束を着用して、白書院において老中阿部重次と高家吉良義冬・今川直房へ渡した。これを家光が読み、その後、萌黄直垂を着して紅葉山東照宮へ参詣して奉納している。その後、同書は、二丸内宮へ納められた。家光期には、まだ家康の子が生存しており、親の事績を顕彰していた。こうした時の家光の心情をあらわすエピソードが『寛永小説』に載っている。日光で東照宮神前に「御宝塔の石」が完成した時、御三家が登城し、義直が家光へ「このように宝塔を命じて下さってありがたい」と述べた。すると家光は立腹して「（家康を）あなたの親とばかり思っているのか、私の御先祖でもあるのだ。御三家にとっては主人であり、ありがたいというのは何事か」との「上意」があった。御三家と同列で家康を敬わない将軍家（本家）としての意地と誇りが垣間見える。

家光期には、家康以前の先祖については、慶安元年（一六四八）閏三月に、家康の父広忠が百年忌にあたるため三河での菩提寺であった大樹寺《だいじゅじ》へ千部の読経を命じるとともに費用として五千俵を与え、法事奉行として松平（久松）定綱を命じている。もっとも、広忠以外の先祖について、人員や費用を支出するなどして積極的に年忌法要を行っている様子は「江戸幕府日記」からはうかがい知ることができない。

具足祝

徳川家では、毎年正月二十日に、連歌会の後、具足を飾って家臣へ餅を与える具足祝《ぐそくいわい》という年中行事が行われており、「江戸幕府日記」には現存する寛永九年（一六三二）分から確認することができる。当初の様子は、記載が簡潔なため不明な部分が多いが、寛永十七年には、書院にて「お召しの具足」である領と甲、それから腰物、太刀、扇子などを飾り、井伊直孝が相伴をして、近習の加々爪直澄、牧野親成が家光の給仕を、岡田重治が井伊直孝の給仕をそれぞれ行い、直孝が退去後、次間に松平直政、毛利秀元、保科正之、松平定行、「此外例御奥ニ而御目見之御譜代大名」が御目見をし、さらに「御近習之衆」、惣番頭・物頭も御目見をしている。そして家光が「奥」へ帰ると水御殿にて譜代大名、近習、番頭・物頭、旗奉行、鑓奉行、その外「殿中伺候之面々」へ具足の餅と酒が与えられた。

このように、当初の具足祝は、家光自身の具足を飾っていた。しかし家光死去後の慶安五年（一六五二）正月十一日の具足祝では、家康が着用した歯朶《しだ》の具足、行平《ゆきひら》の太刀、国宗《くにむね》の陣刀、三方原《みかたがはら》の合戦時に使用した脇差が飾られている（『徳川実紀』）。なお具足祝は毎年正月二十日だが、二十日は家光の忌日にあたるため、連歌の会も含めてこの年から十一日に変更された。さかのぼって正保四年（一六四七）正月二十五日、家光は花房勘右衛門と外山忠兵衛に、久能山東照宮に奉納してある家康の歯朶の甲と青漆の具足を持ち帰ってくるように命じていた。では、なぜ家康の歯朶の具足が飾られたのであろうか。実はこの年の八月十八日、新将軍家綱の具足初があり、この時、家綱は、二丸内宮に奉納してあった、家康が関ヶ原で着用したとされる甲冑、菖蒲正宗《しょうぶまさむね》の刀、信国《のぶくに》の脇差を御座所へ移した上で着用したのである。この時、家綱が具足を着するために井伊直孝、保科正之、酒井忠清が着付け役をした。

翌年の具足祝も、歯朶の具足が出されたが、この時、酒井忠勝か「御譜代家人」に対して、今日お床に家康の甲冑を飾るが、これは去年二丸東照宮にて頂戴したものであり拝見するように伝えたため、譜代大名や旗本が拝見をした。具足は単なる武具ではなく、着用していた者の魂が籠もっているとされ、家康の権威が持ち出されているのである。さらに家綱が曽祖父である家康の甲冑を着用し、家臣団へ披露することで、幼将軍家綱と家康の権威を重ね、家康の正統な後継者として位置付ける意図があったものと思われる。

五　徳川家の家長としての将軍

1　家長としての将軍

家長としての気遣い

江戸時代、諸身分の頂点に立つ徳川将軍の尊大さは、一年の内、正月元旦から始まる年中行事をはじめ、月次御目見や参勤・帰国の御礼などの各種儀礼において、御礼をする側の者が必ず将軍へ頭を下げることを繰り返すことで感覚的にも示された（渡辺浩、一九九七）。もっとも、「生まれながらの将軍である」と言って尊大さを示したとされる家光であっても、家臣団への配慮は欠かさなかった。

家光は直轄軍団である大番、書院番、小姓組番の番頭・組頭や番士、また徒組、小十人組の各物頭・番士に対して、たびたび江戸城内において料理を出すことを命じている。たとえば寛永九年（一六三二）十二月四日に出した時は「今日は雪で寒い」からと焼火間にて物頭へ料理を出し、城内の番所に詰める番士には菓子と酒を振る舞っている。同十年二月九日には、「今日は雨だから」と、黒書院において、老中、物頭、「殿中伺候之面々」へ料理を出している。物頭は、日中および夜と交代で江戸城内に詰めており、家光は悪天候でも詰めていることに対する労いの意味で料理や菓子を出しているのである。

また江戸城外でも、同十五年八月二十九日、家光は品川御殿へ御成をした際、お供の面々へ褒美を与えた。その理由は毎回供を懈怠なく勤め、さらに今日は雨天にも関わらず「大義」ということであった。褒賞の対象者は徒頭坪内定次、堀田一純、北条正房、兼松正尾、彦坂重定、神尾守勝、大久保忠貞、小十人頭山下周勝、田中忠勝、小栗久玄、小林正重、小納戸中根正寄、腰物持小笠原元定、天野正信、御手洗昌重、加藤治次といった、御成をする際の人員でもあり、家光の近習を構成するメンバーでもある。

家光は、御三家や前田家、越前家といった家光にとって親族にあたる大名が病になった時にも気遣って上使を派遣している。次に家光にとって叔父にあたる尾張家の徳川義直（家康の九男）が病になった時の家光の対応をみてみよう。

慶安三年（一六五〇）四月十二日、中風のため江戸市谷の尾張藩上屋敷内で臥せっていた義直へ家光は見舞の使者として老中阿部重次を遣わした。老中が使者として派遣されるのは、国持大名の場合、参勤で参府した時と国許へ帰国する時であり格式が高い場合のみである。『徳川実紀』には酒井忠勝も遣わしたとされている。阿部重次が江戸城へ帰城して家光へどのように報告したのか「江戸幕府日記」には記していないが、翌十三日に水戸家徳川頼房へ使者として老中阿部忠秋が派遣されて、病気の療養の仕方について相談していることから、義直の症状が容易ならざる状態であったことを推測せしめる。翌十四日に義直の嫡男徳川光友から、幕府の医師吉田意安と數原清庵へ義直の脈を見せたいと願ってきた。光友の願いはすぐに家光に知らされ、意安が派遣されている。御礼として義直から竹腰虎之助が、光友から古屋主水が登城している。

十七日、義直の病気がいよいよ重いため、上使として老中松平信綱、阿部忠秋、阿部重次の三人が遣わされた。老中三人が上使として派遣されるというのはきわめて珍しい。夜には書院番組頭であった渡辺吉綱と土屋之直《ゆきなお》を尾張藩邸へ詰めさせて、様子を昼夜に渡って家光へ言上するように命じている。徳川一族の重鎮である義直の状態を家光が非常に気にかけていることがわかる。実はこの日、家光も「心重」いという症状が再発したため、定例の紅葉山への社参を中止しているにもかかわらず、義直への対応も行っている。

十九日には、光友が父義直の病気が重いため登城して相談をした。二十四日、義直へ幕府の医師奈須玄竹が派遣されている。二十九日、義直がいよいよ危篤のため、市谷藩邸へ上使として松平信綱・酒井忠勝・阿部忠秋・阿部重次という、大老・老中が派遣された。その後、体調をやや持ち直した義直だったが、五月七日、五十一歳で死去した。使者として酒井忠勝、松平乗寿を御三家へ派遣している。

このように家光は最初に見舞った四月十二日から義直が死去する五月七日まで、大老・老中や幕府医者を何度も遣わして体調を問い合わせている。一族でもあり、かつ諸大名の最上位に位置する尾張徳川家に対する遇し方であった。もっとも家光を徳川本家の家長として見た場合、義直という分家当主の体調を気遣うことは、尾張徳川家の存続をめぐる気遣いでもあった。このことは次に述べるように、義直の後継者である嫡子光友に対する家光の対応からみても明らかである。

五月八日、家光は使者松平信綱を光友のもとへ派遣して、今回義直の葬儀を国許の尾張で行うので光友は忍んで帰国し葬式が終わったら江戸へ帰ってくるようにとの上意を伝えた。十二日には、もう一度、光友へ松平信綱を遣わして同じ事を命じている。家光は、光友の体調を非常に心配しており、翌十三日には、朝から雨なので今日はどこまで光友が行くか聞きたいとして次飛脚をもって奉書を遣わしている。さらに二十四日には、光友が名古屋へ到着したか聞きたいがわざと遠慮する旨の老中奉書を名古屋城へ遣わすほどであり、さらに六月二日、光友へ今法事中だろうが首尾良く執行したのか、光友の体調を知りたいと次飛脚をもって尋ねている。長々述べてしまったが家光の行動は、いささかしつこいようにも思える。しかし、改めて家光を徳川本家の当主として考えてみると、繰り返し光友の体調を問う家光の姿勢は、義直という当主を亡くした分家の尾張徳川家が断絶しないように配慮する本家当主としての立場をよく表している。尾張家という分家を存続させていく意思を示したのである。

江戸で生まれ育った将軍家光

慶長九年(一六〇四)七月十七日、家光は江戸城西丸で生まれた(『徳川実紀』)。徳川家にとって、江戸で生まれた初めての将軍となる。なお家康は岡崎城、秀忠は浜松城で生まれた。

「江戸幕府日記」には、家光が、江戸城を起点に鷹狩へ行ったり薬園へ御成をするなど、江戸中を逍遙《しょうよう》している記事が頻繁に出てくる。北は隅田川対岸の木母寺《もくぼじ》や堀田正盛の下屋敷がある浅草をはじめ、千駄木、千住、王子などへ、南は品川御殿や麻布薬園や柳生宗矩の下屋敷へ、東は葛西へ、西は牟礼《むれ》（三鷹市）へといったように、江戸城から日帰りができる場所である。家光は、外出をしながら自身が江戸の発展に大きくかかわりながら将軍が居城する都市として拡大していく様子を間近に見ていた。

江戸城から東へ向かうと町人地であった日本橋がある。これをさらに東へ進むと当時大川と呼ばれた隅田川へたどり着く。その東岸は、江戸でも有数な新開地として有名な深川であるが、家康が江戸へ来たころは広大な葦が生い茂る地域だった。家光の時代には、寛永四年（一六二七）に深川富岡八幡宮が建設されるなど、徐々に開発が進められていたが、まだまだ漁村が点在する地域であった。

正保三年（一六四六）二月五日、深川の漁師が「万歳楽」という珍しい魚を捕ったため、家光は江戸城大手門にて上覧した。この時、家光は「目出度い魚を深川で捕ったのはひとしおめでたいので絵に写すように」と側衆の久世広之へ命じている（「曽我日記」）。江戸という城下町で起きた吉兆に家光はことのほか喜んでおり、江戸に居住する将軍として、江戸への愛着が感じられる。

なお「万歳楽」については、もう少し後の時代にも出てくる怪魚で、本島知辰著『月堂見聞集』によると、正徳二年三月中旬、深川で長さ七尺、身はねずみ色、毛が生えておりその長さ七寸、ねずみのような頭をしており、目が赤く、尾も二つに分かれているという魚が網にかかったため江戸城へ献上された。当時江戸に居た近衛太閤がこの魚を見て「万歳楽」と名付けた、というが、すでに見た通り、その名は付けられていた。

2 兄弟の仲

家光と忠長

家光にとって弟忠長は、自身に万が一のことがあれば、徳川家の家長を継承すべき存在であった。しかし家長の座を狙う態度に出た場合、家光にとって危険な存在になりかねない両刃の剣でもあった。実際、将軍に不遜な態度を取った秀忠の弟松平忠輝や、秀忠の兄結城秀康の嫡男であった松平忠直は、たとえ徳川の親族であっても領地没収・幽閉という厳しい処罰を受けている。

家光と忠長の兄弟については、確執から忠長の自害に至るまで、これまでにも多くの研究があり、朝尾直弘は、寛永十年（一六三三）の加藤忠広改易と連動した家光「御代始」における権威構築の一過程として位置付け（朝尾直弘、一九七五）、近年では野村玄や小池進によって詳細に論じられている。また福田千鶴は、家光の実母は秀忠の正室江与ではなく春日局とする（福田千鶴、二〇一七）。いずれにせよ将軍の実弟が自害するというショッキングな事件は、徳川家の内外に大きな衝撃を与えただけに、初期の家光政権を考える上で欠かすことができない。本書では家にとって重要な嫡子と庶子の在り方、そして忠長の自害という二点に絞って話を進めていく。

まず家光の幼少時代について、『三河物語』によれば「物をものたま（は）ず、人に御言葉をかけさせられ給ふ御事もなくして、何共、御心之内を知れず。いかにとしても、御代に就かせられ給ふ御事いかがあらん」と言い合う人も多かったとある。つまり、自分から話すことをせず周囲に言葉をかけるようなことをしないので何を考えているかわからない、このまま将軍となって大丈夫だろうか、と家臣たちも言い合った、というのである。消極的な子どもだったようである。一方、忠長については、利発であったと伝えられているが、この点、家光と忠長の育て方について、家康が江与に与えたといわれる「神君御文」という史料がある。江戸時代、武家を中心に流布したが、従来は家康死後に作られた偽筆とされてきた。しかし近年では、徳川義宣が真筆ではないものの家康書状であるとし（『新修徳川家康文書の研究』）、小和田哲男、松浦由起もまた同様の立場を取っている。忠長の幼少を知る上で貴重な史料である。ここでは忠長は「殊之外発明なる生付」であったことが記されている。ただし庶子（忠長）は物領（家光）の家臣であり大名とすべきだと述べる。

幼少時の家光と忠長は、諸事対等に育てられていた（小池進、二〇二一）。こうした環境において、言葉を発しない兄と利発な弟との間で、関係がぎくしゃくしてくることもあったのかもしれない。やがて忠長は、春日局による

「東照大権現祝詞」によれば、「ほしいま、にぎやくなるむねをもよほし、そしそうりやうをつぎたまふべきとたくみたまふ」と、家光の立場である将軍職をも望むようになったという。

元和二年（一六一六）九月十三日、忠長へ甲斐国に領地が与えられた。しかし家光には与えられていない。「家」的観点からすると、当主となる以前における嫡男の賄分はあくまで家長の領地から支出され、別に領地を持つなど独立はしない。つまり将軍の嫡男である世嗣が家光であり、忠長は家臣（大名）であることを示すものである。もちろん、だからといって忠長の将軍職継承権が消滅した訳ではないが、余程のことがない限り、家光が将軍職を継承していくことを意味していた。

その後、元和九年七月に家光は伏見城にて将軍宣下を受けており、秀忠の後継者となった。忠長は、領地の加増を受け、最終的に翌寛永元年八月、駿河・遠江・甲斐・信濃にて五十万石が与えられた。同三年には従二位権大納言に叙位・任官されており、以後、「駿河大納言」と呼ばれる。忠長の立場は、将軍の実弟として一門の筆頭であり、かつ未だ子のなかった家光に万が一のことがあった場合、徳川家の家督を相続することも考えられた。しかし将来は誰にもわからないことであり、むしろ病がちな家光であっても生きている以上、忠長としては次第に将来を悲嘆するようになっていったのではないだろうか。「神君御文」によれば忠長には「堪忍」が足りなかった。さらに忠長は、次第に家臣を手討ちにするなど粗暴な態度を繰り返すようになった。寛永八年二月十二日付の細川忠利書状によると、旗本で船手頭小浜光隆の子を手討ちにしたことをはじめ、伽の坊主にも斬りつけ、今日切った者を明日には呼び出すという、精神が錯乱している様子であり、このままでは松平忠直と同じ運命を辿るのではないか、つまり流罪に処されるかもしれないと述べている。（『細川家史料』）。これに対して、二月十八日付の忠利書状では、家光は以前から使にて三度に渡って「異見」（意見）をし、直接二度意見をした。忠長は、その都度同心するものの今回の状態になっており、その上、駿河の町で辻斬りまでしているとの噂もある。このため秀忠の「御前はきれはなれたる様」（秀忠も勘当している）であり、諏訪へ流された秀忠の弟松平忠輝と同じようになるのではないかと心配している。

しかし家光がいくら意見をしても忠長の乱行は収まらず、同じく細川忠利の書状によれば、「小上臈」や「御つぼね（局）」を斬りつけたのをはじめ（二月二十九日付）、家光の近習であった内藤忠重の弟で当時忠長付であった同政吉をも「成敗」しようとしたため、家臣たちも恐れて、今は側衆二人しか身辺にいない状況であった（三月十一日付）。こうした中で秀忠は、ついに忠長を見放し将軍の思うように成敗するようにと述べたという（『旧記雑録後編』）。五月には甲斐国への謹慎が決まった。それでも家光は、ここで乱行が収まれば駿河の支配も再び任せて大名へと復帰させようと考えていた。

翌九年正月二十四日、以前から体調が悪化していた秀忠が五十四歳で死去した。これまで徳川家は、大御所秀忠と将軍家光の二元体制であり、知行宛行などは秀忠が行っていたが、以後、実質ともに家光による幕政運営が始まる。

忠長の最期

忠長は、同年十月十二日、領地没収の上、甲斐から安藤重長が城主である上野国高崎城へ身柄が移された。この理由について、小池進によれば、忠長は謹慎して以降も行儀が悪く、不遜な態度が目立っていたためであった（小池進、二〇二一）。徳川家の家長として一門の不遜は個人的感情を抜きにしても厳しい対応をせざるを得ない。

この当時の家光の心情について、寛永十年（一六三三）六月二十二日付、家光から叔父で一歳年上の徳川（水戸）頼房に対する書状において、「其方事は別而心安思候まゝ心中をのこさす萬談合申事に候、兄弟有之候而もやくにたゝす候間、此上は其方を兄弟同然に思候まゝ、弥萬事其心得可有候」（彰考館徳川博物館所蔵）と述べて、頼房を兄弟同然であり信頼していると伝えるとともに、実弟徳川忠長のことを「役に立たない」と述べている。すでに兄弟の仲は完全に壊れていた。

江戸時代中期の儒学者新井白石が書いた『藩翰譜《はんかんふ》』には、同年九月の出来事として次のエピソードを記している。

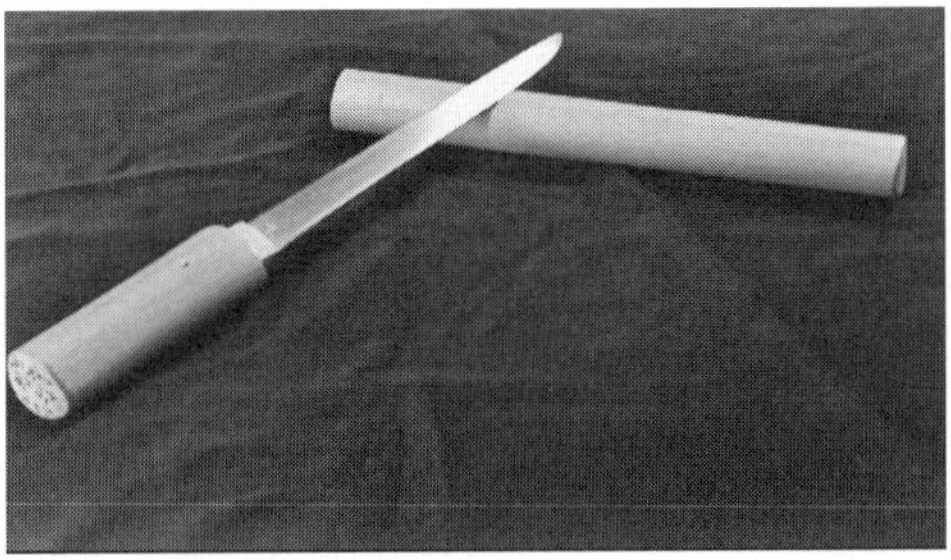

図33　徳川忠長の遺品　吉光の小刀　大信寺所蔵

阿部重次が家光の考えを伝えるための使として高崎へ行き、安藤重長に対して、行状の改まらない忠長が自ら自害をするようにと勧めた。これに対して安藤重長は、このような仰せを受けることは「不幸の至り」だが背くようなことはしません。もっとも、家光の命令を「御教書」にして拝領したいと願った。重次は、これは将軍家光の「御心」から出て自分の口から安藤重長へ伝えることであり「御教書」を与えるべきことではなく、なぜ疑うのか、と言った。これに安藤重長は、重次を疑ったり家光の命令を軽んじるからではなく、そもそも忠長は家光の愛弟であり、親しくも貴い御方であり、口頭では了承することができないので「御筆を染められ」た御教書が欲しいと再度願った。このため重次は一度江戸へ戻り、家光へ安藤重長の願いを伝えたところ、家光は自筆の御教書を渡したという。

後年のことになるが、重次は、家光から忠長への使を命じられた時にすべてを預けていたと言って、家光の死去後、殉死した（『徳川実紀』）。

忠長は、十二月六日に高崎城内にて自害した。その後、遺体は城下の浄土宗大信寺《だいしんじ》（高崎市通町）に葬られた。

コラム―2

歎く家光

寛永十九年（一六四二）、筑後柳川藩主立花宗茂が七十六歳で死去した。すると、宗茂の跡を継いだ忠茂に対して、同年十二月十五日付で次の老中奉書が出された。発給者は、老中であった松平信綱、阿部忠秋、阿部重次である。

親父立斎死去之由、達　上聞数年令在江戸積奉公之処、右之仕合別而不便被思召候、心底之程御察之事候、此由可相伝之旨依　上意如此候、恐々謹言

十二月十五日

阿部対馬守重次（花押）

阿部豊後守忠秋（花押）

松平伊豆守信綱（花押）

立花左近将監殿（忠茂）

元来、老中奉書とは、将軍の上意を承ってそれを下位者へ伝えるための書状であり、本書状も、家光の上意を老中が承って立花忠茂へ出されたものである。ここで注目したいのは家光が長年江戸に居て奉公をしてきた宗茂の死を「不便」に思っていると伝えていることである。

「江戸幕府日記」には、年によっても違うのだが、家光の御咄衆として、宗茂をはじめ、丹羽長重、毛利秀元、藤堂高虎、加藤明成、有馬豊氏、細川忠利などがメンバーとしており、家光と話をしたり料理を拝領している記事がたびたび記載されている。御咄衆は、いずれも多くの合戦に参加して人生経験も豊かな武将たちであった。家光は、江戸城二丸で行った茶や生け花をはじめ、御三家の屋敷への御成などにも御咄衆たちをたびたび同行させた。

寛永十五年九月五日には立花家の下屋敷へ御成をしており、その中では、供を酒井忠勝一人だけにして家光と宗茂と三人で遊山をして、家光もご機嫌であったほどである（『細川家史料』）。また御咄衆は昼だけでなく夜

も江戸城に詰めて、将軍の相手をして話をすることがあり、将軍と直接話をすることができた。家光は、誰に対しても伝えた訳ではない。親しい宗茂が亡くなった事に対して、「不便」という自身の感情を伝えることで、立花家との間で、宗茂の死を介在させながら悲しみを共有することになる。

六　徳川家の女性

1　将軍の正室と側室

鷹司孝子と側室たち

江戸時代の武家社会において「家」が連続していくためには、男性ばかりでなく女性の存在も重要であった。前代の中世社会に較べて、近世における女性の知行権や相続権は次第に喪失していったが、「家」を考える上で、女性も組み込まなければならない。

家光が将軍であった時代、徳川家に関係する女性として、まず正室である鷹司《たかつかさ》孝子《たかこ》があげられる。孝子は五摂家の一つで関白であった父鷹司信房《のぶふさ》と母佐々輝子の間に慶長七年（一六〇二）に誕生し、寛永二年（一六二五）八月九日、家光と祝言をあげている（『柳営婦女伝系』）。しかし結婚生活は順調にいかず、夫家光との仲は険悪となり、寛永六年正月二十三日付、細川忠利の書状によれば、孝子が舌を切って命に危険が及んだが回復したものの、回復をしたら上方へ帰されると述べており、心身ともにきわめて危険な状況だったようである。しかし孝子は、以後も江戸におり、「中之丸様」と呼ばれて、江戸城北の丸に屋敷があった。正室であるにもかかわらず、大奥に入ることが許されなかった。

側室の待遇

もっとも、家光の跡を継いだ家綱は、落飾して本理院と号した孝子に、伯母天樹院（千）に次ぐ待遇を与え、さらに万治三年（一六六〇）から寛文元年（一六六一）まで、孝子は東福門院《とうふくもんいん》和子《まさこ》に拝謁するために上洛して京都の半井《なからい》驢庵《ろあん》屋敷に滞在し続けた（中村孝也、一九六六）。ただ孝子は次に述べるような天樹院とは異なり、将軍家の子どもたちや諸大名と交流を重ねた記録は見出すことができない。

家光の側室について、『柳営婦女伝系』からあげると振（岡貞綱娘、千代母、自証院）、万（五条有純娘、永光院）、楽（青木利長娘、家綱母、宝樹院）、玉（本庄宗利娘、綱吉母、桂昌院）となっている。同史料のなかに、綱重の母となる夏（藤枝重家娘、綱重母、順性院）は記載されていない。夏の父は京都の町人と言われる。夏は大奥女中としても最下層の御末であり、家光の手が付き綱重を産んだことから、弟は旗本に取り立てられて藤枝方孝と名乗っている。『寛政譜』によれば、慶安元年十二月十一日、方孝は月奉三十口を拝領している。明暦元年（一六五五）十二月、綱重の家老となり、寛文元年閏八月十一日にすでに千石加増されていたが、さらに千石加増されて二千石を知行した。

2 千（天樹院）と家光

家光の姉妹

家光の姉妹の内、父秀忠の実子をあげると、長女千（豊臣秀頼室、後本多忠刻後室、天樹院）、二女子々（後に珠、前田利常室、天徳院）、三女勝（松平忠直室、天崇院）、四女初（京極忠高室、興安院）、五女和子（後水尾天皇女御、東福門院）がおり、家光は初と和子の間となる。

これらの女子の中で、本書では長女千を取り上げる。千は慶長二年（一五九七）、伏見城において誕生した。父は秀忠、母は江（江与）であり、家光や忠長も含めて右にあげた子は全員この二人の子だが、母が違う末弟として保科正之がいる。

同八年七月、豊臣家と徳川家の和平の証として大坂城の豊臣秀頼に嫁している。しかし同二十年五月、大坂の陣の終結時、夫秀頼と義母淀とともに大坂城朱三矢倉の貯蔵蔵の中に逃げていた。この時、淀は人質として千を離すまいとして、その振袖を自分の膝下に引いて逃がさないようにしていた。このため、千に仕えていたちよぼ（松坂局）が機転をきかせて、秀頼が自害したのではないかと同人の名前を呼んだため、淀が驚き狼狽して千を離したた

図34　千（天樹院）　弘経寺所蔵

め、同じく千に仕えていた刑部卿と側女中が千を逃したという（『柳営婦女伝系』）。

千は豊臣家が滅亡すると江戸へ戻り、元和二年（一六一六）、譜代大名で伊勢国桑名藩主本多忠政の嫡男忠刻《ただとき》へ再縁している。忠政の正室は、家康の長男松平信康の娘熊であるから、千にとっては従姉妹にあたる。千は桑名姫と呼ばれたが、本多家は同三年に播磨国姫路城へ転封となり、千も移ったことで播磨姫と呼ばれている。同年には勝、翌年には幸千代という二人の子に恵まれたが、幸千代は同七年、三歳で死去してしまった。本多家にとっても将来の藩主を亡くしたも同前であったろう。千は、この死を秀頼が怨霊になって祟っているのではないかと考えた。このため伊勢慶光院《けいこういん》の住持周清に祈禱を依頼している。この時、周清は、秀頼への「巻数」（祈願文）として、「はりまひめきみさま」に子ができないのは秀頼の怨みによるものと占いに出ています。もっともなことかもしれませんが、一度このようなことになっている（もはや秀頼は死去している）ので、今からは心を変えていただきたい。今後千に子ができて繁盛すれば、秀頼の菩提を弔うので、「くや〱しき心さまを御あきらめ候て、よく御ざ候べく候」（中村孝也、一九六六）と、秀頼の霊へ語りかけて鎮魂を願っている。

寛永三年（一六二六）五月七日には夫忠刻が三十一歳の若さで病により亡くなった。六月には義母の熊が、九月には実母の江が、立て続けに死去した。二度に渡って夫に先立たれ、さらに母たちを亡くした千の悲しみは深く、江戸に戻り十二月六日には落飾して天樹院と号し、竹橋御殿へ入っている。以降、本書でも彼女を天樹院と呼ぶことにしよう。

混迷する縁談

夫忠刻を亡くした時、天樹院は二十八歳であった。その後、徳川家の中でも、再び天樹院の縁組みの話が出ていたようで、寛永六年（一六二九）五月十九日付の細川忠利書状によれば、秀忠は、天樹院を加賀藩前田家の嫡男光高へ嫁がせたいとのことで、たぶん済むだろうと言っている。しかし、天樹院自身が加賀藩前田家へ嫁ぐことに同意しなかった（五月晦日付書状）。光高は元和元年（一六一五）生まれだから、この時十三歳であった。さらに、光高の母である珠が「迷惑」がっており、理由は豊臣秀頼、本多忠刻と死去しており、三人目を嫌ってのこととのことであった。姉が自分の息子に嫁ぐのも承服しかねることだったろう。この点は天樹院も同様に嫌がるところであった（八月七日付書状）。もはや天樹院に再々婚の意思はなかった。寛永七年十二月十七日付、細川忠利書状では、今度は天樹院と松平忠昌との婚姻が内々に決まったと聞いたと書いているが、結婚が実現することはなかった。以後、天樹院は生涯独身を通している。

図35　徳川氏略系図3

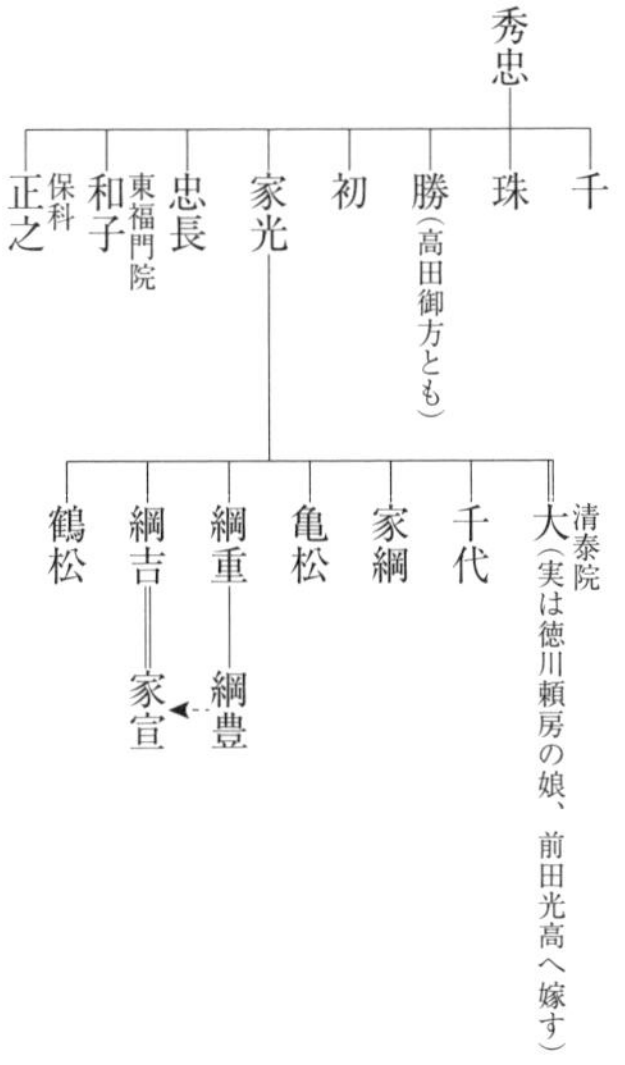

家光・家綱との関係

天樹院は、徳川家のなかでも家光にとっては姉にあたり、家綱にとっては伯母として年長者の立場であった。この長姉の屋敷である竹橋御殿へ家光はたびたび訪問しており、寛永十二年（一六三五）二月九日には、天樹院が疱瘡に罹った際、竹橋御殿まで様子を見舞っている。二十二日には平癒すると、翌二十三日、家光は再び竹橋御殿へ御成をして疱瘡の快癒を祝っている。またこの年は十月五日にも家光は竹橋御殿へ御成をしている。

家光は寛永十九年五月二十一日、一歳になったばかりの嫡子家綱を竹橋御殿へ御成させている。また還御の時、英勝院（家康側室、水戸徳川頼房や松平頼重の養母）と春日局（家光乳母）の屋敷へも渡御させており、供奉として酒井忠勝、松平信綱、牧野信成、小姓衆十人、書院番・小姓組両番士二十人、徒一組を付けている。家光の配慮によるものであった。この時期、これらの女性たちに加え、高田方と呼ばれた秀忠の娘で松平忠直に嫁した勝や、水戸徳川頼房の娘で家光の養女となって前田光高と結婚した大は、「表」においても家光へ献上品を進上できる立場にあり、徳川家のなかでも特別な扱いを受けた。寛永十四年八月二十七日、焼失していた江戸城が再建され、家光が本丸へ仮の移徙をした際、御三家とともに、天樹院、大、勝、英勝院、春日局は樽肴を献上している。

同二十一年八月八日、家光は鷹狩で仕留めた雲雀を五十羽ずつ、天樹院、勝、大、さらに娘の千代へ遣わしている。翌九日には、養珠院（頼房生母）へ同じく御鷹の雲雀を三十羽遣わしたほか、伊達忠宗母と妻、池田光政母と妻、浅野光晟の妻、毛利秀就の妻、蜂須賀忠英の妻へ、それぞれ御鷹の雲雀三十羽ずつを遣わしている。これらは、徳川家と血縁的に繋がりのある女性たちであり、慶安元年（一六四八）七月三日には、徳川家と血縁関係にある国持大名の嫡子のほか、天樹院、勝、千代、大、中丸（孝子）へ御鷹の雲雀を与えている。

3　天樹院と池田家

池田家との関係

天樹院の長女勝は、寛永五年（一六二八）一月、秀忠の養女となって因幡鳥取藩主池田光政（三十二万五千石、寛永九年備前岡山へ転封）と結婚した。勝十一歳、光政十九歳であった。夫や子に先立たれていた天樹院にとって、かけがえのない家族であった。以後天樹院にとって池田家との関係は特別なものとなる。こうした点を池田光政が記した『池田光政日記』からみてみることにしよう。

天樹院は池田家の中でも特別な存在であり、正保四年（一六四七）九月二十八日、光政が月次御目見のために江戸城へ登城をした時、家光の上意として、領国内の新田で弟池田恒元への分知が許された。慶安元年（一六四八）

三月十九日光政は、恒元の知行所が決まったので家光へ御礼をしたところ、家光から御前近くに召し出された。そこで家光から、光政の従弟で鳥取藩主池田光仲に帰国を許可したので光政には在府をするように命じたが、その理由は今年、家光は日光社参をするので、江戸の留守番を頼むためであり、また天樹院もいるので、特に光政のことを「心安く」思っているので滞府を命じたとのことだった。同席していた酒井忠勝が「このような有りがたいことはない」と口添えするほどであった。

さらに話はこれで終わらず、光政が家光の御前を退去した後、また家光から召されて、上意として「特に心安く思っているのでそのように思って欲しい」と聞かされた。その後屋敷へ帰ると、側衆中根正盛が家光の上使としてやって来て、家光の上意として、「先ほど上意があったが、もし言い忘れたこともあったかと思い中根を派遣した。特に心安く思っているので在府させている」と伝えられた。そして日光社参を控えた四月十一日、光政が登城した所、家光の御前近くに召されて、「明後日、日光へ出発するので、後に光政も参詣するようにせよ」と命じられるとともに、「光政は『余人』とは替わる」存在であり、「早く暇を遣わしたいが、今回の日光社参は大きな法事であり、少しの間の留守だが心安く思っている。天樹院も（江戸城へ）入るので滞府させている」との上意があった。老中松平信綱と阿部忠秋が言うには、留守中万一人数を出したり火事があった時の御用を命じると家光から聞いており、上意として用事があれば阿部忠秋と相談するようにとのことであった。光政に対して家光がどれだけ信頼しているのかがよくわかるとともに、家光の天樹院に対する配慮も理解できるだろう。光政は天樹院を守る立場であり、これも天樹院が光政にとって義母だからである。

一条教輔と勝との婚姻

正保四年（一六四七）九月二十八日、恒元の分知が許可された際、家光に対して光政は次女輝子（母は千の娘勝）の縁組みが許されたことへの御礼もしていた。そこで家光から上意として、光政には娘が多いので天樹院と相談して、公家で五摂家の一つ一条教輔《いちじょうのりすけ》と婚姻させることにしたと伝えられた。輝子は家光の養女となっており、この件については実父である光政も知らなかったのだが、輝子は、天樹院にとっては血の繋がった孫であり、天樹院の意向が大きかったのである。慶安二年（一六四九）四月三日、光政は家光へ御目見をして、一条家との祝言に道具類を幕府から下されて有りがたく、表向きに御礼をせず天樹院へは御礼をしていると述べた。すると家光から、今回の祝言は幕府から命じたことなので光政が万事構うことはないと伝えられた。十一月二十日、天樹院と輝子が同道して登城し、家光の御前にて「大奥」の按察使局《あぜちのつぼね》が取り次いで三献の儀式が行われ、輝子に知行二千石が与えられた。二十八日には、光政が登城したところ、家光から「今日、輝子が京都へ行くが、先日久々に輝子を見たが成人しておとなしく天樹院も満足しているのではないだろうか」と言われており、家光もまた池田家を通して天樹院を心配している。

輝子については、後年のこととなるが、慶安五年、兼輝《かねてる》を産んだものの、明暦三年（一六五七）ころから夫一条教輔に「不義」「不忠」が発覚した。この「不義」の内容については定かでないが、輝子を一条家に居づらくさせるようなことをしたようである。「不忠」については、朝廷へ出仕していなかった。これらを知った天樹院は激怒して、すぐに輝子に対して江戸へ帰ってくるように命じた程であり、幕府内でも問題視され離縁という話も出た。しかし輝子の考えは、「とにかく若君（兼輝）の「成立」（今後、将来）だけが心配です。私が出て行ってしまうと若君が亡き者にされてしまいます。これを私が言うと、天樹院様をかさに着ているとして面目を失わせてしまうことになります。死んでも死にきれないほど困っており、考え詰めています」と、深刻な状況であった。結局、万治三年（一六六〇）六月四日、天樹院の命令によって、大御所（隠居）の一条昭良《あきよし》はお構いなしとするが、兼輝は幼少であり、輝子についても心許なく思うので、一条家の家政については京都所司代の牧野親成へ依頼するとのことであった。摂関家との関係にも天樹院が大きな影響力を発揮していた。

家綱期の天樹院と池田家

家綱が慶安四年（一六五一）八月に将軍となってからも、天樹院は徳川一族の女性の中で最年長者であり、かつ池田家の子女に関する大きな発言権を有していた。ここで、光政の長女奈阿《なあ》（母は天樹院の娘勝）と本多忠平との縁組および光政の嫡男綱政《つなまさ》の元服を通して、天樹院がどのようにかかわっていたかをみてみよう。

承応二年（一六五三）七月二十日、光政は奈阿の縁組について酒井忠勝へ相談した際、家光が在世の時天樹院から、光政の娘については越前家の松平光通か松平光長の子息と縁組をして欲しいと願いがあったことを話している。しかし今現在における光政の考えとしては、まだ家綱が若いので大身の大名と縁組をせず、本多忠義（本多忠政の三男、白河藩十二万石）の子忠平と縁組みをさせて欲しいと願った。忠勝もそれはよい、とのことだったので、天樹院から使者を遣わすようにすると述べた。縁組は池田家からではなく、天樹院の命令という形を取るということである。そこで光政は、二十二日、天樹院の竹橋御殿へ行き奈阿の縁組について説明した。翌日、天樹院付の旗本長田長政が酒井忠勝と対面して、天樹院も了解している旨を話したところ、酒井は本多忠平との縁組は良いが、本多正信の後家である寿林尼が生きていた時から、忠平は「隠岐殿」の子と縁組するようにとのことであったものの、天樹院の命令であれば格別である。「御用」を承る譜代大名は総じて大身の大名とは縁組をしないのだが、奈阿は天樹院の孫でもあり特別なので、老中へも寿林尼が縁組を決めていたことは言っておくようにとのことだった。

本多忠義を「御用」を承る大名と言っているところは大変興味深いが、ここでは池田家の縁組に天樹院が深くかかわっており、彼女の同意が必要で、かつすでに寿林尼が決めていたことであっても天樹院の意向によって変更することが可能な程であった。この後、一時、忠平が結婚に同意をしなかったものの、父親の忠義は同意しており、酒井忠清とも相談の上、天樹院から老中へも言ってもらうことで縁談を進めていくことになり、翌三年四月十一日、幕府から結婚が認められ六月六日に婚儀を済ませた。

天樹院は、光政の嫡子で後に岡山藩主となる綱政の元服についても大きく関与しており、承応二年十二月四日、酒井忠清、酒井忠勝、松平信綱、阿部忠秋へ綱政の元服や官位拝領について依頼する書状を送っている。十九日、天樹院付の長田長政が老中から呼び出され、綱政の元服を命じるので進物を用意しておくように内証にて言われた。池田家よりも天樹院の元で話が進められているのである。光政も二十一日、松平信綱から綱政元服を二十三日に命じられることになったので、その心得をしておくようにと言われている。二十二日、光政は綱政ともに登城したところ酒井忠勝から、綱政の元服について天樹院から申し上げたことが家綱の上聞に達したところ、綱政は成人もしているので明日元服を命じる、との仰せがあったと伝えられた。翌日、綱政は家綱の前で元服し、「綱」の一字を拝領し、侍従に任じられた。

天樹院の立場

天樹院は、弟家光の庶子長松（後の綱重）が、父が四十二歳の時の二歳の子は一族に祟るという俗信から、長松を自身の竹橋屋敷へ引き取って養育した。もっとも、天樹院は、家光の子家綱からも丁重に扱われた。慶安四年（一六五一）八月二十一日、家綱の将軍宣下において、徳川家の女性や大奥などへも拝領物があった。この時の拝領物について、徳川一族と家光の正室・側室の女性だけをあげると

銀百枚・巻物三重・三種二荷―天樹院
銀百枚・三種二荷―勝、中丸、清泰院、千代
銀三十枚・肴一箱―なつ

となっており、天樹院は女性のなかでも巻物三重を銀百枚・三種二荷に加えて与えられている。もちろん、幼少の家綱が拝領物の定数まで決められる訳がないが、この当時、徳川家内における天樹院の地位は高かったことは明らかである。明暦元年（一六五五）三月十三日、家綱の咳がひどく、十五日の月次御目見も中止になったが、二十三日、回復した家綱に天樹院は対面している（『徳川実紀』）。他にも同三年正月八日、天樹院は家綱と対面して、大橋長左衛門重政が書いた百人一首を進上している（『徳川実紀』）。

天樹院の死と池田家の借金

寛文六年（一六六六）二月六日、天樹院は、波乱の人生を七十一歳にて終えた。翌日、池田家のもとへ家綱の上使として奏者番であった堀田正俊がやって来た。家綱から天樹院が死去したことは「残り多く（残念に）思っている。光政もそのように思っているだろう」との上意があった。

天樹院が死去した際、池田家では六万両を同人から借りており、まだ二万八千両を返金していなかったので、天

樹院付の長田長政と松坂局から老中へ、少し額を減らして二万四千両と書いて差し出した。三月二十四日、天樹院の遺産整理について酒井忠清から、徳川綱重がやはり天樹院から借りていた一万両は、天樹院が内々に遣わす筈だったと松坂局が言うのでそのままとなっていることが伝えられた。つまり借金を帳消しにするということである。光政は八千両を借りているが岡山城下の洪水で返済できなかった時、天樹院から「私が必要になったら返してもらう」と言われたことを説明すると、酒井忠清は、どうしても返金したいのなら「奥」へ返すしかないが、このケースは綱重と同じであると言われた。これもまた借金を帳消しにするということである。

『池田光政日記』五月七日の項には、三月の天樹院への借金について、借用金子手形を松坂局から返してもらったとして、借りた日と金額が次のように書かれている。

寛永十二年四月二日―一万六千両
寛永十五年、島原の乱―四千両
万治三年三月十八日、洪水の時―二万両

これら合わせて四万両の手形は、寛文六年五月八日、川舟にて切りさいて捨てたので、借金が帳消しになった。このほか、「奥」から八千両を借りていたが、この書付は局方にあるとのことであった。光政は合戦や洪水など突発的な事件・天災で藩財政が危機的状況になると、天樹院へ借金をしており、「家」内におけるつながりを藩政にいかしていた。

七　嫡子家綱への家臣団譲与と新将軍の誕生

1　次期家長の誕生

徳川家が存続していくためには、将軍の後継者としての子や兄弟の存在が必要不可欠であった。家督を庶子や分家が相続することは可能であるものの、嫡男直系による相続の方がより安定的となる。寛永十年（一六三三）十二月六日、精神を病んだ弟の徳川忠長が自害すると、家光にとって兄弟はすでに幼少のころに保科家へ養子に入っていた正之一人となった。また家光には未だ子がいなかったこともあり、家康・秀忠・家光と三代続いた将軍家の存続は非常に危険な状態にあったといえる。

将軍家存続の危機

これ以前、寛永八年閏十月ごろに家光の側室が女児を産んだが、母親の身分が低いということで公表されなかった（福田千鶴、二〇一七）。続けて別の側室が翌九年二月上旬に男児を出産したが、早世してしまったため公表もされずに江戸城内に埋葬された（『本光国師日記』）。

こうした状況のもと、家光は寛永八年には養女にしていた水戸徳川頼房の娘大を、同十年十二月五日、加賀藩主前田利常の嫡男同光高に嫁がせた。この縁組には、利常と幼少時代をともに過ごした祖心尼が尽力している。『三《み》壺聞書《つぼきききがき》』という加賀藩士山田四郎右衛門が作成した史料によれば、光高は家光のお気に入りであり、鷹狩の時も両人は手を結んでいたほどであった。『天寛日記』によれば、時代はわからないが、家光は光高を養子にしたいとの意向を老中へ話したという。光高の母は家光にとって実姉の珠（父は秀忠、母は江与）であり、甥にあたる。もっとも、この件は、利常が反対したため実現しなかったが、家光も後継者については危機感を持っていたようである。

寛永十二年六月二十一日、家光は、大広間に徳川義直（尾張）、徳川頼宣（紀伊）、徳川頼房（水戸）をはじめとした諸大名を集めて武家諸法度を公布したが、この時、「富家未依無実子、御養子可被成旨、内々思召之」と、養子を取るとの上意を伝えた（『江戸幕府日記』）。この養子が光高かどうかはわからず、また、結局、その後、誰を養子とするのか公表はなかった。このため家光の真意の程はわからないが、重要なのは諸大名の前で養子を取ると発表する程、後継者について危機感を募らせており、さらにそれは家光個人のみならず、家臣である諸大名を含めた徳川家の問題であったということである。家光の後継者は、徳川家の成員すべてにかかわることであった。

千代の誕生

家光の実子としては、寛永十四年（一六三七）閏三月五日、側室振との間に長女千代が誕生した。振の父は諸説があるが、『柳営婦女伝系』によれば岡半兵衛重政であり、母は伊屋である。伊屋の父は町野幸和で母は祖心尼であった。この時期、病がちであった家光にとって、振は家光が信頼する祖心尼の孫であり、安心できる存在だったのかもしれない。

家光に子どもが誕生するという噂は、前年の十二月ごろから流れていたようで、細川忠利は薩摩藩主島津家久へ、「江戸では家光の子ども誕生の沙汰があったそうだが、男子なら進物を贈り、使者を送った上で参府する覚悟である」と述べている（『細川家史料』寛永十三年十二月二十五日付書状）。なお細川忠利は年が改まって以降も、江戸にいた子の細川光尚に対して「もし家光に若君が誕生したら太刀・産着を用意するようにしなさい。刀・脇差が必要なら本阿弥直好へ申し付けるようにせよ」（『細川家史料』寛永十四年二月十日付書状）と、誕生した際の献上物について指示をしており、実際本阿弥直好へ発注していた（『細川家史料』寛永十四年三月十日付書状）。細川忠利に限らず、周囲の大名や旗本は徳川家にとってお世継ぎとなる男子誕生を期待していたようである。男子による家督相続を原則としていたなかで、産む当事者である母の振はどのように思っていたのであろうか。

かかる点、細川忠利は「（生まれた子どもは）姫君だったので家光の御機嫌はいかがかと」父親である家光を慮っ

図36　徳川家綱　徳川記念財団所蔵

たが、「殊の外、姫君様を自慢されている」とのことであった（『細川家史料』寛永十四年四月晦日付書状）。千代が生まれた前後の月は、家光にとって病が重く機嫌が悪かったようで、細川忠利によれば、「御近習衆」を叱っており「詰候衆」もくたびれて、御用も差し支えていた。しかし忠利は、家光が千代を「つぎき（接ぎ木）の台」にしようとしており、やがて「なり木」になれば「ミ（実）なり候を被下、目出度」と述べている。要するに千代に子ども（男子）ができれば、その子を次期将軍に考えているということである。

家綱の誕生

徳川家に後継者が望まれるなか、寛永十八年（一六四一）八月三日の巳刻（午前十時）、家光の側室楽が出産をした。後の家綱である。『以貴小伝《いきしょうでん》』によると、楽の父は下野国都賀郡高島村の浪人青木利長で、母は増山織部某の娘紫であった。紫は利長と死別後、永井尚政の家臣七沢清宗と再婚し、浅草の辺りに住んでいた。『柳営婦女伝系』によれば、このとき楽は浅草寺へ参詣に来た春日局に見い出されて「大奥」に入っていた。

さてこの日は徳川義直（尾張）、徳川頼宣（紀伊）、徳川頼房（水戸）をはじめ、諸大名・諸役人が登城して家光へ御目見をした。月次御目見日ではなかったが、もちろん、めでたい祝賀のためである。蟇目《ひきめ》の役（鏑矢を射る）は酒井忠清、矢取《やとり》（放たれた矢を取る）は酒井忠能《ただよし》、篦刀《へらがたな》（へその緒を切る）は戸田氏鉄という、全員譜代家臣が選ばれた。生誕時から深い関係性を持つのである。なお氏鉄の妻もまた「大奥」に召されている。

さらに家光は日光にいた天海を呼び戻すため、小納戸宮崎時重を同地へ派遣した。実はこの時点で、生まれたばかりのこの赤子に名前はなかった。名前が付けられるのは御七夜のあった九日で、日光から戻ったばかりの天海が「竹千代」と名付けた（「曽我日記」）。言うまでもなく、竹千代は、曽祖父家康や父家光と同じ幼名であり、徳川家にとって嫡男であることを示すものでもあった。本書では以降、家綱で統一する。

八月十三日、家綱は大奥内の誕生間から英勝院（家康側室）が住む「おかち様之間」へ移っている（「若君様御誕生記」）。

2　嫡子の人生儀礼

徳川家における家綱の人生儀礼は、単に成長を祝うだけではなく、将来の将軍になるかもしれない立場であっただけに、きわめて重要な「家」の行事となった。ここでは、家綱の人生儀礼をみてみよう。

誕生後の対面儀礼

寛永十八年（一六四一）八月九日、御座間において、徳川義直（尾張）、徳川頼宣（紀伊）、徳川頼房（水戸）と、それぞれの嫡子である光友、光貞、光圀および井伊直孝が家綱と初めて対面している。将来の将軍ともなるかもしれない家綱が初めて対面したのは、家族扱いの御三家と井伊直孝のみであった。「譜代衆」と物頭も登城していたものの、対面はなく桜間で酒宴が催され、「万歳太平楽」が謡われた。「万歳太平楽」はめでたい席上にて謡われることから、徳川家において家綱の誕生がいかに待望されたかを知ることができるだろう。

他の大名や旗本へ家綱のお披露目があったのは九月二日である。この日が選ばれたのは、ちょうど誕生から三十日目の日というのが理由であった（「曽我日記」）。前日に、明日家綱が「表」へ出るので諸大名や旗本は正月の装束で登城するように命じている。きわめて公的な儀礼ということである。

二日は、まず家光が「表」へ出て諸大名・諸役人、および町人と対面儀礼を済ませ、「奥」へ入ると、替わりに春日局の懐に抱えられた家綱が「表」の白書院へ出てきた。赤子とはいえども、剣を側衆斎藤三友が、夜着を小出尹貞がそれぞれ持ち、家綱付の牧野信成のほか、側衆久世広之や池田長賢などが後から従った。同書院では御三家と嫡子が正月の元旦儀礼の如く御目見をすると、酒井忠清が披露するとともに奏者番が献上された太刀を引いた。当該期の江戸幕府の儀礼において、酒井家（雅楽頭家）が披露し奏者番が進物を扱うことは、特別の格式であることを表わしている。

次に家綱と春日局は大広間へ移動すると、国持大名が御目見をして進上した太刀を、書院番頭と小姓組番頭が引いている。そして、次間で他の大名と物頭が御目見をし、襖の障子が開かれると大番士と諸役人が御目見をした。家綱と春日局が「奥」へ入る時、書院番士、小姓組番士、諸役人、町人が御目見をしている。その後、家綱と春日局が「奥」へ戻ると、老中と近習、物頭へ振舞としての酒宴が開かれた。その後、大名や旗本が江戸城から退出すると雨が降った。「江戸幕府日記」では、これを「諸人、奇特成る思」いがしたと記している。行事が終わってから雨が降ったので運が良く、これを家綱の将来と重ね合わせたということであろう。

九月五日、家綱誕生による恩赦が行われ、特に以前、四月十二日に家光の供をしなかったため逼塞などの処罰を受けた元書院番組頭松平忠直、元目付兼松正直、同野々山兼綱、元徒頭坪内定次、同北条正房、元小十人番頭中根正寄などの近習、計二十六名が赦免され、前と同じ役職に就くことが許されている。

六日には、春日局が誕生祝いの膳を献上しており、老中、「昵懇之面々」、物頭へ饗応があった。九日と十一日には誕生祝の能が、それぞれ大名と旗本に分けられて興行されている。十月は、家綱が少々「虫気」（腹痛やひきつけ）があり、十三日から十六日にかけて諸大名が登城している。十一月二十三日に器始の祝があった。十二月二十三日には、家綱から家光へ歳暮の祝儀として呉服を進上している。

成長と儀礼

翌寛永十九年（一六四二）正月二十三日、生後約半年で家綱が初めて言葉を喋ったため、「奥」で内々にお祝いがあった（『徳川実紀』）。二月三日には、来る九日に家綱の宮参りとして江戸城内紅葉山東照宮へ社参するにあたって、八十歳の坂部正重を召して、家光が誕生した時も抱えているので佳例《かれい》に付、今回も家綱を抱えるようにと命じた。家綱の人生儀礼において、老人であっても重要な役割を果たすのである。これまで正重は、家光の幼少時から扈従していた子五左衛門が気色に背いたとして手討となっていたため病と称して閑居していたが、召されて涙を流して喜んだという（『徳川実紀』）。六日に家綱は初めて輿に乗り、九日、紅葉山東照宮へ宮参りをしている。

五月二日、御三家より家綱へ旗と甲が、在江戸の諸大名より帷子、甲、菖蒲刀、長刀、鑓が、それぞれ献上された。これは五月五日の端午の節句での菖蒲の祝いに飾るためであった。五日は例年と同じように端午の殿中儀礼が始まった。しかしいつもと違うのは、家光が「表」で諸大名と対面儀礼を済ませて「中奥」へ入ると、家綱が黒書院に出てきて、まず御三家が家綱に対して御目見をして、次に御三家の嫡子、松平光長、前田光高がそれぞれ家綱と御目見をしたことである。さらに、国許にいたため昨年九月二日に御目見をしていなかった諸大名が参勤をしてきたので御目見をしている。その後、家綱は旗と甲を上覧するため「中奥」の台所前まで駕籠にて出てきて、老中と永井尚政、旗奉行であった筧為春へ熨斗を与えた。

五月二十一日、家綱は天樹院の屋敷へ御成をし、家光の姉天樹院と初めて対面した。帰りには英勝院と春日局、それぞれの屋敷へ行っている。

七月十一日には、家綱が生見玉の祝儀を家光へ献じ、殿中にいる面々へ振る舞いの酒宴があった。家光と家門大名による生見玉の祝儀は六日に行っており、別日ということである。

酒宴の半ばに家綱が「表」に出てきた。この時のことを「江戸幕府日記」では「井伊直孝、保科正之、土井利勝、酒井忠勝へ熨斗を自ら手に取って下さった」とあるが、もちろん、これは守の家臣を通してであろう。その外にも御目見をした大名・旗本がおり、酒宴の半ばに「猿楽」（能役者）たちが縁にて小謡を謡った。能役者たちへは牧野信成から家綱が帷子を与えると伝えられている。

3 将軍世嗣としての立場

八朔に登場

寛永十九年（一六四二）八月一日の八朔から、家綱は家光と同様に諸大名から太刀目録を進上され御目見を行っている。八朔は、もともと武家社会では「頼み」の儀式として主従関係を確認する儀礼的意義がある。江戸幕府における八朔は、正月元旦と並ぶ二大年中行事として、大名や三千石以上の旗本および特定の寺社、町人が江戸城へ総出仕して将軍へ太刀目録を進上して、それぞれの家格に応じたグループにわかれて御礼を行うことで将軍との関係を確認する行事であった。家光末期の慶安三年（一六五〇）ごろから、八朔が諸儀礼の基準になっている。

寛永十九年における八朔の流れについては、まず家光が長袴と白帷子を着して黒書院へ出て上壇へ座ると、まず徳川義直（尾張）、徳川頼宣（紀伊）、徳川頼房（水戸）、およびその嫡子である光友、光貞、光圀が太刀目録を進上している。酒井忠清が披露し奏者番が太刀目録を引いた。次に家光は白書院へ出て上壇に座ると、国持大名、侍従（従四位下）以上の大名が一人ずつ太刀目録を持参して御礼をする。次に四品（従四位下）の大名が二人ずつ、諸大夫（従五位下）の大名は三人ずつ、以下は五人ずつ、それぞれまとまって御礼をした。次に金地院、文殊院、知足院の別当が一束一巻にて御礼をした。進物は書院番士と小姓組番士からなる進物番が役した。次に法印医師が御礼を行う。すると襖の障子が開かれ、番頭、三千石以上の旗本が太刀目録を置いて全員で御礼を行った。次に縁頬《えんづら》にて医師が並んで御礼をした。また銀座の者と奈良の町人が御礼を行う。なお黒書院から白書院へ移動する廊下で「近習」が太刀目録を前に置き一同で御礼をした。最後に、家光は黒書院に戻り着座すると、隠居をしていた土井利勝が太刀目録をもって御礼を行った。

長くなってしまったが、このように家光との儀式が終わった御三家以下、三千石以上の旗本、寺社、町人は、同じ部屋に待機していた。すると家綱が同じように出てきたので太刀目録を進上した。もはや家綱は徳川家の後継者として認知されたといえる。もちろん、征夷大将軍である家光と同じ立場という訳ではない。未だ無官であり、あくまで徳川家の嫡子としてである。家綱の現状としては八月二十二日、初めて「取りつき立ち」ができ、十二月二十日、初めて歩いており、いまだ乳幼児なのである。

徳川家嫡子としての家綱

寛永十九年（一六四二）の八朔前後から、家綱は人生儀礼でなくても、大名や旗本から家光と同様に献上物を受け取る立場となっている。たとえば八月十日、転封により信濃松本城を拝領した水野忠清が黄金と太刀目録を、三河吉田城を拝領した水野監物と備中松山城を拝領した水谷勝隆の両人が帷子単物・太刀目録を、それぞれ御礼として献上した。また、家督相続した和泉陶器藩の小出有棟《ありむね》（父は三尹《みつまさ》）が、御礼として帷子単物・馬代金・太刀目録を献上したが、水野以下の大名は家綱に対しても同様の進物を献上しており、家綱付の牧野信成が受け取っている。八月二十日には、京都から来た勅使広橋兼賢と家光は対面したが、禁裏から太刀目録の進上があると、家綱に対しても禁裏から進上があり、広橋が持参をしている。

さらに話が前後するが七月十八日、酒井忠勝が領地の若狭国小浜へ帰国する際、家光は忠勝を御座間に召して、鷹や腰物貞宗を与えたが、家綱からも忠勝へ脇差安吉と帷子を「奥」において与えた。以降大名が領国へ帰国する際に家光とともに家綱へも帰国の御礼をするようになっており、九月二十日には堀田正盛が佐倉への帰国にあたって登城すると、腰物次直《つぐなお》を家光が与え、家綱からも国広の脇差と服・羽織が与えられた。二十二日家光は御座間に柳生宗矩を召し出し帰国を許すと、家綱へも御礼をするように命じ御目見をした。家綱からは脇差・服・羽織が与えられた。閏九月十四日にはやはり家光の近習であった永井直清が帰国を許されると、家綱へも御目見するように命じられた。松平信綱が同道して家綱へ御目見をして、脇差と服が与えられた。十一月十四日に徳川頼房（水戸）が帰国する際に家光は御座間において井伊直孝を相伴にして振舞をするとともに貞宗の脇差などを与えたが、家綱とも対面して、家綱から来国次《らいくにつぐ》の脇差が与えられている。

家綱の人生儀礼はまだまだ続く。それだけ成長を祝うということである。老人が白髪を献上して子どもの長寿を願う髪置《かみおき》という儀式があり、家綱の儀式は、「草野史料」によれば寛永十九年（一六四二）十一月十四日に行われたとされるが、「江戸幕府日記」には何の記載もない。この点、『徳川実紀』は、「紀伊記」と「水戸記」から引用して同二十年正月十一日としており、ここでは同書に従っておく。二歳の家綱は酒井忠直（酒井忠勝四男）に抱かれて、同忠吉から白髪を献上される髪置の儀式が行われた。諸大名から銀が、三千石以上の旗本からは太刀目録が、それぞれ献上されている。

髪置・諱・袴初めの儀式

正保元年（一六四四）十二月十七日、家康の忌日に合わせて、家綱という諱《いみな》が決定した。以後、家綱は終生にわたって諱を変えることはなかった。十八日には、諱が決まった慶賀として徳川頼房（水戸）、徳川光友（尾張）、紀伊の嫡子光貞、水戸の嫡子光圀、諸大名、番頭、近習などが登城している。二十三日には、寛永から正保へと改元した宣下が京都から来たことともに諱の決定を、白書院において井伊直孝、酒井忠勝、堀田正盛と松平信綱・阿部忠秋・阿部重次といった老中がともに出座して上意として諸大名へ伝えている。また、京都・大坂・豊後荻原・因幡・姫路・駿府へ飛脚を遣わして、この二つの変更を伝えた。年号の改元と諱の決定を一緒に伝えていることは興味深い。家綱の立場の高さがわかるとともに、江戸から情報が広がっていく様子もわかる。

さて家綱は諱が決定されたことの御礼として二十六日、まず二丸にあった東照宮いわゆる二丸内宮へ社参をした。これは本来紅葉山東照宮へ社参する予定だったが風が激しいため変更したことによるものであった。帰ってきた後、本丸御座間にて家光へ太刀と馬代を献上して御礼をしている。次に三献の儀式があった後、家光から鶴を与えられたため、この膳が家光へ献上されるとともに譜代大名と物頭へ振舞の酒宴があり、老松《おいまつ》、東北《とうぼく》、龍田、盛久、祝言の囃子が興行された。このように諱の決定は、これから行われる元服や大納言任官に次ぐ大きな行事であったが、国持大名や外様小大名も含めた諸大名全体で祝うというよりも、譜代大名や物頭が酒宴を催すという、限られた大名や旗本による徳川家嫡男の成長を祝う限定的な行事であった。

しかし、正保二年正月三日に行われた袴初めは、拡大して祝うことになる。御座間において家綱は家光の前で袴を着した。この時、牧野信成が腰をあてて着るのを補助している。その後、家綱は二丸内宮へ社参をすると再び本丸御座間へ戻ってきて家光と三献の儀式があった。この祝いが終わると家綱は二丸の対面所へ行くが、太刀持は久世広之、剣は牧野親成、守と脇差は小姓衆が従っており、久世と牧野親成は側衆として将軍嫡子にも関与している。ここで家綱は正月元旦に本丸へ出仕する諸大名・旗本から太刀目録を献上されており、袴初めが祝われている。出席した大名は、水戸の徳川頼房（尾張と紀伊は在国中）、前田光高以下、譜代衆の少将・侍従・四品をはじめ、諸大夫の諸大名であり、まだ正月二日に登城する国持大名や外様中小大名は対象となっていない。十日後の十三日に、徳川頼房（水戸）、尾張嫡子の光友、紀伊嫡子の光貞、国持大名、その外大名と十万石以上の大名の嫡子が二丸に登城して家綱へ太刀目録を献上して祝った。家綱も出座する予定だったが体調不良のため御目見はなかった。

家綱の元服

袴初めも終わった正保二年（一六四五）四月二十三日、いよいよ元服式が行われた。言うまでもなく元服は成人の仲間入りをする儀式であり、家綱はこの時未だ五歳であったが、公的には成人となるのである。この時、家光の子として家綱の他に長松（後の綱重）と亀松（正保四年死去）がいたものの、寛永前期からの徳川家における後継者不在を考えると、いち早く元服を済ませておきたいというのが実情であった。

元服式が行われる前の十八日には、冠取次役に牧野信成、髻《もとどり》を水に入れる白銀製の器である泔杯《ゆするつき》の役に松平乗寿、櫛や鋏を入れる打乱箱《うちみだりばこ》の役に酒井忠能といった、家綱付の譜代大名が選ばれ、二十一日には、加冠役の井伊直孝を中将に、理髪役の保科正之を少将にそれぞれ昇進させている。井伊直孝は、二代将軍徳川秀忠が臨終に際して、松平忠明とともに家光の後見を命じた大名であり、保科正之は家光の異母弟である。また家綱に扈従する小姓である本多忠隆（俊次の四男）、石川総氏（忠総の七男）、松平信定（信綱の四男）、牧野富成（信成の八男）、内藤忠清（忠重の三男）をそれぞれ諸大夫に任じる旨、牧野信成と松平乗寿が伝えている。これは元服式と合わせて家綱が従三位権大納言へ任官されるからである。

二十二日は、家光が袴を着して黒書院へ出て老中を召し、その後、大広間へ移動して明日の大納言任官について用を命じて「中奥」へ帰った。すると、今度は家綱が「表」へ出てきて同じように黒書院から大広間へ行っている。明日の予行演習と思われる。

二十三日、まず元服の儀式が行われた。家綱は巳刻（午前十時ごろ）に太刀持として高家品川高如、刀持本多忠隆、脇差持内藤忠清、小刀持松平信定、守持牧野富成、末広持石川総氏《ふさうじ》を従えて白書院に出てきた。いずれも家綱付の家臣である。後述するようにすでに家綱へは家臣団が付属されていたが、これまで家綱の太刀持や刀持は家光の近習が役してきた。これが元服以降、家綱付の家臣団が担うことになったのである。徳川家における家綱はもはや家光とは別個の成人男性なのであり、視覚的にも組織的にもこれが表現されている。

家綱は上壇褥《じょうだんしとね》の上に着座すると、やはり家綱付の牧野信成、松平乗寿、酒井忠能、守衆が側に伺候した。なんといってもまだ五歳の少年である。井伊直孝、保科正之が下壇左に出座し、松平乗寿が湯杯を、酒井忠能が打乱箱を持って左右に伺候した。そして井伊直孝が家綱の後ろへ回り篦刀と掻板で髪の先を揃えた。次に保科正之も家綱の後ろに回り、櫛を取って理髪の役を勤めた。髪が整うと井伊は牧野信成から烏帽子を受け取り家綱へ加冠の役を勤めた。髪を整えて烏帽子を据えるという、広い意味での化粧を施すのである。化粧は狭義には白粉や紅などを顔に塗る行為だが、広い意味では身体の改造までを含むものであり（山村博美、二〇一六）、整髪という化粧によって幼少とは区別して成人男性へと変身するのである。

家綱の大納言任官

元服式に続けて大納言任官の儀式が始まる。次間にて、江戸へ来ていた高倉永慶《ながよし》が装束を取り出す。下壇へ下りてきた家綱が身固役の土御門泰重《やすしげ》のもと装束を着すと、萌黄直衣を着した家光が同席をして着座した。家光は久世広之から熨斗鮑を載せた三方を受け取ると、直接、家綱へ贈った。次に女院から家綱へ贈られた冠・烏帽子・装束が酒井忠清披露のもと、小出尹貞、斎藤三友、板倉重大、牧野親成といった家光の近習が上覧に備えた。その次に、烏帽子の掛緒を飛鳥井《あすかい》雅宣《まさのぶ》が進上した。これは飛鳥井家が「カケ緒之家」であったためである。この儀式の最中、西の畳縁には、酒井忠勝・板倉重宗・堀田正盛・酒井忠清・松平信綱・阿部忠秋・同重次といった幕閣が伺候していた。

大納言任官の儀式の本番は大広間にて行われた。装束へ着替え終わった家綱が先ほどの家綱付の家臣を従えて大広間へ出てきて上壇へ着座すると、次間に控えていた勅使の菊亭経季《きくていつねすえ》と飛鳥井雅宣から覧箱に入った大納言の宣旨《せんじ》と従三位の位記《いき》を高家の吉良義冬が受け取り、家綱の前へ持って来て牧野信成へ渡す。頂戴すると再び吉良が覧箱を床へ納めた。その後、禁裏などからの太刀目録の進上があり、次に正三位へ推叙する位記が入った覧箱を飛鳥井から吉良が受け取り、家綱の前まで持って来て松平乗寿へ渡した。家綱が頂戴をするとやはり再び吉良が覧箱を床へ納めた。そして菊亭と飛鳥井が家綱の前へ出てきて、正三位への推叙は「叡慮《えいりょ》」（天皇の意思）であると演説して退去した。

その後、菊亭や飛鳥井による御礼があり、終わると、家綱は中壇へ移動して、徳川義直（尾張）、徳川頼宣（紀伊）、徳川頼房（水戸）および上記の嫡子以下、諸大名、旗本と御目見を行った。

大広間に家光が萌黄直垂を着し、太刀持今川直房・刀持牧野親成を従えて出てきた。そこで、禁裏をはじめ、仙《せん》洞《どう》や新院の太刀目録献上があり、勅使・院使の自分の御礼が終わると、徳川義直（尾張）、徳川頼宣（紀伊）、徳川頼房（水戸）およびその嫡子が御目見を済ませた。以下、侍従までの大名が御目見をすると、間の障子を酒井忠勝と同忠清が開き、列参の「御家人」が並んでいるので、家光は立ったまま御目見を果たしている。

次に、家綱付の牧野信成を召して、家綱の任官が済んだ祝いに家綱の奉幣《ほうべい》名代として日光へ社参するように命じた。またすでに日光山普請奉行として命じていた松平正綱と太田資宗へ今日の夕方には出発して日光へ行き普請を行うように命じている。それから林道春を呼び出して、今日の記録をまとめるように命じた。そして家光は最後に酒井忠勝と板倉重昌を召して、今日の儀礼は滞ることなく済んで「御機嫌斜めからず」と伝えて「中奥」へ入っていった。

この後も家綱は紅葉山へ社参をしており、終了後本丸黒書院に戻ると、家光も出てきて、加冠役の井伊直孝と理髪役の保科正之を労る最後の儀礼が行われた。この時、家光・家綱とも長袴に着替えており、先ほどまでの元服・大納言任官儀式よりは、くだけた催しとなっていることがわかる。今日の儀式の慰労会ともいうような内輪の儀礼である。

まず家綱から家光へ今日の御礼として太刀一腰、袷二十、白銀三百枚、馬一疋が献上され、酒井忠清が太刀目録を披露し、進物は家光の近習である牧野親成、久世広之、斎藤三友、小出尹貞、板倉重大が役した。次に盃と銚子が出て、家光への酌を吉良義冬が、これの補助としての加えを品川高如が、給仕を久世広之と斎藤三友がそれぞれ勤めた。家綱の給仕は牧野親成と小出尹貞が勤めている。

三献が行われた後、家綱へ井伊直孝から太刀一腰、鎧一領、弓一張、征矢二十四、馬一疋が、保科正之から太刀一腰、馬一疋が、それぞれ献上された。披露は酒井忠能で、盃と銚子が出て酌があった。その後、家綱から井伊直孝へ太刀一腰と馬一疋、脇差正宗が与えられた。取次は酒井忠能である。これに対して井伊から腰物長光と脇差来国光が進上されている。次に保科正之へは腰物長光が与えられた。取次は同じく酒井忠能で、これに対して保科は腰物行光を進上すると、家綱は「奥」へ入っていった。次に家光が井伊直孝と保科正之へ盃を与えるとともに、酒井忠清の取次で、両人へ腰物が下されると、銚子が入った。そして井伊と保科の両人が家光へ今日のめでたい嘉儀《かぎ》を申し上げ、酒井忠勝、板倉重昌、堀田正盛、松平信綱、阿部忠秋、同重次もまた一同に出座すると、家光から今日の儀式が済んで「満足斜めからず」との言葉があった。次に戸田氏鉄が召し出されて御目見をした。最後に家光から今日登城している者へ酒を与えると伝えられ、竹間において酒宴が催された。能役者も来て、高砂、東北、老松が舞われ、終わりに万歳楽が謡われた。

家綱の成長

元服と大納言任官以降、閏五月十七日、家綱は初めて家光の名代として二丸内宮への社参を勤めている。将軍の名代ともなりうる立場となったのである。ただ家綱はまだ五歳の少年であった。かつ父家光と同様に健康状態が不安定で、「江戸幕府日記」ではたびたび「霍乱《かくらん》」気味であったことが記されており、嘔吐や下痢などの症状があらわれていた。特に正保三年（一六四六）から同四年にかけては、御三家をはじめ諸大名がたびたび見舞のために登城しており、かなり重たかったようである。このため、特に家綱が父家光の名代として、その立場を補完できるようになるためには、家綱のさらなる成長と制度的な裏づけが必要となるが、これは後述することにしよう。

儀礼面では、元服後の正保三年八月一日の八朔から大きな変化が始まっている。八朔ではすでに述べた通り寛永十九年（一六四二）から家綱も諸大名などから御礼を受けていたが、本年から空間が分かれ、二丸において、将軍家光とは別に御礼を受けるようになった。本丸において将軍家光へ御三家以下、大名、旗本、寺社、町人などが太刀目録をもって御礼を行うが、すべてが終わると、出席者は二丸にいる家綱の所へ行き、将軍と同じように御三家以下、大名、旗本、寺社、町人などが太刀目録をもって御礼をした。将軍嫡子として、もはや家光とは別に諸大名・旗本などから太刀目録が進上されて御礼を受ける存在となったのである。

4 家臣団の付属

小姓の付属

元服後の八朔において、家綱付家臣団がひとまとまりとなって御礼をするようになったことも大きな変化であった。家綱の元服と大納言任官によって、家臣団もまた「大納言様衆」などと一括して呼ばれている。家綱への家臣団付属は、寛永十八年（一六四一）八月九日、生後七日目の御七夜の時から始まった。まず小姓が十三人選ばれている。土井利勝の子利長、利房、利直、酒井忠勝の子忠直、堀田正盛の子正俊、正英、松平信綱の子信定、信興、三浦正次の子共次、永井尚政の子尚庸、青山幸成の子幸高、内藤忠重の子忠清、秋元泰《やす》朝《とも》の子正朝である。ここで特徴的なのは、召し出された小姓は全員庶子であり、かつ父親が近習出身ということである。土井利勝や永井尚政は秀忠時代からの老中経験者であったが、もともと高い家格の出身ではなく家康や秀忠に取り立てられた由緒を持つ大名であった。酒井忠勝、青山幸成、内藤忠重は、分家出身であるが秀忠時代から取り立てられ家光からの信頼も厚かった大名である。また他にも堀田正盛、松平信綱、三浦正次といった大名も、譜代名門の出身ではないが家光に取り立てられた近習出頭人であり、秋元泰朝もまた家康の近習出頭人であった。小姓は日頃、将軍の側にいて、将来、取り立てられて出頭し幕閣に連なることも可能な役職である。実際、土井利房は老中に、松平信興は京都所司代まで出世している。近習出身の大名の子を再び将軍嫡子の側に配置することで、近習の再生産が行われているのである。

さらに十一月十四日、七人の小姓が付けられたが、メンバーは松平忠国の三男信重、金森重頼の二男重利、松平重直二男直政、遠藤慶利二男当昭、酒井忠重の二男忠正、本多正貫の二男正綱、馬場利重《とししげ》の二男利興、戸田氏信《うじのぶ》の二男氏晴であった。ここでは明らかに先の父親たちの出自とは異なっており、特に注目されるのは、松平忠国の庶子信重が召し出されたことである。忠国は十八松平といわれた中世以来の松平庶家のなかでも有力であった藤井松平の本家であり、譜代衆として当時丹波国篠山五万石の拠点大名であった。その庶子を家綱の小姓としたことは、徳川と同族であり、かつ譜代衆という幕府内では高い家格であっても、あくまで家臣筋であることを明示することに他ならない。また松平庶家の付属は、同族として家綱を守り立てていく意味合いもあったものと思われる。

さらに家綱への小姓付属において特徴的なこととして、すでに述べたように阿波国の国持大名蜂須賀忠英の二男隆重が、正保三年（一六四六）三月一日には、御咄衆でもあり長府藩主であった毛利秀元の子元知が、それぞれ小姓として召し出された。慶安元年（一六四八）四月六日、外様小大名である讃岐丸亀城主山﨑家治の五男勝政が、近江仁正寺《にしょうじ》藩《はん》市橋長政の二男政直がそれぞれ家綱の小姓となっている（『寛政譜』）。さらに翌慶安二年十一月二十八日には、土佐の国持大名山内忠義の四男一安が小姓として召し出されている。

当初、家綱付属の小姓には、本丸のような表小姓・奥小姓のような区別はなかったが、すでに述べた通り、慶安三年九月九日に、表小姓・奥小姓、および膳の給仕役、それから御礼日のみに出てきて御目見をする小姓と定められている。

牧野信成の付属

家綱に最初の小姓が付けられた八月九日、留守居の牧野信成もまた付属となった。『寛永伝』によれば、この時、家光から「信成の牧野家は徳川家に仕えてすでに三代となり、その勲功を考えて家綱へ付属とする」と言われた。

牧野信成の牧野家と、戦国時代に三河国牛久保城主であった越後長岡藩牧野家との系譜関係は定かでない。もっとも信成の牧野家は、もともと三河の国人領主であったり城主でもなかったようで、近世になり「譜代衆」ともなっておらず、高い家格ではない。

再び『寛永伝』から信成の経歴をみてみると、祖父定成《さだなり》の代から家康に仕えていた信成は、家康の命によって秀忠の付属となり、慶長四年（一五九九）、父の遺領五千石を相続した。同十年四月二十六日に従五位下諸大夫に叙任され内匠頭を名乗った。同十一年に大番頭となったことを皮切りに、同十五年、小姓組番頭、同十九年、書院番頭となって大坂の陣に秀忠とともに出陣し、元和元年（一六一五）には井伊直孝に代わって再び大番頭となって伏見城番を勤めるなど、番方を一筋に歩んだ。寛永三年（一六二六）には武功の道を歩んでいた信成の後半生ともいうべき人生の転機があった。留守居に任命され、「留守居御番の組となり、御留守の諸事を沙汰す」ることを命じられたのである。留守居は大奥や広敷の取り締まりや関所手形を発行し、将軍不在時には江戸城をも取り締まる役職であった。

また二千石の加増を受けて石高は七千石となっている。同九年には、高崎へ逼塞していた家光の弟忠長を監察するため内藤忠重とともに現地へ赴いている。同年十一月五日、天樹院（千）を江戸城内に招請するために、松平重則（能見松平重勝の三男）とともに北丸の天樹院屋敷へ迎えに遣わされた。「中奥」では寛永十年正月十七日、信成の子親成と岡田重治が膳番として登用されており、信成・親成親子とも奥向で奉公をすることになった。同十年四月二十三日、家光は近習を中心に加増を行い信成も四千石の加増を受けて一万千石となった。同十八年八月九日、家綱の生後七日目を祝う御七夜において、先に述べたように信成は家綱付を命じられた。信成は、武功派から留守居を経て家綱付となり、次世代の将軍を育成するという重要な役割を担うことになったのである。信成は家綱付の小姓衆や家臣をまとめ、家綱の供をしたり、時に名代として増上寺など各所へ遣わされ、さらに病がちな家綱の健康を守るため医師衆へ指示を出すなど、家綱の成長を守る重責を担う存在であった。史料の中の用語としては出てこないが、御三家に付けられた「付家老」ともいえるような立場であろう。

なお、信成が付属された同じ日、納戸方として加々爪保忠、本多玄重ほか四名が付属されている。家綱の衣装などを調えるためである。

守衆の付属

寛永十八年（一六四一）八月十二日、内藤政次、大久保忠貞、大久保忠正、本多信吉が家綱の守衆となっている。守衆は家綱の太刀持・剣持をはじめ、供をしたり名代を担ったりするなど、先に付属された牧野信成と重なる職務がある。もっともあくまで牧野信成が上位にあり、同人が太刀持・剣持などをすることはない。

守衆の一人大久保忠貞は、これよりも以前、寛永十年十二月二十日に中奥番となっており、同十二年十二月二十一日、内藤政次とともに膳奉行となり、食事や食物の知識が買われたものと思われる。続けて寛永十九年十月十六日には安藤正頼、佐久間頼直、内藤重種が家綱付の守衆となった。さらに十一月一日には、小姓組番士松平正成が付属となった。この登用については後述する。

内藤政次、大久保忠正、本多信吉は同十九年二月六日に布衣となり、四月に家光の日光社参があると、十六日、家綱から日光にいる家光へ内藤を使者として菓子を進上したのが初めての使者ということで、内藤は従五位下諸大夫に任じられている。同二十年正月十日には、残りの全員が従五位下諸大夫となっており、大久保忠貞は豊前守、大久保忠正は丹波守、本多信吉は播磨守を名乗っている。同年九月二十五日、内藤政次、大久保忠貞、大久保忠正、本多信吉が、家綱の住む三丸番頭に命じられた。四人が軍団の長となったのは三丸の警備のためであろう。実は八月晦日に書院番士と小姓組番士で合計十八人と芦田衆十人が家綱付となって三丸番となっていた。

そして、官位の点から守衆をみてみると、安藤正頼・佐久間頼直・内藤重種の三名は、同二十年正月十日に、松平正成とともに布衣となっている。つまり、同じ守衆でも内藤政次、大久保忠貞・同忠正、本多信吉は諸大夫であり上位に位置しており、官位による階層ができていた。

これが解消されるのは、慶安三年（一六五〇）九月八日、内藤重種、安藤正頼、松平正成、佐久間頼直の四人を、大久保忠貞、内藤政次、大久保忠正並に奉公するように命じ、合わせて七人へ「御役支配方」を命じて以降である。なお、本多信吉は慶安二年六月二十四日に死去している（『寛政譜』）。後述するが、当該期になると、家綱には番方も含めて家臣団が配属されており、全体を統括するために格上げがされたのであろう。翌九日には、守衆の支配について、腰物方・猿楽方は大久保忠貞と安藤正頼が、数寄屋方と絵書方は内藤政次、内藤重種が、鷹方と馬方は大久保忠正、佐久間頼直、松平正成が、それぞれ担当するようになっており、まさに家光期の六人衆と同様の役割分担がなされている。

松平庶家の登用

家綱に付属となった家臣の内、松平庶家を取り上げてみたい。

そもそも家光期における松平庶家は、尾張・紀伊・水戸各徳川家の創出もあり、もはや将軍家の後継者を維持するための血統のスペアとしての地位にはなかった。しかし、徳川と同族としての歴史性が重要視されたことは、外様大名に対しては松平賜姓を行い、疑似的な一族関係を作り出していたことからも明らかである。「松平」は、徳川家臣団の中でも特別な意味合いが含まれていた。

寛永十九年（一六四二）十一月一日に付属となった松平正成（宮石松平家）は、松平庶家の一家である大給松平家の庶流とも言われるが、系譜は詳らかではない。『寛政譜』でも大給松平家の次に宮石松平家を載せるが、正成より四代前の八郎右衛門貞次について「大給の庶子にして代々大給の領内宮石に住し、いまだ其出るところを詳にせずといへり」と述べており、江戸時代にはわからなくなっていた。このためか、宮石松平家は、他の松平庶家とは異なり、大名を輩出することなく、正成の知行高も五百石であった。それでも正成は、宮石松平家（本家）の当主であり、松平庶家であったことは間違いない。実は正成が家綱付となった人事は、同じ時期に登用された守衆とは異なるものであった。「江戸幕府日記」によれば、十一月一日の当日、老中の松平信綱と阿部重次が松平正成へ、家綱に奉公をするようにとの「上意」を伝えるとともに、留守居の牧野信成へ引き合わせることも合わせて伝えた。すると牧野信成が松平正成と同道して「奥」へ入っていったとある。おそらく、牧野が一緒なので、「奥」において家綱と対面したのであろう。家綱へ付属されるにあたって、留守居が「奥」へ連れて行くことは、他の守衆や小姓組・書院番両番士では確認できない。繰り返すが、松平正成は五百石取りの元小姓組番士であり、石高と役だけでいえば、けっして格式の高い存在ではない。しかし、留守居が直接、「奥」へ連れて行くほど優遇されているのである。松平庶家でありながら、石高も高くないことが、むしろ嫡子家綱へ仕えるのにちょうどよい家格だったといえよう。

大給松平乗寿の付属

正保元年（一六四四）四月二十一日、家光は、宮石松平家の宗家とも言うべき大給松平乗寿《のり なが》を御座間に召し出して家綱付にすると命じた。立場としては、牧野信成と同等であり「付家老」といえる。むしろ、これから述べるようにもともとの家格が高い分、時と場所によっては、乗寿の方が家格が高く扱われる場合もあった。

『寛政譜』によれば、乗寿の父家乗は美濃国岩村城二万石であったが、慶長十九年（一六一四）二月十九日に死去したため、同月、乗寿が家督相続した。元和元年（一六一五）正月二十七日、従五位下諸大夫に叙任し、父と同様、和泉守を名乗っている。この和泉守は、三河国松平郷に移って初めて松平を称した親氏の孫信光の名乗りでもある。また信光の子親忠《ちかただ》の三男長親の系統が安城松平家と呼ばれる家康の系統となるが、大給松平家は、親忠の次男乗元《のりもと》の系統であり、徳川将軍家にとっても兄筋にあたる。

もちろん、家光期になると、すでに主従関係が確立しており、乗寿は寛永十年（一六三三）九月二十五日、出雲国主堀尾《ほりお》忠晴《ただはる》が無嗣断絶したため「仕置」として同国へ派遣されたり、同十五年四月二十五日に奏者番に命じられるとともに、一万六千石加増され遠江国浜松城へ転封となるなど、家臣として扱われている。岩村時代から拠点型の大名であったが、それが奏者番という役職に任命されたことは、松平庶家であっても、幕府の役職に就くタイプの家臣になったということである。また、ほぼ同時期の同年十一月十八日、ほぼ同じ家格の松平（桜井）忠重（遠江国掛川城四万石）も「上意」によって奏者番に任じられた（「江戸幕府日記」）。

従来、老中や若年寄を含め幕府役職に就いたのは、家格の低い近習出身の取り立て大名であった。このため、徳川一門の御三家やその庶子筋である御連枝、さらに井伊直孝・保科正之をはじめ越前家の当主といった、徳川家の中でも家格が高い大名は、常時幕府の役職に就かないことで優遇されていた。大給や桜井といった松平庶家（本家筋）は、これまで拠点型大名として幕府役職には就いてこなかったが、寛永期以降、幕府職制の整備とも相まって、役職に就いて職務を果たしていくことになるのである。もちろん、後年、天保の改革を主導した水野忠邦を例に出すまでもなく、老中や若年寄をはじめとした幕府役職への猟官運動にみられるように、自ら大金を費やしてでも役職に就任したい大名も出てくるが、幕府職制の整備期にあたる家光期では、それぞれの家の歴史において初めて役職に任じられる大名家も多く、ましてや松平庶家にとっては、徳川家の同族だが「家門」ではない、という立場を改めて思い知らされることになる。

もっとも、徳川家では、松平庶家でも有力な大給松平家、桜井松平家、藤井松平家の三家については諸大名の中でも優遇しており、たとえば、「江戸幕府日記」では、寛永十一年の家光上洛時に参内した時の行列の中で、諸太夫（従五位下）百八十人ほどが歩行で供奉したが、その先頭は右列が松平（藤井）忠国、左列が松平乗寿（大給）であり、その後ろに外様や譜代の小大名が続いていた。『寛政譜』には、正保三年十二月晦日、桜井松平忠倶《ただとも》（忠重の子）は大給松平乗久《のりひさ》（乗寿の子）と年始・歳暮、五節句、嘉祥《かしょう》、玄猪といった儀礼では「代わる代わる諸大夫の上首たり」、つまり従五位下諸大夫の大名たちの最上位に位置するように命じたとある。諸大夫というグループにおいては、松平庶家を先頭にすることで、彼らを優遇しているのである。

ところで、松平乗寿が名乗った和泉守についてのエピソードを紹介しておこう。正保二年三月二十一日、「大奥」を司る大奥番の酒井和泉守忠吉（小浜藩主酒井忠勝の弟、七千石）から、「奥」において松平和泉守乗寿と名乗りが紛らわしいので、名乗りを改めたいと老中をもって家光の上聞に達したところ、「その心に任せる」とのことであった。このため忠吉は「紀伊守」に改めたという。先官は乗寿で、忠吉は寛永六年正月五日（『寛政譜』）に従五位下諸大夫となり和泉守を名乗っている。忠吉が改名したのは、この時期、すでに大老となっていた酒井忠勝の実弟であっても、石高の差もあることながら、明らかに松平乗寿の方が家格が高いためであろう。

さて、松平乗寿の政治的立場に話を戻すと、寛永二十一年二月二十八日には、領国を関東へ移されて、上野国館林城六万石へ転封となっている。これは家綱付となる前提の転封と考えられる。

二人の家老の内、牧野は家格が高くないものの武功をもとに出世した近習出身であり、この時期、それほど高い家格ではない。もう一人の松平乗寿は、諸大夫の上首となるほど、家格が高い「譜代衆」の大給松平家出身であり、家格という点で対照的な二人であった。

家綱への家臣団分与

これまで家綱の家臣としては、寛永二十年（一六四三）に三丸番が命じられていたが、まだ軍団と呼べるような規模ではない。しかし正保二年（一六四五）閏五月二日から本格的な家臣団分与が始まっており、小十人組番士二十人と徒士三十人が付属となっている。「曽我日記」によれば、すでに前月五月二十一日に、「請証人」のよい者を出すようにと、老中松平信綱が徒頭多門信利《おかどのぶとし》に命じており、翌日から小十人組・徒組それぞれの物頭が寄合帳面を見ながら人選を行った。将軍世嗣の家綱に付属となる小十人番士や徒士は、「証人」となる親や兄弟が相応の家柄でないと選ばれなかったのである。こうして選ばれた小十人番士と徒士へ松平信綱、阿部忠秋、阿部重次、牧野信成の四人が「家綱へ付属したので奉公をするようにせよ」と命じた。小十人組は四番に分かれ一組五名ずつとなり、徒士たちは三番に分けられて一番十人ずつとし、朝から晩まで江戸城内に詰めて、城内の台所にて食事も支給された。正保三年正月二十三日には、本丸徒頭だった能勢頼永（千四十石）が家綱の徒頭となり（三丸徒頭）、徒士三十人が預けられた（「曽我日記」）。三月二十三日には荒川重照（廩米二百俵）と川田貞則（廩米三百俵）が小十人組頭となっている。「江戸幕府日記」によれば慶安元年（一六四八）三月二十九日、家綱の小十人組番士を小十人番頭へ松平乗寿が引き合わせるとあるから、この時に、番頭が置かれたようである。小十人組番士や徒士は、徒歩で家綱に従うことから、家綱の外出時などの供をするために付属となったのであろう。江戸城内の移動をはじめ、慶安元年には、江戸城外において慰み所として、江戸城下牛込の元酒井忠正下屋敷に牛込御殿が建設され、家綱はたびたび御成をして能や風流を上覧しており、こうした時にも従った。「江戸幕府日記」には「牛込御慰御殿」と書かれる時もある。

　時間を少し戻すが、正保四年十二月五日、家綱の実母で「江戸幕府日記」では「御袋様」とも称される、家光の側室楽の弟増山正利が、これまでの廩米二千俵から一万石を拝領した。大名身分へ取り立てられたのである。これまでの二千俵は同じく弟増山資弥へ与えられている。十五日には領知朱印状が発給された。翌五年三月五日に家綱の中剃《なかぞり》儀式が行われると、増山正利は松平乗寿、酒井忠能の次、守衆の前の座順にて初めて出座した。慶安二年六月十日、秋田《あきた》盛季《もりすえ》（陸奥国三春五万石）が家督相続の御礼として、亡父俊季《としすえ》の遺物である備州則庵の代二十五枚を家光へ、同じく備州近景《ちかかげ》を家綱へそれぞれ進上したが、ここに松平乗寿が病のため正利は老中とともに列座して乗寿の代わりを勤めており、酒井忠能とともに家綱の「年寄」（家老）となっていた。

　さらに榊原忠次が書いた『御当家紀年録』によれば、正保四年十二月十二日、榊原忠次と奥平忠昌が家綱付となった。榊原家は、忠次の養父康政が家康の命令で秀忠に付けられ、忠次も秀忠から家光へ付けられたという佳例に基づいたものであった（『徳川実紀』）。両家は、井伊家とともに、毎年正月三日、江戸城で将軍に対する家臣の御目見（陪臣御目見）が許されている格式・家柄であった。なお『御当家紀年録』では、家綱のことを「大納言家」と表現しており、嫡男家綱を「家」として捉えているのである。

家光と家綱の健康状態

慶安元年（一六四八）六月二十四日、家光の五男鶴松が死去した。同年正月十日生まれだったから、生後半年ほどであった（「江戸幕府日記」）。

家綱もまた父家光と同様に体が強い方ではなく、体調の悪化と回復を繰り返し、特に慶安二年正月元旦と二日の儀礼は咳気と余寒がひどいため出座することができず、二月になってようやく回復をみせ、諸大名との御目見を十一日に行っている。四月には家綱の日光社参が控えており、家光も安堵したことだろう。

しかし、病後でもある家綱が日光まで赴くことには不安が残った。このため、四月七日家光は、日光へ行く道中、家綱の「御機嫌の様体」を江戸へ注進するため状箱《じょうばこ》を昼夜に限らず滞らせることがないように、道中の者に加え、徒士を一人ずつ加えて、順々に送り届けるように命じ、間々田《ままだ》から江戸までは徒組の大草高盛組、今市《いまいち》から間々田までは同じく徒組の板倉重大組と定め、一里に歩行を三人ずつ置いている。大草も板倉も特に家光が信頼する物頭であり近習であることから、家綱の容体を気にする家光の親心が知れよう。実際、少しだけ紹介すると、「江戸幕府日記」によれば、十日に家綱は江戸城を出発して千住宿へ到着したが、十一日、千住より次飛脚の状箱は八回江戸城へ送り、江戸城からは七回遣わしている。翌日、家綱は越谷御殿で膳を取り岩槻城へ到着したが、家綱からの次飛脚の状箱は七回送り、江戸城からは五回遣わすといった具合であった。また、こうした状箱を担った大草・板倉両組には家綱が江戸へ帰った二十五日に褒美が与えられている。

実はこの時期、家光自身の健康状態も悪化しており、慶安二年十二月二十四日には「服中気」のため紅葉山参詣を中止して以降、二十八日の月次御目見も表へ出御することなく、翌慶安三年正月元旦儀礼も病のため出座できず、代わりに家綱が名代として代行した。このため恒例の謡初も中止となっている。五月七日、尾張の徳川義直が死去し、この前後には紀伊の徳川頼宣も体調が思わしくなく、水戸の徳川頼房も「疾脚」（足痛）により翌年の正月儀礼に出席できないほどで、家光はたびたび御三家へ上使を派遣して健康を見舞っている。

六月十五日には、月次の御目見が中止となり、同日、家光の養生のため、明日行われる予定の嘉祥の儀式に「表」へ出ないので、諸大名も登城しなくてよいと伝えている。またこの六月から八月にかけては、大老の井伊直孝も病で伏せており、同日には息子の直滋へ直孝の養生として下屋敷へ行くようにとの上意を伝え、二十四日には、上使として老中松平信綱を遣わすなど、以後老中が上使となってたびたび派遣されている。「江戸幕府日記」では、この前六月二十日に、大和郡山藩主本多政勝の息子勝行《かつゆき》（郡山新田四万石）が死去したことが上聞に達した。家光は、勝行が「嫡男」（政勝にとって実子としては嫡男だが、養子政長と政信がいる）でありながら死去したことについて「不便に思し召す」との上意を同家へ伝えている。家光にとって、自分自身をはじめ身近な大名の健康不安が、より「死」を意識することになったのかもしれない。

七月七日の七夕の儀礼でも病のため出座せず家綱が名代となっている。二十二日、家光は黒書院へ出て、家督相続が済んだ尾張徳川家の家臣団から継目の御礼を受けており、これが病後初めての「表」への出御となった。続く八月一日の八朔にも「表」へ出て諸大名などから御礼を受けている。

家綱への大番分与と西丸移徙

家光や家綱の健康不安がありながらも、家綱への家臣団の分与は進んでいく。慶安元年（一六四八）三月十三日、家綱へ大番頭の安部信盛（九千二百五十石）組と酒井忠重（大老酒井忠勝弟、五千五百石）組を付属した。先ほどの小十人組や徒組以外、初めて騎馬を主体とした軍団の分与であった。このため、翌日には黒書院において家光へ家綱が大番二組を付けてもらったお礼をしている。この席には、井伊直孝、酒井忠勝、松平信綱、阿部忠秋、阿部重次も同席している。もっとも、この付属は当座の処置であったようで、二十一日、酒井忠重と安部信盛の両組の番衆に対して、西丸番を免除するので、代わりに四月に予定されている家光の日光社参に供をする準備をしておくようにと命じている。また同日のことだが、老中から、三月の吉日を選んで、誕生したばかりの家光の五男鶴松が、徳川家の産土神である山王日枝神社へ社参する帰りに酒井忠重の屋敷へ立ち寄ると伝えられている。忠重は鶴松誕生の際には蟇目の役を勤めており、かつ初めてのお宮参りの帰りに家臣の屋敷へ立ち寄るのは、将来、後見など両者が深い結び付きとなることを示すものでもあり、家綱よりも鶴松と深い関係を築こうとする動きであった。忠重は、同年六月二十日に死去しており、また安部は日光へ家光の供をした後、十月十一日に一万石加増の上、大坂定番に転じている。大番は、徳川家の先陣を勤める軍団としての意味合いが強いことも勘案すると、酒井と安部両組の家綱付属というのも一時的な措置であった。

こうした大番付属とは別に、慶安元年四月六日、家綱が現在居住している三丸から西丸へ移るため、普請奉行として安藤重長（上野高崎）が命じられた。

西丸は、以前は秀忠の隠居地として使用されていたが、死去後は、酒井忠世が番として居住した。しかし、寛永十一年（一六三四）、家光の上洛中に火災があり、忠世は謹慎することとなった。同十六年、江戸城の火災の際には、家光の避難所ともなっている。その後は、家光が時折、御成をして茶や遊興を楽しむ場となっていた。慶安元年十二月十三日、御殿の工事を家光が巡察していることから、すでに将軍嫡子の住む場所として決定していたものと思われる。当初、家綱は同二年には、西丸へ入る予定だったが、若干工事が遅れ、同三年八月十八日、工事が完了し毘沙門堂門跡公海が安堵の祈願を行った。なおこの後、三丸は、まだ徳松と名乗っていた綱吉が入っている。

家光は、慶安三年（一六五〇）八月の西丸完成を待って、家綱付家臣団の編成に本格的に取りかかった。

家綱家臣団の形成

まず二十三日、酒井忠勝、松平信綱、阿部忠秋、阿部重次、松平乗寿と守衆三人が列座して、家光の上意として、右筆《ゆうひつ》に鈴木権兵衛、星合具通《ともみち》、細工頭に矢部定房、井関親昌、賄頭《まかないがしら》に岩手一信、台所頭に天野正世、広敷番頭《ひろしきばんがしら》に牧野正照、高尾文薫《ふみはる》、鈴木杢助、伊藤重昌、多田正長、水野正直、久保勝氏、柳沢安吉の八名、数寄屋頭《すきやがしら》に利斉、同朋《どうぼう》に才阿弥、広敷添番《ひろしきそえばん》として十六名を家綱付にすると、酒井忠勝が伝えた。これらの役職は、広い意味では近習であろうが、まだまだ身分格式の低い者たちであった。ただ、最初の付属ということもあり、かつ多くが守衆の支配ともなるため、酒井忠勝や守衆が列座している。

続けて二十七日、家綱への付属衆として、徒目付十六人、徒押《かちおさえ》六人、表方火の番二十人、奥方火の番十六人、馬奉行二人、挑燈奉行三人、小間使頭一人、台所衆六人が選ばれ、松平信綱、阿部忠秋、阿部重次、松平乗寿が列座して、上意を阿部忠秋が伝えた。まだ下級役人である。この点は、晦日に小納戸が八人、膳奉行が二人それぞれ配属となったのも同様である。酒井忠勝、松平信綱、阿部忠秋、阿部重次が列座して松平乗寿が伝えた。

以上、いわば下級役人が選ばれたのに対して、九月三日、吉辰《きっしん》の日として、家綱へ奏者番、大番頭、書院番頭、小姓組番頭、留守居方、大目付、槍奉行、鉄砲頭、高家といった頭役を中心とした幕府番方の上層部が付属されている。奏者番は殿中儀礼において進物を披露し、高家は朝廷をはじめとした各所への上使となるのであり、家綱を中心とした西丸での殿中儀礼の運営に欠かすことができない役人である。なお、これらのことは松平信綱、阿部忠秋、阿部重次、松平乗寿が列座して阿部忠秋が伝えている。

まず奏者番として井上正利（正就の嫡男）と水野元綱が任命された。以下、番頭、物頭、および相当する役職として、大番頭には稲垣重大（安倍信盛元組）が、書院番頭には水野定勝（元小姓組組頭、重央の二男）、伊沢政信（元書院番組頭）、北条氏利（元小姓組番頭）、大久保政勝（元小姓組番頭）がそれぞれ選ばれ、特に北条と大久保には与力十騎と歩行同心二十人が預けられた。小姓組番頭に渡辺吉綱《よしつな》、松平氏信《うじのぶ》が選ばれている。書院番組頭に三名、小姓組頭に五名が付属となった。軍団以外にも、西丸全体を統括する西丸留守居として宮崎時重、久松定佳が選ばれた。また西丸に勤仕する大名・旗本を監察するため、大目付に兼松正直、目付に猪飼正景と安藤忠次がそれぞれ配置されて、西丸の風紀を取り締まることになった。

軍団としての物頭でもあり、家綱の近習を構成する鑓奉行に松田定平と富永重師が、持筒頭に朝比奈良明が、持弓頭に兼松正尾（正成の長男）が、弓頭に安倍正継と嶋田直次（成重の長男）が、鉄砲頭に川野通重、玉虫宗茂、高木為信が、納戸頭に石巻康貞がそれぞれ付属となっている。また鷹師頭として清水吉春や、高家として品川高如と上杉長貴までが付属となった。この日、家綱から家光へ家臣団付属のお礼をしている。

番方については、番頭・組頭以外、もちろん番士も家綱付として分与されている。煩雑となるため氏名まであげられないが、「江戸幕府日記」によると、まず書院番士では、水野定勝組番士二十六名、伊沢政信組番士二十六名、大久保教勝組番士二十三名、北条氏利組番士二十二名である。さらに、新規に番士として召し出された者もおり、①「御書院番・御小姓組之内」(つまり従来から旗本・番衆であった者)から十三名が、②「公方様江最前被召出、折々御目見仕面々」(家光へ御目見をしていたが番に入っていなかった者)として、大名や旗本の二男・三男といった庶子が八名、③新たに召し出された大名・旗本の二男・三男が百名いた。これらは、西丸の書院番・小姓組番への入番であって、家綱の親衛隊として位置付けられる。

もっとも番方としては、右の両番より家格が下がるものの、小十人組番士として、新しく同組に召し出された者が三十八名と、親がもともと家綱に付属していた四十名が、それぞれ付属となっている。ここでは、すべて旗本身分における二男・三男、甥といった庶子が多く召し出されており、大名身分の庶子はいない。

また、この時の家臣団分与として鷹師頭間宮俊信と同心二十人、大草正元・小栗正重と同心五人、餌差《えさし》二人、鳥見《とりみ》四人、西丸数寄屋方として道寿、正雲へ組頭を命じ、本丸数寄屋方組頭休清および宗恩も西丸付属となった。さらに小人頭二名、中間頭一名も付属となった。こうして世嗣家綱家臣団の原型が形成されていった。

九月四日も引き続き西丸人事が発表された。まず稲垣重大を安倍信盛元組の大番頭に命じて、前日に家綱へ付属となった組の番衆を殿中へ招いて引き合わせている。また、この日から家綱へ付けられた「御小姓衆並惣番之面々」が番を勤めており、西丸における嫡子体制が実質スタートした。

さらに人事は続き、守役であった本多忠隆、内藤忠清を小姓組番頭兼任として、切米千俵ずつを与えている。徒頭には小姓から榊原久政(照久の三男)、水野忠増《ただます》(忠清の四男)、酒井忠経、神尾《かんお》元清(元勝の二男)、本多正綱、戸田氏好が任命され、切米五百俵ずつを与えている。小十人組番頭には同組頭から川田貞則、荒川重照、天野康隆が昇進し、新たに同組組頭として五名が、納戸組頭には四名が、納戸衆として十名の旗本がそれぞれ選ばれた。腰物奉行として疋田政方が、幕奉行として雪吹市右衛門、難波田憲長が、それぞれ任命された。

こうして、家綱付の軍団が整えられていったのだが、人事はさらに続き、小姓から書院番組・小姓組の両番へ入る者として、すでに知行取となっていた青山幸高、丹羽長和、内藤信通、市橋政直、酒井忠正、松平忠治、大久保忠信の七名と、これまで無足だったが、新たに切米三百俵が与えられて両番へ入った者が二十三人いた。またこれまで設置されていた「守衆組」から両番へ入る者が十名いた。さらに「守衆組」から大番への入番も合計十九名いた。成瀬吉平以下十四名以外、柳沢信安、米倉重継、鈴木重信、伊藤重茂の四人は無足だったので切米二百俵ずつを拝領している。「守衆組」は解体されている。

家綱への家臣団付属はさらに行われ、西丸の進物取次の組頭として徒目付から三名、徒組頭から一名を選び、進物取次役として、徒士から十六名が選ばれている。この時、珍阿弥へ西丸表坊主支配を命じている。

九月八日には、家綱の腰物奉行が不足しているとして山田直忠が命じられ、また、本丸の小十人組から二十人を選んで西丸小十人組とした。さらに本丸の弓鉄砲徒同心から二十四人を選んで西丸に配属とした。こうした人事は、諸大名から西丸への進物取次を役するためであった。

また、内藤重種、安藤正頼、松平正成、佐久間頼直の四人を守役の大久保忠貞、内藤政次、大久保忠正並に奉公するように命じた。以後は、この七人が「御役支配方」とされた。この点、九日により具体的なことが判明する。この守衆の支配についてはすでに述べた通り、腰物方・猿楽方は大久保忠貞、安藤正頼が、数寄屋方・絵書方は内藤政次、内藤重種が、御鷹方・御馬方は大久保忠正、佐久間頼直、松平正成が、それぞれ役することになった。これらの役職は、家光の時代の松平信綱などが六人衆と呼ばれた時代の職務とほぼ同じであった。つまり、この時点における家綱の家臣団は、松平乗寿、酒井忠能が一番最上位にいて全体の統轄を行い、守衆が各自の役割を担当して、さらに家綱付の役方の旗本・御家人を統率する仕組みになっていた。

同じ日、すでに述べたように家綱の小姓の役割が定められている。この日、家綱付となるために召し出された小十人組番士の内、二十人が本丸小十人組へ入番するなど、若干の微調整も行われた。

同じ日、牧野富成（信成の八男、寛永十八年より家綱の小姓となる）を内藤忠由・本多忠隆と同様に「御くしの役」に命じている。

こうして、西丸へ家綱が移徙するにあたって付属となった家臣は、奏者番や高家といった殿中儀礼に必要な役人をはじめ、大番、書院組、小姓組、小十人組、徒組などの直轄軍団と、小姓などの近習層から成っていたところに特徴がある。

老中阿部忠秋の西丸付属

家綱が西丸へ移徙するにあたって、最大の人事は、現役の老中であった阿部忠秋が家綱付となり、西丸老中となったことであろう。

これまで述べてきた通り阿部忠秋は、松平信綱や阿部重次とともに家光政権を支えてきた老中であった。家綱付として、なぜ阿部忠秋が選ばれたのかは定かでないが、老中として家光の信頼が厚かったことは間違いない。たとえば、寛永十八年（一六四一）正月晦日、日本橋桶町（中央区八重洲二丁目）から麻布の南部藩下屋敷（港区南麻布四町目）までを焼き死者百名以上を出した、いわゆる桶町火事において、午前十時ごろ、当時徒頭だった曽我包助が本丸にいる家光の元へ駆けつけた所、まず家光から聞かれたのは「如何程焼申候、讃岐守・豊後守ハ何方に居申候哉」（どれほど焼けているのか。酒井忠勝と阿部忠秋はどこにいるのか）とのことだった。このため、曽我は、徒士を二人、両人の元へ呼びに遣わしている（「曽我日記」）。火事という緊急時において、家光がもっとも信頼する大名であった酒井忠勝とともに阿部忠秋を真っ先に呼んでいることは興味深い。阿部忠秋に対する家光の信頼の有り様が理解されよう。

さて、話を戻すと、慶安三年（一六五〇）九月十二日、御座間に家光は酒井忠勝、堀田正盛、松平信綱、阿部忠秋、阿部重次を召し出し、家綱が西丸へ移徙するので、阿部忠秋を家綱付にすると命じた。西丸老中にするということである。

その後、すでに家綱付であった松平乗寿を召し出して、忠秋の家綱付を伝えると、すぐに乗寿が家綱へこれを伝えた。そこで家綱が家光へお礼をするために御座へ出てきて、家光と対面してお礼をして「御部屋」へ帰っていった。その後、家綱の「御部屋」へ阿部忠秋がお礼のために参上すると、酒井忠勝、堀田正盛、松平信綱、阿部重次といった大老・老中も忠秋に同道している。幕閣全員が同席するというのは非常に特別な披露の仕方である。お礼の時、家綱が差料として腰物（長光代金二十枚）を自ら忠秋へ与えている。また忠秋の家綱付属に付、御三家をはじめとした諸大名が登城しており、これもまた徳川家においては大きな出来事であったからこその行動である。

老中阿部忠秋が家綱付になったということは、徳川家の中で、嫡子家綱を中心とする西丸が、本丸の家光から分離するとともに、一定度の意思決定を独自に行うことが可能になったことを意味している。

九月十六日、家光は西丸法度書の黒印状を阿部忠秋、松平乗寿へ与えている。そして白書院において、酒井忠勝、堀田正盛、松平信綱、阿部忠秋、阿部重次、松平乗寿が列座して、西丸の番頭、組頭、物頭、諸役人へ今回公布された西丸法度書を右筆久保正元が読み上げた。さらに黒書院次間において、酒井忠能、増山正利、大久保忠貞、内藤政次、大久保忠正、松平正成、安藤正頼、佐久間頼直、内藤重種、そのほか、小姓衆、小納戸衆へも法度を読み聞かせている。

阿部忠秋と松平乗寿へ与えられた西丸法度書黒印状の内容は（『武家厳制録』）、一ヵ条目に何事も家綱の為を考えることから始まり、二ヵ条目では「万事法度之儀、不寄何事相談之刻、不残心底、申出之」（すべて法令の事は、何事でも相談した時には心底を残らず申し出）るように命じている。最後の三ヵ条目では、新しい事や「入用」（支出）は家光の上意を得るようにせよ、ただし軽いことは「年寄」と相談して命じるようにせよ、と命じている。つまり、西丸の運営は、新しいことや財政面では家光の許可を得る必要があるが、それ以外については、「年寄」＝酒井忠能・増山正利と相談して決めることができたということである。

もっとも今回の家臣団分与にあたって、勘定奉行をはじめとした勘定方の役人が付けられていないことにも留意しておく必要がある。また、家綱独自の領地の分与もない。「条目」にもあるように財政面は本丸が統括するということであり、また武家諸法度をはじめとした各種法令は本丸から出されていることから、法制面においても本丸からの支配によって西丸は運営されるということである。徳川家当主と嫡子は一つの「家」でありながらも、「家」の機能を分与しながら、それぞれに老中以下の家臣団を持つ組織が形成されたのである。これが、病がちな家光にとって、自身に万が一の事があった場合、家綱が円滑に新たな徳川家の家長となり、さらに新将軍となるための体制作りであった。

西丸老中となった後の阿部忠秋

本丸から西丸へ家臣団の譲渡を通して、人事面において西丸の体制を整えた上で、慶安三年（一六五〇）九月二十日、いよいよ家綱が西丸へ移徙した。将軍家光は本丸に、嫡子家綱は西丸に分かれて住むとともに、それぞれに老中が補佐する体制が取られた。こうした体制は、すでに家光の父秀忠が大御所であった時代に、将軍家光が本丸に、大御所秀忠が西丸にそれぞれ居住して、本丸・西丸各老中が存在していた形態と一見似ているが、まったく異なるものであった。なぜなら、なにより家綱は未だ九歳の少年であり、同人が公儀として政務を執ることはもちろん、関与することすら大御所時代の将軍家光とは違って、不可能であったからである。

そうすると阿部忠秋の西丸付属は、政務から外されたことを意味する、いわば名誉的な人事だったのであろうか。次にこの点を考えるために、西丸付属後の阿部忠秋の動向を「江戸幕府日記」からみてみよう。

十月九日、家光は江戸城の周辺において鷹狩をした時に獲った鴨を、松平信綱、阿部忠秋、阿部重次、板倉重宗、酒井忠勝へ与えているが、ここに松平乗寿はおらず、阿部忠秋の立場に変化は見られない。十九日、家光は御座間へ酒井忠勝、松平信綱、阿部忠秋、阿部重次、松平乗寿を召し出して御用を聞いているが、こうした場に松平乗寿が初めて登場した。御用の内容まではわからないが、以降、家光が死去する慶安四年四月まで、酒井忠勝以下、老中とともに松平乗寿が加わることはないことから、西丸に関することであろう。閏十月十二日、十一月二日、十二月十二日、慶安四年四月十二日の評定所における式日寄合に阿部忠秋は出座しており、本丸での政治に参画している。

忠秋の行動について、一つ一つを取り上げることはできないが、重要なものを取り上げると、十一月十一日、躑躅間《つつじのま》において家光は、前月に死去した大名毛利秀元、植村家政《いえまさ》、金森重頼の家督相続を認めるとともに、金森の三男を召し出すので奉公するようにと、酒井忠勝、松平信綱、阿部忠秋、阿部重次が列座して上意を伝えている。大名の家督相続に阿部忠秋が関与していることは重要である。話が前後するが、十二月十一日には、本丸旗本の家督相続を認めているが、やはりここでも松平信綱・阿部重次とともに出座している。

さて十一月十九日には、「御近習伺候之間」において、松平信綱、阿部忠秋、阿部重次が出座して、本丸大番頭として池田長賢が、書院番頭に加々爪直澄、三枝守全《さえぐさもりあきら》、稲葉正吉、荒川正安が、小姓組番頭に滝川利貞、酒井重之が、さらに長崎奉行として黒川正直が、それぞれ命じられた。なお、番頭や長崎奉行の人事は、本来家光が直接命じるが病のため、三人が出座して任命したものであった。老中が将軍の名代となることはけっして珍しいことではないが、阿部忠秋がほかの老中とともに従来通り、任命する者として出座しているということは、西丸付となってからも本丸老中としての職務の一部を兼ねていると評価できる。

ただし、家綱が中心となる儀礼や行事の場合には、あくまで西丸付の立場となっている。たとえば慶安四年四月六日、領地へ帰国する大名が御目見をするため、江戸城へ登城したが、家光は病後でもあり養生のため出御しなかった。このため諸大名は家綱へ御目見をして帰国するようにとの家光の上意を、堀田正盛、松平信綱、阿部重次が列座の上、酒井忠勝が伝えた。ここに阿部忠秋はいないが、家綱が名代として黒書院へ出御すると、まず国持大名である黒田光之が帰国の御目見をした。この時、酒井忠勝、堀田正盛、松平信綱、阿部忠秋、阿部重次、松平乗寿が出座して挨拶をしている。阿部忠秋と松平乗寿も出座しているのは、家綱が出てきているからであろう。以下、京極高国をはじめとした外様大名や嫡子・庶子が出座すると、酒井忠勝が時服を下さる旨を伝えたが、この場にも堀田正盛、松平信綱、阿部忠秋、阿部重次、松平乗寿が伺候した。
翌七日、参勤してきた諸大名が登城した際、家光とともに白書院へ出座したのは酒井忠勝、酒井忠清、堀田正盛、松平信綱、阿部重次であり、この日家綱は名代とはなっておらず、阿部忠秋や松平乗寿もまた出ていない。

5 家綱の兄弟

綱重

近世武家社会における家督相続は、男子に限定されたことから、徳川家でも「家」存続のためには、男子の成長が重要であった。ただし嫡子一人では、万が一の時、「家」が危機的状況に陥ることから、庶子の存在も大切であった。幸い家光は家綱以外、正保元年（一六四四）に長松（後の綱重）、同二年に亀松（早世）、同三年に徳松（後の綱吉）、同五年に鶴松（早世）と、正保年間にほぼ連続して男子に恵まれた。結果的に家綱には男子が生まれなかったことから、早世した子を除いて、綱重や綱吉は将軍家の後継者候補であったし、また長兄家綱を守り徳川家の権威の象徴となるべき存在であった。

それでは、これら庶子たちは、誕生後、どのように徳川家の中に位置付けられていくのであろうか。まず次男綱重からみてみよう。正保元年五月二十四日、綱重は江戸城三丸において誕生した。母は夏の方で、家光の正室本理院（鷹司信房の娘）が、関東へ下向した際に供をして御湯殿の役を勤めたという（『柳営婦女伝系』）。しかし身分が低く、十一月十四日に綱重は兄家綱と初めて対面したが、この時、「江戸幕府日記」では、お互いの生母や女中などへ贈り物について、家綱生母の増山氏は「御袋様」と記しているのに対し、綱重の生母は「おなつ」と他の女中と同じように敬称を付けていない。

当時、父親が四十二歳の時に二歳になる子は親族にたたるという迷信もあって、綱重は、生後、天樹院の屋敷へ引き取られた。天樹院は、先に述べたように秀忠と江与の娘で、最初豊臣秀頼へ嫁し、大坂の陣後、秀頼が死去したため本多忠刻に嫁いだことでも知られる千であり、当時、江戸城北丸に屋敷があった。正保元年九月二十三日、綱重は紅葉山東照宮や山王日枝神社へ初めて宮参りをして酒井忠吉（同忠勝の弟）の屋敷へ立ち寄って饗応を受けた後、天樹院屋敷へ帰宅しているので、すでに生後四ヵ月過ぎには同屋敷に引き取られている。

家綱を含めたほかの男子は、生後すぐに譜代大名・旗本から、その後の人生においても大きな影響を与える蟇目役、矢取役、箆役が選ばれたが、綱重は、こうした生母の身分の低さを反映してからか、「江戸幕府日記」には同人だけ記載がない。

以降、綱重は、幕府の年中行事や各種儀礼にまったく参加しておらず、この点は諸大名に対しても同様であった。たとえば、正保二年、越前家福井藩主の松平忠昌が死去し嫡男光通が家督相続した際、光通は父の遺物として家光へ正宗の刀、青江国次の脇差、二王の茶入を献上し、家綱へ貞宗の脇差と茂古林の掛幅を、亀松へ来国光の脇差をそれぞれ進上しているが、綱重へは進上していない。つまり、綱重は、こうした儀礼において極めて重要な、物を贈り、贈られる関係としての互酬《ごしゅう》関係にないということである。諸大名と物を通した人的関係を結んでいなかった。

綱重の人生儀礼としては、「江戸幕府日記」によれば、正保三年正月十一日に髪置をした際、白髪を献上した安部信盛と、髪にはさみを入れた松平乗寿それぞれに褒美として服十が与えられているが、髪置自体の記事はない。

綱重の家臣団もそれほど多くなく、九月九日に守役として天野康勝（康景の二男）が付属となったほか、保々貞高の六男貞晴、岡部一綱の三男忠勝、西山寛宗の二男昌近など旗本の庶子五名が小姓として召し出された。続けて正保二年九月九日、抱守（守役）として、戸田忠高、末高正勝、日下宗忠、鈴木重俊が付けられた。実は同じ日に亀松（正保二年二月晦日生）にも抱守四名と小姓五名が付属となっている。当時は、厳密に小姓や抱守付属の日程が決まっていないのだが、綱重への抱守付属は、亀松に較べ少し遅い。また亀松の抱守の中には松平政勝（小姓組番士）が、小姓には松平正吉の三男正生というように、松平庶家が含まれているが、綱重には付けられなかった。

天樹院の養い子となっていた綱重の立場に変化があらわれ、将軍の子息として扱われ始めるのは、家光の晩年期の慶安元年（一六四八）からである。正月十一日に袴初めがあり、二丸で家綱と対面している。公的には初めて会ったことになる。九月二十三日には牧野信成の元屋敷を拝領して、自分の屋敷を構えることになった。同二年十月十三日、諏訪頼郷・新見正信が家老として付けられている。さらに二人とも加増されて知行高が三千石となった。もっとも、すでに前年の三月十四日に綱吉にも家老として牧野儀成（越後長岡藩分家）と室賀正俊が付けられていたが、特に牧野は四千五百石の加増にて五千石となっており、後に述べる通り綱吉とは家臣の扱いにも差が出ている。

慶安期の綱重の立場をあらわしている事例として、慶安三年七月二十二日、尾張徳川家の当主光友が家督相続の礼をした時のことをあげておこう。この時光友は家光や家綱へのお礼をはじめ、綱重と綱吉へ太刀・銀・時服を献上して今後の関係性を確認していった。しかし、亡父義直の遺物について尾張徳川家では、家光・家綱・綱吉へ献上しても綱重には進上していない（『徳川実紀』）。これは、生前、義直が綱重とは互酬関係になかったこと、つまり物を贈りあう関係を築いていなかったためであろう。献上儀礼というのは、誰もが誰にでも贈与できるのではなく、過去・現在・未来において関係があるとする者同士が行うのである。すでに義直は亡くなっているのに、互酬関係になかった綱重が遺物をもらうのは奇妙なことなのである。なお綱重のほかの兄弟は、生後七日目に行われる七夜において、御三家以下、一万石以上の大名から石高に応じて産着や腰物、一種一荷などが進上されており、献上儀礼が始まっている。

慶安四年二月二十一日、西丸で家光が踊を上覧した時、機嫌を伺うため綱吉とともに綱重も登城して一緒に観ている。そして、綱重と綱吉が対等に、もしくは綱重が兄として綱吉よりも先に扱われるようになるのは、家光が死去する十七日前の四月三日、二人へ「賄領」として十五万石ずつを駿河、甲斐、上野、信濃、近江、美濃各国にて与えられてからである。これ以降、二人に差はなくなり、「江戸幕府日記」でも、綱吉の前に綱重の名が記載されるようになる。

綱吉

綱吉は、正保三年（一六四六）正月八日江戸城内にて誕生した（『徳川幕府家譜』）。母は玉であり、京都二条家の侍北小路《きたのこうじ》宗正の娘とも、同じく京都の八百屋仁左衛門の娘とも言われるが、定かでない。玉は家光の側室であった万（六条有純《ありずみ》の娘）と縁があり、京から江戸へ下り、大奥の女中となった。後、春日局によって家光の側女中となり、正保二年（一六四五）二月に亀松を、翌年に綱吉を産んだ。亀松は同四年八月に三歳で死去している。家光の死後、桂昌院と号した。

さて綱吉は誕生当日、家綱から守脇差として郷義弘《ごうよしひろ》が与えられるとともに、蟇目役として中根正成（大番頭）が、矢取り役として孫の同正延が、篦刀役として松平忠国（丹波篠山五万石）が、それぞれ勤めている。特に松平忠国は、松平庶家の一つ藤井松平の本家であり「譜代衆」であった。長兄家綱には、正保元年四月、大給松平（本家）の松平乗寿が付けられている。こうした藤井松平・大給松平を付属していくことは、家臣化したとはいえ、両家は諸大夫（従五位下）の筆頭として位置付けられるほど、有力な松平庶家であり、将軍の息子に家臣として付属することで同族として支えるという特別な意味を持ったものと思われる。篦刀役を勤めた松平忠国は、その後も綱吉とは特別な縁を持つ事になり、領地へ帰国する際には綱吉と対面するように命じられることがたびたびあり、たとえば慶安二年（一六四九）八月二日、帰国するにあたって、綱吉から脇差が与えられている。忠国は万治二年（一六五九）二月二十日に死去するが、嫡男信之は、貞享二年（一六八五）六月十日、五代将軍となった綱吉によって、これまで藤井松平家から輩出することのなかった老中に取り立てられている。

さて、綱吉は、正保三年六月五日に小姓五人が付けられた。そして翌日には二丸内宮へ参詣をしており、留守居の杉浦正友と宮崎時重をはじめ、小姓五人も供をしたが、家綱の小姓十人と三丸番衆十五人、家綱の抱守（守役）である安藤正頼、内藤重種なども供をしている。

綱吉の家臣団分与については、慶安元年以降に本格化する。同年三月十四日にはすでに述べた通り牧野儀成と室賀正俊が付けられ、三月二十五日、抱守として、松平正茂、山本正信、植村正景、押田直勝が付属となった。なおこの時には鶴松と綱重へもそれぞれ四人ずつ付けられている。二十七日には徒士十人が付属となった。八月十五日には、綱吉の母方の伯父であり、母桂昌院にとっては兄にあたる北小路道芳が家光へ初御目見を果たし、九月十三日には切米千俵を拝領している。後に道芳は本庄と姓を改め綱吉の家老となり、子孫は美濃国高富藩主や丹後国宮津藩主などに取り立てられている。

九月二十五日、三丸番頭として杉原忠明、石原吉次、大井宣満、柳沢安忠が命じられた。柳沢安忠の子が綱吉が将軍になった時に側用人として活躍する柳沢吉保である。抱守兼三丸番組頭として向坂政定、柘植正弘、前田定恭が、徒頭として植村正景が付けられた。そして家光の死後、慶安四年十月二日、弓鉄砲頭、目付、徒頭、小十人組頭、留守居、納戸、勘定頭、台所頭、茶道が付属された（「曽我日記」）。

綱吉の人生儀礼は、正保四年十一月二十七日に「奥」の家綱の部屋にて髪置の儀式があり、慶安三年正月二十六日には袴初めを行った。承応元年（一六五二）十一月十二日には、童形を改め、同二年八月八日には、家綱が右大臣へ転任するにあたって兄綱重とともに従三位左近衛中将に任じるとの家綱からの上意が伝えられ（「江戸幕府日記」）、十九日には次兄綱重とともに元服して「綱」字を拝領し、綱重は左馬頭、綱吉は右馬頭となった。左馬頭・右馬頭の唐名が典廐であることから、以後、二人は典廐家や、まとめて両典廐などと呼ばれることになる。さらに二人は「松平」を名乗ることになった。こうした嫡子だけが「徳川」を名乗るのは、将軍家以外、御三家も同様である。以降も常に兄綱重とともに処遇されている。明暦三年（一六五七）九月には、神田館が完成したためこれまで住んでいた江戸城三丸から移っている。寛文元年（一六六一）閏八月、兄綱重には甲斐国甲府二十五万石が、綱吉には上野国館林二十五万石がそれぞれ与えられたため、綱重は甲府家、綱吉は館林家と呼ばれ、また江戸の上屋敷の地名から綱重が桜田館、綱吉が神田館とも呼称された。十一月二十八日には参議に昇進した。この頃から「徳川」を名乗っている。十二月に袖留《そでとめ》の儀式があり、同二年十二月十八日に前髪取《まえがみとり》を行っている。

典厩家の人事

将軍家から綱重・綱吉兄弟へ家臣団、官位、領地、江戸屋敷などが分与されることで、御三家や越前家と同様、徳川宗家を守るための家門大名が創出された。もっとも典厩家が他の家門大名と異なるのは、将軍家から離れ独自の「家」を形成していなかったことである。この点を、本書にもたびたび登場している旗本曽我包助の日記である「曽我日記」からみてみよう。これまでも述べてきた通り曽我は、徒頭から新番頭となり、家光の近習として活動してきたのだが、万治三年（一六六〇）五月一日、「家光以来、確かな奉公を勤めている」との理由から、三月に死去した綱吉の家老牧野儀成の跡役を命じられた。徳川家内部での人事異動となるが、将軍の家臣から、その息子の家臣（陪臣）になることを意味していた。このため、一見、降格人事のように思われるかもしれない。もちろん、このことは、配属を命じた幕府もわかっていたことである。過去にも、家康の庶子徳川頼宣に付けられていた水野重央《しげなか》の長男重良《しげよし》が、元和七年（一六二一）に父が死去した際、跡を継いで付家老となることを嫌い旗本となることを願ったものの、同九年に秀忠・家光に説得されて包友の脇差を与えられた上で家督を継いだこともあった。

こうした家格の問題を解決するため、包助の二男だが嫡男だった助寿を、そのまま幕府家臣とする一方、三男助興を包助と同様綱吉付属とした。三男も新たに召し出すという恩遇を与えている。包助が家光の期待に応え長く近習を勤めた有能な旗本であることに加え、将軍の庶子に譜代衆など高い格式を誇る大名や本家大名を付属するよりも、包助のようなもともと将軍近習で分家出身の方が抵抗が少ないという事情も考慮された。

包助は付家老になると、常陸国宍戸領内十二ヵ村を加増されて三千石を領している。旗本で三千石以上といえば、八朔に出仕して将軍へ太刀目録を献上できるなど、大身旗本に属する。ところで、この新しく与えられた知行地は館林藩領ではなく、幕府領であった。つまり綱吉から与えられたのではなく、将軍から与えられたということになる。五月晦日には村々の名前が書かれた知行地の書き出しが与えられている。

また六月四日には、酒井忠清邸にて、もう一人の家老室賀正俊や綱吉の伯父本庄道芳との連判で誓詞を提出している。この誓詞には、①公儀の御為は申すに及ばず、綱吉が良いように相談せよ、②条目を守ること、③親子兄弟や知り合いの好みなく依怙贔屓しないこと、④連判中、一門方、諸大名、傍輩と切々に寄合をしたり昵懇であってはならない、⑤綱吉が万一若気で無理なことを言っても道理に合わないことを必ず申し上げて正路に奉公するようにせよ、もし一門方や諸大名が悪事をして一味に誘われてもすぐに言上すること、というものであった。全体的に綱吉への奉公を説くものである。綱重をはじめ御三家などの一門は将軍家にとって藩屏となる一方で、一門同士や他大名と結び付くことで脅威になる存在でもあった。包助の立場としては、①にあるように、綱吉への奉公というのは幕府のためでもあることが大前提であった。このように将軍と直接の主人という二人の主君と主従関係を持つ二重主従制は、御三家の付家老や国持大名の分家大名などにみられる。

寛文元年（一六六一）六月十二日には、幕府から城北吉祥寺の明屋敷《あけやしき》を拝領している。

典厩家と御三家

将軍家に継嗣がいない場合に備えていたという点では、両典厩家も御三家も同じであり、そのため、家格も諸大名の最上位に位置付けられた。特に典厩家は将軍家綱の実弟という血縁的な近さもあるため、御三家よりも上に位置付けられた。慶安四年（一六五一）六月二十五日、新しく将軍となった家綱が、初めての代替の御礼を諸大名から受けた時から、両典厩家の二人は黒書院にて家綱と対面している。家綱はその後、白書院へ移動して御三家と井伊直孝と保科正之と対面儀礼を行い、大広間へ移り越前家以下、諸大名から御礼を受けている。これ以降、諸儀礼において両典厩家は御三家よりも先に将軍へ御目見をするようになっている。この当時綱重・綱吉ともに未だ無官であったが、官位よりも将軍との親疎《しんそ》に基づいて最上位に置かれたのである。

両典厩家は兄弟ということもあり慶安三年以降、同等の家格であったことから、贈答をはじめ、当主が互いの屋敷へ行き来して振舞があったり、吉事や病気の際には上使を頻繁に派遣しあっていた。しかし両典厩家は同じ家門大名でも、御三家とはあまり「家」としての付き合いを行っていない。「曽我日記」でも、曽我包助が付家老となった万治三年（一六六〇）五月から寛文四年（一六六四）十二月までの間で、最後の年の三月二十六日に前年十月、綱吉が公家鷹司家との縁組が決まったことで、尾張徳川光友が神田館へ来て饗応をした記事があるくらいで、綱吉が御三家の屋敷へ行くようなこともなかった。

6　家光の死と新たな将軍の誕生

家光は、病により、時に政務が停滞することもあったが、徳川家の当主として、幕府内の制度を整え、島原・天草一揆を鎮圧し、四つの口を中心とした海禁政策としての鎖国制度を完成した。また参勤交代制の実施や、日光や上野の東照宮を改築するなど、祖父家康、父秀忠の偉業を見事に継承したといえるだろう。

家光の死

その家光も、慶安期になると、再び病が発症して健康不安に悩まされ、同四年（一六五一）正月儀礼には出仕することができず家綱が名代となった。またこの年の月次御目見はたびたび中止となっている。もっとも、一方で家光はしばしば江戸近郊へ狩猟にも出かけた。翌四年になっても、このような状況は変わらず続き、番頭・物頭などの近習たちや各番士による太刀や鑓の稽古をはじめ、歌舞伎役者中村勘三郎や彦作を二丸に召して、双舞や狂言などをたびたび上覧している。三月八日には、老中阿部重次へ九月に日光社参をするので準備をするように命じている。三月は比較的体調がよく食事も取れていたようで二十日には家綱が西丸からやって来て対面している。四月十三日には、病が快然して食事もよく取っているとの知らせを状箱に入れて、上方へ次飛脚にて送っている。しかし、それから六日後の十九日夜から家光の容体は急激に悪化し、もはや回復が見込めないほどになっていった。このため御三家をはじめ、諸大名や物頭・役人たちが登城をしている。

この時の状況について、『徳川実紀』によれば、家光は徳川光友（尾張）、徳川頼宣（紀伊）、徳川頼房（水戸）を御座間に召して、「家綱（十一歳）がまだ幼稚なので天下のことや宗家（将軍家）のことをその身に引き受けて補弼《ほひつ》して欲しい」との遺言を酒井忠勝を通して伝えたという。家光にとって家綱をはじめ、天下や将軍家の行く末は心配であった。特に家綱の考えや言動に徳川家の将来がかかっているのである。

家光の言葉を聞いて御三家の当主たちは、ただただ落涙するばかりであった。次に松平光長、松平直政、前田利常を召して言葉を伝え、その次に保科正之、松平（久松）定行を召して同じく言葉を伝えた。御座間で、御三家、越前家、前田家、保科正之、松平（久松）定行という徳川一門のみが死の間際における家光の遺言を聞いた。終わると、老中は黒書院へ行き、待機していた「譜代衆」へ家光の上意を伝えた。綱重と徳松も父家光の側にいて湯薬《とうやく》を自ら世話したいと望んだが、その場にいた安藤重長が進み出て、「二人が付きっきりで看病していては、家光が大病だと世の中に知られ騒ぎになるだろうから退出して下さい」と勧めたため、両人は泣く泣く退出していった。

そして申刻（午後三時〜五時）家光は息を引き取った。享年四十八であった。この日の天気は晴れたが、家光が亡くなる一週間前から五月雨が止まなかった。家光お気に入りの近習であり「歌人」（『柳営婦女伝系』）でもあった斎藤三友は、

君まさで　日数ふりゆく五月雨の　雨もなみだもわかれざりけり

と、家光が死去したことの悲しみを詠んだ。これを聞いた人々は涙で袖をぬらしたという。

さらに、家光の死によって、寵愛を受けた堀田正盛・内田正信や、現役の老中であった阿部重次が次々と殉死をしていった。堀田正盛の母はいこの局（六十三歳）も、主君家光にも子にも先立たれてしまったとして自害した。

夜に入り、松平信綱と阿部忠秋が竹間へ出座をして、普段から殿中に伺候している面々を召し出して、家光の死と遺言を松平信綱が演達するとともに、家康や秀忠が死去した時は隠居後であったが、今回は家綱がまだ「御部屋住」であり御家人不足でもあるので、落髪することを考えている者は老中が差図するまでしてはならないと伝えた。

亡骸の出棺

家光の亡骸は、生前すでに、敬愛する祖父家康のもと日光へ埋葬されることに決まっていたが、『徳川実紀』によれば家光から、「家康と並んで葬地（奥宮）があるのは甚だ恐れ多いので大師堂の

側に遺骸を納めるべし」との遺命があった。現代人からすると、家康・秀忠の業績を引き継いで徳川家による天下支配を完成させた家光であれば家康の横に墓所があってもいいのではないかと思ってしまうかもしれないが、たとえ将軍であっても家康という神格化された存在の前では謙譲しているところが興味深い。実際に家光の墓所である大猷院《だいゆういん》は、奥宮とは離れた慈眼堂《じげんどう》の奥に建てられた。

慶安四年（一六五一）四月二十二日には、松平信綱から家光の亡骸を日光山へ葬送するので、内藤忠重、永井直清、土屋利直、小笠原忠知、秋元富朝、小出吉親、片桐貞昌、三浦安次、京極高通、鳥居忠春は日光へ行き、中陰の間は詰めるように伝えられた。これらの大名は特に家光によって取り立てられた者たちであり、縁が深いと本人や周囲も考えているから選ばれたのである。さらに松平信綱は、内藤忠重と永井直清が落髪することを許可している。

四月二十三日夜、家光の亡骸が江戸城の「御裏門」から出て、上野の寛永寺に入った。父秀忠や母江が眠る芝増上寺ではなく、寛永寺が江戸での菩提を弔う寺院となったのである。同日、書院番頭で奥勤であった三枝守恵（六千石）が殉死している。

家光の亡骸は寛永寺に二日間置かれた後、四月二十六日、上野を出て日光へ向かったが、小十人組や徒組に警固された亡骸には、酒井忠勝をはじめ久世広之、牧野親成、中根正盛、斎藤三友などの側衆が付き従った。二十九日に棺は日光へ到着し（『曽我日記』）、先に来ていた毘沙門堂門跡公海が出迎えている（『徳川実紀』）。もちろん、日光門跡守澄《しゅちょう》親王もすでに日光へ到着している。日光では毎日読経が執行され、五月六日、酒井忠勝が束帯を着して法会が営まれた（『曽我日記』）。亡骸は輪王寺本坊から三仏堂へ移され、さらに天海が眠る慈眼堂のある大黒山に葬られた。十八日には、禁中から「大猷院殿」と正一位大相国《だいしょうこく》が贈られた。その後、承応元年（一六五二）二月十六日、同地に霊廟としての大猷院の建設が始まり、承応二年四月四日に完成し、入仏が行われている。

家光の遺産

家綱の新体制となって間もなく、遺産分けが始まった。慶安四年（一六五一）六月十八日、幕府は吉良義冬を京都の朝廷へ派遣して、家光の妹である東福門院和子へ、遺品である新勅選（坊門局筆）、御葉茶壺（大内）、屏風（花鳥、古法眼筆）を進上している。これらは家光が日ごろ側に置いていた道具であった。さらに同日、綱重と綱吉へ家光の道具の内、分与される目録が渡された。綱重へは

一、蜂屋口　御腰物　一、貞宗　御脇差　一、御茶入　紹鷗円座
一、御掛物　北磵墨跡　一、御葉茶壺　時雨　一、黄金　五万両

であり、綱吉へは

一、鍋島郷　御腰物　一、貞宗　御脇差　一、御茶入　遅桜
一、御掛物　竺田墨跡　一、御葉茶壺　落葉　一、黄金　五万両

というように、腰物、脇差、茶入、掛物、茶壺、そして黄金が二人にはほぼ同じように分与され、将軍の遺産分けとして、刀や脇差といった武家にとってのアイデンティティーともいうべき道具以外、茶入・茶壺や中国の高僧北《ほっ》磵居簡《かんきょかん》・竺田悟心《じくでんごしん》の墨蹟というような「唐物」が遺品となっており、室町時代から安土桃山時代において流行した道具が、この慶安期においても引き継がれていた。ただ元和九年（一六二三）に秀忠が死去した時もそうだったが、主に将軍の遺産は金銀で与えられ、親族の女性へは、天樹院（千）へ金一万両と葉茶壺、勝（家光姉、松平忠直正室）へ金五千両と葉茶壺、孝子（家光正室）へ金五千両と葉茶壺、大（家光養女、前田光高正室）へ金二万両と葉茶壺、千代（家光長女）へ金二万両と葉茶壺、夏（家綱実母）へ金五千両と葉茶壺、順性院（綱重実母）へ金二千両、桂昌院（綱吉実母）へ金二千両が譲られた。家光の姉妹より、実の娘の方が金が多く、三人の息子の実母（側室）の中でもやはり嫡男家綱の母夏が優遇されていることがわかる。

秀忠と同様、家光の時も、大判金千三百枚、小判八百両、銀三十万九千五百両が「御家人」へ分け与えられた（『徳川実紀』）。

新体制のスタート

徳川家では当主家光の死を悲しんではかりはいられず、相続者である家綱へ家督と将軍職を引き継いでいく必要があった。初七日も終わった慶安四年（一六五一）四月二十九日、明日から家綱を「上様」と呼ぶように命じている。六月十日、日光での法会が終わったとして、幕府は上野寛永寺において、軽い罪で牢獄にいる犯罪者百人余へ恩赦を発して、家綱の恩を江戸の社会へ知らしめている。六月十一日、忌が明け、京都、駿府、伊勢、長崎、堺、奈良といった幕府直轄地にまで恩赦が発令された。

六月十三日、改めて酒井忠清に家職でもある奏者の役を勤めるように阿部忠秋が伝えるとともに、同じく小笠原忠知、酒井忠能、増山正利へ奏者番を命じたほか、小姓や小納戸も新たに任命した。この日は「吉辰」なので、家光死去後、初めて家綱が「表」へ出てきた。このため黒書院において後見役の井伊直孝をはじめ御三家などが御目見をした。

もっとも家光の後継者としての立場を示す儀礼は、六月二十五日に行われた代替の御礼であろう。これは、家綱が徳川家の家督相続者であることを披露するとともに、家臣団が主君として家綱に対して礼を尽くすものであり、家綱にとっても一生に一度の儀礼であった。

当日、家綱は「表」の黒書院へ出て行くと、まず綱重と綱吉が太刀目録をもって御礼をした。次に白書院にて、御三家、同嫡子、井伊直孝、保科正之が太刀目録をもって御礼をする。そして家綱は大広間へ移動するが、その途中白書院溜にて酒井忠勝、同忠清、今川直房、品川高如、戸田氏豊、上杉長貞、松平信綱、松平乗寿、阿部忠秋が太刀目録をもって御礼をした。また大廊下にて奏者番、詰衆、番頭、物頭、諸役人などが御目見をして、三千石以上は太刀目録を前に置き、同以下は進上物を持たずに御礼をした。そして家綱が大広間に着くと、国持大名、井伊直滋、織田高長、松平定行、松平頼元、同頼隆、前田利治、松平直良が太刀目録をもって御礼をした。次に国持大名の嫡子と譜代衆が太刀目録をもって御礼をしたが、国持嫡子までは一人ずつで、譜代衆は二人ずつでそれぞれ御礼をした。次に官位が四品以下、一万石以上の大名が、次に一万石以下三千石以上が、それぞれ御礼をした。四間では書院番士、大番士が御礼をすると家綱は「中奥」へ帰って行くが、その途中、大廊下にて法印、法眼、法橋、無官の医師が御礼をした。白書院溜にて真田信之が御礼をし、次間にて小姓組番士、右筆、諸役人、代官、小十人組番士、寄合が御礼をしている。参加者は、江戸にいる大名・旗本などだが、今回は代替の御礼だけに、在国している大名や病気で出仕ができなかった面々も名代を登城させて御礼をしている。

また、この日は家光に殉死した堀田正盛の子正信・正俊・正英、阿部重次の子定高、三浦正春、三枝守恵の子守俊、奥山守重の子重正が、親の殉死後、初めて登城している。家光時代を振り返りつつも新しい時代が始まることを印象付けたであろう。

徳川家の家長としての家綱と将軍宣下

家綱は、いまだ十一歳の少年であったものの、家光から家督を相続し徳川家の家長となった。官位は正三位大納言であったが、徳川家の家長になるということは、諸大名・旗本の主君になるということである。慶安四年六月二十七日には、白書院にてすでに家光によって認められていた毛利綱広《つなひろ》、細川綱利《つなとし》、毛利光広などが家督相続に対する御礼を行っている。また同じ日には「御一門方」である徳川頼宣（紀伊）、徳川頼房（水戸）、徳川光友（尾張）、松平光長、松平光通、前田綱紀、松平直政、池田光仲、松平頼重、浅野光晟、松平直良、松平直矩、前田利次、前田利治、松平昌勝、松平昌親（後、吉品《よしのり》）より端午の祝儀として献上物があった。家綱が御礼を受けるということは、幕府年中行事を主催する立場としてである。なお、綱重と綱吉については、遡るが、六月二十一日に、今年の九月から進上することとなり、端午は帷子五門の内単物、重陽は呉服三、歳暮は呉服五と、進上物が定められている。

主君としての家綱は、七月一日、初めて月次の御目見に出た。綱吉は腫れ物のため御礼をしなかったが、両典厩家以下、諸大名・物頭などの旗本が登城をして、家綱との主従関係を確認するための御目見を果たした。将軍に任官していないので、あくまで徳川家の家長という立場から御目見を行っているのである。

四月二十日に家光が死去して以降、将軍職は空白になっていた。家綱が将軍宣下を受けて征夷大将軍に任官したのは八月十八日であり、ここに名実ともに家光の後継者としての四代将軍徳川家綱が誕生する。この将軍宣下では、さらに右近衛大将《うこんえのだいしょう》、右馬寮御監《うめりょうぎょかん》、淳和《じゅんな》・奨学両院別当《しょうがくりょういんべっとう》、源氏長者を兼ね、大納言から内大臣となり、正三位から正二位へと昇進している。これによって家綱の官位は、ようやく、すでに従二位大納言であった徳川頼宣（紀伊）を抜いて、一族を含め武家のなかで最上位に位置することになったのである。なお、家綱は承応二年（一六五三）七月に右大臣へ転任している。

近習への「条々」

慶安四年（一六五一）十二月二十八日、近習の職務に関して全十一ヵ条からなる「条々」（国立公文書館所蔵「御側衆御条目」）が定められた。一条目には「御幼少被成御座候とて、御前をかろしめ、むさと仕たる儀於被言上者、当座応御気色候とも、御心のままにならせられ候ハヽ、後々御為不可然（後略）」と、幼少の家綱に対して、いい加減なことを言ってはならず、後のためにならないとする。近習は将軍と直接、話すことができる立場にある。

この「条々」は、近習の職務規程であるとともに、家綱をどのように育てていくのか、という徳川家の方針を定めたものでもあった。二ヵ条目に「御一門を始、諸大名并外様之面々に被相頼不寄何事取持たて被仕間敷事」と、家門大名をはじめ諸大名や表の者たちに頼まれても取り立ててはならないとする。また六ヵ条目には「御遊等之節、風をも不被為引、御あやまち不被遊様に成程心をつき可被申候」と、家綱が遊んでいる時に風邪を引かないようにすることも近習の役目であった。七ヵ条目には、「不寄何事（家綱から）被仰付儀」があればすぐにお受けをして、守衆は老中へ相談し、小姓や小納戸は守衆へ相談するようにとある。ここでいう近習は、守衆、小姓、小納戸をはじめ、「御前近面々并奥の坊主」までであり、この時期、最終的には老中が「奥」も管轄していたようである。まさに幼少の新将軍を老中が中心となり近習たちによって支えていた。

7 事件と「家」

征夷大将軍不在時の社会不安

家綱が征夷大将軍に任官する直前の慶安四年（一六五一）七月九日、三河国刈谷城主であった松平（久松）定政が子定知《さだとも》とともに上野東叡山最教院に入って遁世《とんせい》してしまった。親子で江戸に出て托鉢に廻ったため、市中の人々を驚かした。定政は、今の執政による補佐では世の中が乱れると思い、井伊直孝と阿部忠秋へ封書を差し出していた（大野瑞男、二〇一〇）。封書には、定政が見た夢と幕府政治への批判を書いた和歌、自身の領地二万石を返上して、一人に五石ずつを分配すれば四千人が養えるとも書かれていたという。幕府は定政を「狂気」として、兄であった松山藩主松平定行へ預けた。二十六日には城明け渡しの法度書の黒印状写と下知状を持った目付村越正重と徳山重政を刈谷城へ遣わす旨を松平信綱が伝えている。定政は家康の異父弟松平定勝の六男であったが、家光の小姓から小姓組組頭となり大名まで取り立てられた近習出身の徳川一族である。

さらに七月二十三日には、駿河の軍学者由井正雪《ゆいしょうせつ》による、慶安の変とも呼ばれる由井正雪の乱が発覚した。この事件は、老中松平信綱の家臣奥村権之丞時澄などの密告により事前に発覚し、一味の丸橋忠弥《まるばしちゅうや》などが捕縛されたものの、江戸、駿府、大坂各地で放火による騒乱を誘発して家綱を拉致しようとするものであった。丸橋忠弥はもと土佐国の大名であった長宗我部《ちょうそかべ》盛親《もりちか》の子とも言われ、多くの牢人が捕まり処罰された。さらに由井正雪の背後にいた人物として名前があがったのが徳川頼宣であった。正雪の遺品の中に頼宣判物があったという。この時酒井忠勝は出てきた判物を頼宣に見せて、偽書だからすぐにでも焼いてしまった方がよいと述べて、火にくべてしまった。この時、側に居た可能という紀伊家の家臣が印の不管理が頼宣に及ぶことを恐れて切腹したという（『武野燭談』）。頼宣が家綱よりも上位の従二位大納言であった時期である。頼宣判物は正雪の詐謀《さぼう》であったらしいが、いかにも真実味を持ったことであろう。

こうした事件の背景には、寛永飢饉によって顕在化した旗本層の窮乏と、外様大名家の改易によって大量に発生した牢人問題があった。従来、外様大名を支配統制するために幕府は、大名と家老の対立などによって頻発する御家騒動を裁定するなかで、改易を断行していったとされてきたが、むしろ幕府は大名家の存続を図っていたとの評価に変わっている（福田千鶴、二〇〇五）。また後継者がいないために断絶となる事例は、家光期で四十六家中、二十四家に及んだ（藤野保、一九七五）。これは幕府が、武士たる者、死に際して後継者を決めていないのは不作法として、末期で養子を取ることを禁止していたことが大きな要因となっていた。またこうした牢人が江戸でかぶき者となることもあった。江戸の町奴として有名な幡随院長兵衛の父もまた、肥前国唐津の大名波多家の家臣であったが、同家の改易により牢人となっていたという。

承応元年（一六五二）九月には、由井正雪の乱に続いて、やはり牢人が江戸を火の海にしようと計画した承応の変が発覚するなど、社会不安をもたらす動きに幕府も警戒を強めた。明暦三年（一六五七）正月十八日には江戸市中を焼き尽くした明暦の大火が発生しており、家綱も西丸へ避難するほどであった。

末期養子の禁緩和

幕府は、大名家に相続者がおらず改易となることで発生する牢人問題を解決するため、慶安四年（一六五一）十二月十一日、末期養子の禁を緩和して、五十歳以下の者が死の間際でも筋目が正しい者であれば養子を取ることを認めた。その後は、寛文三年（一六六三）に出された旗本諸士法度では十七歳以下の者にも適用され、天和三年（一六八三）、五代将軍綱吉の武家諸法度では、五十歳以上でも末期養子を取ることが可能になり、無嗣断絶が激減することになるとともに、養子を出す側の同族や親類との関係性がより重要になっていった。もっとも、こうした末期養子を認めていくことは、同族という観点からすれば、やはり「家」を永続させていこうとする当時の人々の強い望みを抜きにしては考えられない。祖先祭祀が途絶えるということもあるだろうし、またとりわけ中世以来の名族や大名家を断絶させてしまうことを是としない日本的な「家」存続意識がある。

幼将軍を守り立てる

十一歳で徳川家の家長となり将軍となった家綱には、家臣団によって生活の補助をはじめとした守り立てが必要であった。家光死去後の慶安四年（一六五一）五月一日、家綱は精進のため魚や鳥の料理を避けていたが、御三家から家綱は幼少なので魚類は食べても良いのではないかと老中まで再三に渡って伝えてきた。このため、老中は毘沙門堂門跡公海と酒井忠勝へ相談した上で、この日の朝から魚類を出すことにしている（「江戸幕府日記」）。御三家が魚類を食べるように勧めたことは、もちろん家綱の健康を考えてのことであろう。家光による遺命もあり親族としての後見的な行為であった。承応元年六月十日には、徳川頼宣（紀伊）、徳川頼房（水戸）、徳川光友（尾張）に対して、今年は参勤の年だが家綱が幼稚の間は在府して補佐するようにと命じた。これは井伊直孝へも同様に命じている。野田浩子によれば井伊直孝は、秀忠死去後、「譜代筆頭」として家康の孫にあたる松平忠明と同じグループを形成して家光に寄り添い補佐してきたが（野田浩子、二〇二二）、当該期には酒井忠勝や老中とともに両典厩家、御三家、越前家など、幕府上層の大名に対して「挨拶」をしている事例が多くある。一例として、慶安四年十月十五日、御座間に井伊直孝、酒井忠勝、松平信綱、松平乗寿、阿部忠秋が列座し家綱が出座した上で、酒井忠清に対して京都からの勅諚《ちょくじょう》・院宣に任せ少将に補した上で、先祖代々名乗ってきた「雅楽頭」と号すように命じた。この時、吉良義冬も少将に任じられたが、これは両人が将軍宣下祝儀の使者として京都へ行き帰参して勅諚と院宣のことを家綱が聞いたためであった。

また当該期の井伊直孝は年頭・八朔をはじめとした殿中儀礼においては保科正之と同じグループに属していた。同二年二月三日、家綱は初めて本丸「表寝」を始めるものの、九日、井伊直孝と保科正之が「表」で寝るのはまだ早いと言上したため再び「奥方」で寝ることになった。家綱の養育に御三家や保科正之とともに携わっていた。なお保科正之と同列の大名として松平忠明の子同忠弘《ただひろ》がおり、慶安四年十月一日の月次御目見では黒書院にて両典厩家、御三家、松平光長の後に保科正之、井伊直滋、松平忠弘が一つのグループとなって御目見をしている。井伊直孝は出席していないが、こうした場には、すでに子の直滋が出座するようになっている。直孝は、個人としての格式や年齢からして保科正之や松平忠弘と並ぶような存在ではないということだろう。万治二年（一六五九）六月に井伊直孝が死去したことにより、寛文二年（一六六二）二月五日には、榊原忠次を保科正之と同前の格式にしている。

8　家綱期の政治体制と近習

家綱が成人した寛文期の幕府については、これまでにも多くの研究がなされてきた。これはやはり家綱が将軍として政治的判断が可能になった上で幕府政治を検討する目的があったように思われる。もっとも「家」という観点からすると、家綱が家長・将軍となって新体制がスタートした慶安後期、承応、明暦、万治、寛文前期までもきわめて重要になってくる。そこで次に同時期における幕府運営を担った老中や若年寄などの幕閣をみてみよう。

家綱期の老中と側衆

家綱政権スタート後の老中は、前代から引き続き松平信綱と本丸へ戻った阿部忠秋が担った。老中は、家光の死去直後の慶安四年（一六五一）四月二十八日、隔日で江戸城内で泊番をするように命じられ（『徳川実紀』）、家綱が十三歳となる承応二年（一六五三）十月二十二日まで続いた。松平信綱は慶安四年の時点で五十六歳、阿部忠秋は七歳年下の四十九歳である。幼将軍という「第一人者不在」の状況の中で、二人の老中には相当な負担がかかったものと思われる。なお慶安四年八月十八日、将軍宣下の際、家綱付だった松平乗寿は、阿部忠秋とともに四品から侍従へと転任し、「大給松平家譜」では、この年から奉書加判を命じられて「執政」＝老中になったとする。承応元年六月十二日、松平乗寿は、今後、松平信綱、阿部忠秋に加わって評定所に出座するように命じられている。

老中の負担を軽減していく上で、職務の分業は必須となってくるが、老中とともに幕政を担った若年寄朽木種綱は、すでに慶安二年二月十九日に土浦城を拝領して役職を許されており、二十一日、これまで朽木が担ってきた「旗本御用」は、ほかの役人に命じるまで老中が行うことになっていた。しかし新たに若年寄が命じられることはなかった。それでは若年寄が担当した「旗本御用」という、将軍直轄軍団をはじめとした旗本支配はどのようになっていたのであろうか。結論から述べると、朽木の代わりとなる旗本支配は、老中と側衆が連携しながら担っていた。老中と側衆の関係性について、「曽我日記」から三点、いずれも万治元年（一六五八）から事例をあげると、まず一つ目の事例として、六月十五日、幕府年中行事の一つで毎年六月十六日に将軍が大名や旗本へ菓子を与える嘉祥における新番組頭の出仕についてどうすれば良いか、番頭であった曽我包助は、同僚の遠山景重・渡辺綱貞とともに、まず側衆の久世広之のもとへ行き相談をしている。その後、同じく側衆の内藤忠由と土屋数直にも報告した上で、側衆三人が老中へ伺ったところ、去年と同様に出仕するようにとのことだった。新番は近習の番方なので側衆へ尋ねているということもあるのだろうが、すべての旗本支配を老中が担っていないことは確かである。

二つ目の例として、七月八日、老中松平信綱、阿部忠秋、稲葉正則から、書院番、小姓組番、新番、小十人組の各番士へ小石川、小日向、赤坂、鉄砲洲にて与えるとのことだった。十五日、新番頭の駒井親昌から曽我包助のもとへ手紙が来て、「ほかの番頭たちは良い場所の拝領を願っており、可能かどうか側衆の土屋数直へ尋ねて欲しい」とのことだった。しかし老中からは「近習番（新番）は築地の内、城廻など」と命じられているので難しいと返答している。翌八月一日には、久世広之から、拝領した屋敷の絵図面を評定所の絵図役人へ提出するように命じられた。この命令では屋敷内の高低差や谷・堀川などをはじめ、中屋敷や下屋敷、さらに地代屋敷まであれば詳しく書くようにとのことだった。幕府によって江戸内の地形や屋敷地が把握されていく過程であり興味深いが、ここでは、やはり、老中から新番頭への命令について、番頭は側衆の土屋へ問い合わせを行おうとしていたということが重要である。

三つ目の事例として、閏十二月二十二日、番入を望む十七歳から二十歳までの旗本が江戸城へ出仕すると、酒井忠清、阿部忠秋、稲葉正則が面会をし、その場に久世広之、土屋数直、内藤忠由が次に出座していた。旗本の入番において、老中と側衆が確認をしているのである。まさに、もともと若年寄が担っていた位置に側衆がいる。久世、土屋、内藤は、もともと家光取り立ての近習であった。しかし家光の死去後も、家綱の側衆となり、政権を支えた。こうした人事の継続性こそが当主幼少であっても徳川家が連続できた要因の一つだと考えられる。

堀田正信による老中批判

万治三年（一六六〇）十月八日、徳川家内を揺るがす騒動が起きた。家光の寵臣であり、死去後、殉死を果たした堀田正盛の長男で家督を相続していた堀田正信が、幕府の許可なく、領国の下総国佐倉へ帰国してしまったのである。大名が勝手に領地へ帰国することは謀反とも取られ兼ねない行為である。幕府はすぐに対応して審議がなされ、十日、正信の行為は「乱気」とされた。

なぜ正信は、このような行為に走ったのであろうか。この点、正信が家綱に対して宛てた「訴状」が「曽我日記」に記載されているのでみてみよう。一言でいうならば、現在の老中に対する批判が繰り返されている。本来なら原文を載せたいが、紙面の都合上、要約した現代語訳を載せる。

①私（正信）は、徳川家に対して特に奉公をしなければならない者である。親正盛は家光様によって取り立てられたが、さしたる奉公もせず、ようやく家光様死去の時にお供をした。私も朝暮となく「御為」のことを考えています。しかし今、家綱様の代は十年となり、天下の事を考えますと、皆が困窮しており、民はもちろん、牛馬まで疲れています。これは、「年寄共」（老中たち）が家綱様を守り奉る仕方が悪いからです。私が言うことを不審に思われるかもしれませんが、「御側・外様」にまで尋ねてくれれば一人として（老中を）良いという者はいないでしょう。

②治世が二十年続いた将軍は家光様しかいません。今すでに家綱様の治世は十年が経っています。もし家綱様が死去した場合、老中が家綱様のお考えのもとに政治をしていなければ、一人として厚恩に思う者はいないでしょう。もし命を長らえれば私は家綱様に供をする覚悟があります。このことを考えて父正盛も家光様にお供をしたのです。家綱様も二十歳になったので老中の悪事を御耳に入れることにしました。

③父正盛が殉死する時に聞いたのは、家光様は武士として名を残さなかったことが末期まで残念に思っていたとのことです。家綱様は幼年だったので忘れてしまったかもしれませんが、老中がお話して吟味もしないのは不届きです。

④松平（久松）定政（三河刈谷二万石）が家綱様の代替時に「寸志」を言ったけれども即時に「気違」いとされた。その後、空いた知行を考えると十三万石あり、それと私の領地十三万石がある。そのほか、小身の衆に跡目を命じないこともあった。しかし一万石を下されたのは増山正利や牧野親成と覚えています。これは随分ありがたい事だが、旗本には少しの知行も与えていない。これは「年寄達」が武士（旗本）の吟味をおろそかにしているからです。家光様は旗本の良いところを取り上げられていました。今は幼少なので心のままに利益勘定だけで仕置きをしているので、万人が痛んでいます。このため私が拝領している十三万石を返上しますので、番頭・物頭へ加増としたり、旗本へも知行や金銀を与えて下さい。

⑤訴えを江戸で差し上げようとすると、親類から止められますので立ち退くことにしました。また、こうすれば家綱様の耳に入るからです。江戸には妻子もおります。これはけっして悪心から訴えたのではない証拠です。

⑥「上様御年頃相応に御治被遊候様専要ニ恐れながらしかるべしと存じ奉り候」（家綱様は年頃に応じた政治を行うことが、恐れながら良いのではないかと考えます）。

まず①についてだが、正信は最初に父正盛の殉死について述べている。正盛が家光の近習出頭人であったことを誇りに思い、その後継者としての立場から今の老中たちの政治が良くないというのである。②では、自身も殉死する覚悟があると述べた上で、徳川家の家長であり将軍である家綱へ現状を伝えたいというのである。家綱が政治を担うことを期待してのことである。なお正信は先の話となるが、延宝八年（一六八〇）に家綱が死去すると、配流先の阿波徳島で自刃している。③は老中たちが家綱へ、家光の時代のことを伝えていないことを批判している。正信にとって家光の時代を理想とするのである。また④において、家光死去後の慶安四年（一六五一）、困窮する旗本の救済を訴えて領地を返上して遁世してしまい世間を驚かせた松平定政に対する処置をはじめ、今の「年寄共」（老中）は加増・転封・改易といった正しい人事を行っていないという不満を吐露している。⑤正信は自分の行動を計算して行っており、けっして「乱気」ではないことがわかる。⑥正信は、家綱が主体的に政治を担うことを期待していた。

正信は、老中の政権運営、とりわけ加増・転封といった財政を含めた所領の問題に不満を持って領地返上を願い出た。役職に就いていなかった正信にとって老中のこうした人事運営は許せなかったのである。ただ松平信綱をはじめとした老中たちも、加増という主従関係の根幹にかかわることについて、家光と同じようには行えないという事情も勘案しなければならない。老中が、定政や正信のような批判を受けてしまったように、徳川家の家長である将軍による政権運営もまた時に必要であり、かつ権威も必要であった。

十一月三日、正信の処分については、詰衆と物頭に対して「仰」があった。これは、正信が当時、詰衆であったためと推定される。佐倉城の収公と、正信自身は信濃国飯田藩主であった弟脇坂安政《わきざかやすまさ》へ預かりとなり、子正休へ正盛の功績を考え廩米一万俵が与えられた。

家綱の政治姿勢

家綱は、政治に対する意欲がなく何に対してもうなずくだけの「そうせい侯」であったとの俗説があるが、明暦三年（一六五七）七月二日、十六歳になった家綱は、大目付と目付に対して、今後は自分が報告をすべて聞くとの上意を伝え、さらに十三日には、大番、書院番、小姓組番、新番の各頭へ代替により何か組中で変わったことはないか尋ね、番頭たちが「少しも変わることはありません」と答えると、今後は目付を通して尋ねるので組中をしっかりとまとめるようにとの上意があった。このためさらに、老中の取りなしで「忝《かたじけな》い上意です」と返答している（「曽我日記」）。七月十三日には、大番、両番、新番の各頭を召して、今後目付が巡察するので番士は慎むように命じるとともに、以後、両番、新番、大番の番士、小十人組頭、小姓などを山里曲輪にて乗馬をさせて上覧している。さらに九月七日には、前田利常、井伊直孝、保科正之のもとへ使を出して菓子を与え、九月九日にも、酒井忠勝のもとへ使を出してやはり菓子を与えるなど、幕府上層の大名たちとの関係を安定させるための下賜を行っており、家綱は将軍として幕府政治への関与や家臣団統制に乗り出した。

家綱は徳川家の家長として家臣団を統制していかなければならず、今回の番頭たちへの上意も、けっしてその役割を放棄していた訳ではないことを示している。

家綱政権は、寛文四年（一六六四）四月五日、大名へ一斉に領地の安堵を認める領知判物・朱印状を発給する、いわゆる寛文印知によって、それまでの主君と家臣との関係が個人的なものから「家」と「家」との関係に変化したことが指摘されてきた。そうすると、寛文期以前における幼将軍家綱と大名の関係性は個人的な関係であり、不安定でしかない。

遡るが、家光死去後の慶安四年（一六五一）十一月十七日、上野東叡山の宮造営が終わったため、普請役を遂行した阿部千勝（定高、家光へ殉死した阿部重次の長男）の家老青木勘右衛門・下宮三郎左衛門や下奉行端山茂右衛門、山本新兵衛へ幕府から拝領物があった。当時、阿部家の当主千勝は十六歳であり、家臣団を率いて普請を遂行することは困難であったろう。当主にいまだ能力が備わっていなくても、家老をはじめとした家臣たちが幕府から掛けられた役を遂行したのであり、これは公儀役を阿部「家」として果たしたことになる。幼将軍と幼藩主という関係性は阿部家以外、珍しいことではない。すでに「家」と「家」との関係に基づく主従関係への移行が始まっていた。

新たな老中の登場

当該期の側衆は若年寄に代わって老中を補完する役割を担ったが、かつて老中や若年寄もそうであったように、小姓組や書院番の各番頭を兼ねていた。特に側衆であった久世広之や牧野親成は日ごろ、家光の側にいて「上意」を諸大名・旗本へ伝えるなど、否応なく常に幕府政治の渦中にいたと言える。

承応元年（一六五二）正月十一日、牧野親成は今まで松平信綱が担ってきた鷹のことを、久世広之は阿部忠秋が担ってきた馬のことを、それぞれ司るように命じられた。牧野と久世へ老中の権限が少しずつ委譲されている。

こうしたなかで閏六月五日には酒井忠清が奉書加判を命じられた。この時期、家綱は体調が悪く月次御目見が中止になることもあったが、老中阿部忠秋もまた体調が悪く、八月四日から十一日にいたるまで登城していなかったため小納戸の大久保忠景が家綱の上使として遣わされていた。阿部の体調は大事には至らず、以降、老中へ復帰している。

もっとも翌承応二年九月十八日から、二月に一旦中止をしていた家綱の「表寝」がいよいよ始まった。このため、松平信綱、松平乗寿、阿部忠秋は一人ずつ、江戸城に泊まることとし、側衆の牧野親成、久世広之、内藤忠由、土屋数直の番頭役を免じて、これもまた一人ずつ、昼夜家綱の「御近習」を勤めるように命じた。

承応三年正月二十六日には、老中松平乗寿が死去した。五十五歳であった。

明暦三年（一六五七）九月二十八日には稲葉正則が老中に就任した。そしてこの人事についても、三ヵ月ほど前の六月に松平信綱が大病を煩っており、十四日、幕府は同人の五男で当時小姓であった松平信興を遣わして看侍させて、時々病体を側衆まで知らせるように命じていた。六月十五日、酒井忠清と阿部忠秋が昨夕、松平邸へ行き医師奈須玄竹を遣わしてくれた御礼として嫡男輝綱が登城して家綱へ御礼をしたため、御座間にて家綱は信綱の病体を聞いている。七月二日には、守役内藤重種を御使として、六日には再び松平信興を遣わして信綱の病体を問うている。信綱は十一月十七日には、紅葉山東照宮へ代参しており、回復していたようである。こうした信綱不在時への対応として稲葉の老中就任があったものと思われる。

図37　稲葉正則　弘福寺所蔵

若年寄の復活

酒井忠清や稲葉正則という新しい老中を得た家綱政権であったが、寛文二年（一六六二）正月から、これまで幕府を支えてきた松平信綱が病で倒れ、ほかの老中へ暇乞いをして遺言までしていた（大野瑞男、二〇一〇）。すでに信綱は前年十二月二十二日の酒井忠清・信綱・阿部忠秋・稲葉正則連署で土佐国高知藩主山内忠義宛の老中奉書への加判を最後として、その後は一切、連署・加判しておらず、すでに病の床にあったのかもしれない。正月二十一日、家綱は大久保忠朝を遣わして体調を尋ね、二十七日には久世広之が上使として派遣されるなど、信綱の状態を問い合わせている。

二月八日には、大番頭であった松平氏信が「奥之御奉公」を久世広之やその他の衆と同じようにするように命じられた。側衆になったと考えられる。十二日には綱吉が松平信綱邸を見舞っている（「曽我日記」）。綱吉が信綱邸を訪問するのは異例である。

二十二日、久世広之と土屋数直が、慶安二年（一六四九）に朽木種綱が免じられて以来、空白となっていた若年寄に任じられた。老中として最大の実力者であった松平信綱の回復が見込めないなかで、老中を補佐する役職が復活したのである。三月十六日、信綱は六十七歳にて死去した。家光の小姓から取り立てられて老中まで登りつめた才気あふれる大名の死であった。さらに寛文五年八月五日には阿部忠秋が年を取りかつ病のため老中月番と評定所への出座しないことを許され同六年三月二十九日に老中を免じられている。

老中と若年寄の関係

寛文二年二月（一六六二）には、老中と若年寄それぞれの職務・支配が、改めて明文化された（「御触書」内閣文庫）。老中は、禁中・公家・門跡、国持大名と一万石以上の大名、九千石以下の交代寄合、大規模な普請・作事・造塔、知行割、外国との関係、高家、留守居、大番頭、大目付、町奉行、旗奉行、鑓奉行、作事奉行、勘定頭、普請奉行、遠国《おんごく》奉行、遠国役人、鷹方となっている。一方、若年寄は、書院番頭、小姓組番頭、新番頭、小姓、小納戸、中奥番士、百人組組頭、持弓・持筒頭、目付、使番、弓・鉄砲頭、火消役人、徒頭、小十人組頭、西丸裏門番頭、納戸頭、船手、二丸留守居、中川番士、寄合、膳奉行、右筆、小普請奉行、道奉行、医師、儒者、書物奉行、細工頭、賄頭、台所頭、同朋、黒鍬頭、中間頭、小人頭となっている。家光時代の寛永十一年「定」をもとにしながらも非常に詳細に規定されており、大番頭を除いた物頭層は若年寄支配に復していた。職制からみた家綱期は、家光によって取り立てられた近習が大きな役割を担っていることがわかる。ここに至り、幕末まで続く徳川家職制の基礎が完成することになった。なお、先の話となるが、五代将軍綱吉は、天和元年（一六八一）、神田館以来の家臣牧野成貞《なりさだ》を側用人として、これに側衆、小姓、小納戸、桐間番士、次番士など「中奥」の旗本を統括させて、近習をもとにした幕府運営を行うが、歴代将軍によって微調整が行われることになる。

この時期の老中と若年寄の関係について、再び「曽我日記」から見てみると、寛文二年九月二十一日、館林家では、老中から新たに幕臣を付けるので、誰がよいか詮議《せんぎ》するように命じられた。この間、詮議をしたのだろう、十月三日、老中から呼び出され、曽我包助と大久保正朝が登城したところ、黒書院次間にて酒井忠清から、鑓奉行武島茂信ほか七名の付属が伝えられた。その後、若年寄の久世広之と土屋数直が、これらの旗本を曽我包助と大久保正朝へ引き渡している。旗本の人事移動に老中および若年寄が関与している。ほかにも、十二月七日、曽我は土屋から登城するように呼び出されたため、登城したところ、嫡子権之丞助寿と本多重寛（三千二百石）の妹との縁組を命じられた。土屋数直は、上使として館林家へ派遣されることもある。このように、朽木種綱の若年寄退任後、久世広之や土屋数直など側衆が果たしていた職務を継承して若年寄が復活した。

さて同三年七月六日、旗本の行動について規定した諸士法度が公布された。七月十五日には久世広之が老中へと昇進し、酒井忠清・稲葉正則とともに徳川家を支える重鎮となった。同じ日、奏者番土井利房（利勝の四男）が若年寄となっている。さらに同五年十二月二十三日には若年寄土屋数直が老中となり、奏者番永井尚庸（尚政の三男）が若年寄に任じられた。同七年には小姓組番頭松平信興（信綱の五男）が側衆となり、同十年には、奏者番堀田正俊が若年寄に、延宝七年には小姓組番頭の松平（石川）乗政（松平乗寿の二男）が若年寄にそれぞれ任じられた。このように家綱政権を支えた老中・若年寄・側衆は、全員、家光を支えた近習出身の大名や、その子であった。

時間が遡るが、久世広之とともに家光や家綱を支えてきた側衆の牧野親成は、承応二年（一六五四）十一月二十八日、京都所司代板倉重宗が老衰により板倉に代わって京都所司代へと転出している。翌明暦元年（一六五五）正月十一日、幕府では、禁裏付の旗本に対して黒印状を遣わして、禁中のことは長橋局と武家伝奏へ聞いた上で、先規を守り、板倉重宗と牧野親成の指揮を受けるように命じており、板倉重宗と牧野親成の二人体制となっている。しかし十二月一日、板倉が死去したことにより、京都所司代は牧野一人となり、その重責を担うことになった。これまで上方における行政は、山城淀藩主永井尚政と摂津国高槻藩主直清の兄弟、大坂町奉行久貝正俊《くがいまさとし》と曽我古祐、堺奉行石河勝政、上方郡代小堀政一と五味豊直といった「個性と実力を有する人物中心の」、いわゆる「上方八人衆体制」と呼ばれる独特な支配形態が取られていた（籼田善雄、二〇一二）。上方は、古代以来の朝廷や寺社領が多く、いまだ江戸よりも経済力を持っており、五畿内に播磨・近江・丹波を加えた八ヵ国を対象とした広域的な支配が必要であった。寛文四年には年貢関係を統括する上方郡代から京都代官が分離して成立し、同八年には、京都の町方支配を行う京都町奉行が京都所司代から分離している。こうした組織の再編を担ったのも、側衆出身であった京都所司代の牧野親成であった。

家綱政権の終焉から新しい時代へ

家綱政権は、親族でもあった保科正之をはじめ、家光の政治を目で見て耳で聞き、実際に体験してきた大名や旗本たちが、老中、若年寄、側衆といった幕府政治の中心となったことにより、安定的な運営を可能としてきた。しかしすでに述べてきたように、こうした家光時代の遺臣たちもまた、老齢や病などによって幕府を去って行くことになる。側衆から若年寄を経て京都所司代となった牧野親成も、すでに延宝元年（一六七三）九月二十九日に隠居をしている。同じく側衆から若年寄を経て老中となった土屋数直が延宝七年四月二日に死去すると、久世広之も同年六月二十五日に続けて亡くなった。こうして、家光の時代を知る大名がいなくなっていくが、これは実は一方で、家康を直接見聞きしたり、もしくは直接知っている者から同人の話を聞くことがなくなっていったということでもあった。徳川家の中で家臣の「家」の代替が始まっていったのである。家光は家康を敬愛して、死去後も、ともに日光へ葬られることを願ったほどである。また家光は、死の直前の慶安四年（一六五一）においても、日光社参を計画していたほどで（「曽我日記」）、将軍在任中、日光へ九回行った。しかし家綱は寛文三年（一六六三）の一回のみ、綱吉にいたっては行っていない。もちろん、行かない理由については幼少や財政難など、さまざまな理由と背景があったとしても、家光と家綱・綱吉兄弟とでは、家康への崇敬の仕方が異なっていた。

延宝八年五月八日、家綱が死去したため急遽、綱吉が末期養子となって徳川家を相続した。五代将軍徳川綱吉の誕生である。綱吉は将軍に就任すると、最長四十九日間に及ぶ鳴物停止令を発して兄家綱に敬意を払い、その後、家門大名越前家（松平家）に起きた御家騒動の越後騒動に対して、家綱時代の大老で「下馬将軍」とも言われた酒井忠清の判決を覆す再審を行った上で同人を罷免した。そして堀田正盛の三男で同七年に若年寄から老中となっていた堀田正俊を大老に任じたのである。もはや家康はもちろん、家光の政治的手腕を直接知らない綱吉と大老、老中、若年寄などによって新しい時代が始まっていく。

綱吉の将軍就任と血統の論理

将軍に就任してからも病弱であった家綱は、延宝八年（一六八〇）二月下旬ごろより「表」に出る回数が減っていき、五月六日、危篤状態となった。しかし、四十歳であった家綱には未だ嫡子がおらず、このため深夜となり、綱吉を病状へ呼んで、「猶子」にするとともに、綱吉の子徳松をもって館林家を相続させるように命じた（『徳川実紀』）。もっとも家綱から綱吉の相続については、わからないことも多く、なぜ綱吉が選ばれたのか理由も定かではない。というのも、相続の順から言えば、家綱の弟の内、次の相続候補者には綱重が該当する。しかし綱重は延宝六年九月十四日に死去していた。このため、次の順としては、家綱のもう一人の弟の綱吉か、綱重の嫡男ですでに、この時、十八歳の若者に成長して父亡き後、甲府藩主となっていた綱豊（後の六代将軍徳川家宣）かのどちらかとなる。血統における長幼の順からすると、やはり家光の三男綱吉よりも、二男綱重の嫡男である綱豊となるだろう。しかし選ばれたのは綱吉であった。この時、綱吉を強く推したのは老中堀田正俊であったという。

図38　徳川氏略系図4

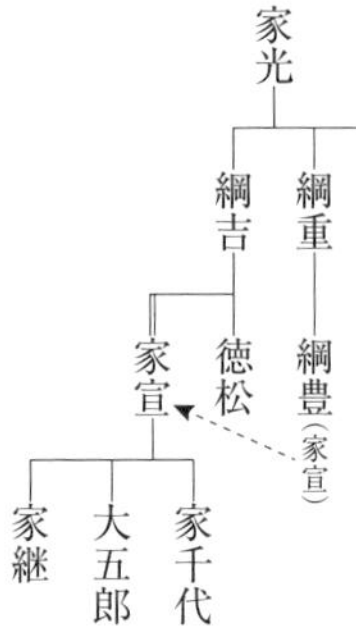

それではなぜ血統の順番よりも綱吉が選ばれたのであろうか。これを考える上で重要なのは、綱吉の子徳松の存在である。つまり、万が一、綱吉が倒れた場合、徳松が次の将軍候補となることが可能であったが、綱豊には、この時点においてまだ子がいなかったため、もし綱豊が死去した場合、また別の親族から将軍家の当主を選ばなくてはならなくなる。嫡子による単独相続ができない場合、今回のように親族から養子を取ることになるが、混乱が生じることも考えざるを得ない。なお綱豊に長男家千代が生まれるのは宝永四年（一七〇七）七月十日である。徳松は、延宝七年五月四日生まれであり、天和三年（一六八三）閏五月二十九日に死去している。大事なのは家綱の死去時点で徳松の将来は誰にも予測することはできず、館林家には綱吉・徳松親子がいるという状況があったということである。

こうした点は、もう少し先となるが、家宣の子で七代将軍となった家継が正徳六年（一七一六）四月三十日に八歳で死去してしまったため、ついに将軍家は断絶し、その後継者を選定する際にも認められる。この時、次期将軍の候補者は、御三家の徳川継友《つぐとも》（尾張）、徳川吉宗（紀伊）、徳川綱條《つなえだ》（水戸）であった。結果、徳川吉宗（紀伊）が八代将軍となったが、これは「大奥」の家宣正室であった天英院《てんえいいん》が推挙したためと言われる。実は、この時も、なぜ吉宗が選ばれたのか、定かではない。もっとも候補者の男子をみてみると、尾張継友と水戸綱條には、この時点において男子がいなかった。一人紀伊吉宗のみが、家重《いえしげ》（正徳元年〈一七一一〉生）、宗武《むねたけ》（同五年生）と二人いた。吉宗が将軍となり、万が一死去した場合、この血統において二人の候補者がいることは、徳川家にとって安定した相続となる。こうした点が考慮されて吉宗が将軍に選ばれたと考えられる。

綱吉前期における老中と若年寄

再び設置された若年寄は、綱吉期において老中とどのような関係であったのであろうか。この点について、綱吉が将軍となった直後の天和元年（一六八一）十二月に対馬藩宗家が鷹を将軍へ献上した時の老中奉書と若年寄連署奉書を通してみてみよう。

朝鮮との国交を担う対馬藩主宗義真《そうよしざね》から綱吉へ朝鮮の黄鷹が二連献上された。このため、将軍へ披露したことを知らせる老中奉書が発給された。たとえば、これ以前、家光期の万治元年と推定される十一月二十二日付の老中連署奉書では、老中松平信綱と阿部忠秋から、宗義真の父で当主であった宗義成《よしなり》に対して、次のような老中連署奉書が出されている（以下はいずれも九州国立博物館所蔵対馬宗家文書）。

御状令拜見候、朝鮮之黄鷹二聯被献之候、遂披露候之処、御喜色之御事候、恐々謹言、

阿部豊後守

十一月廿二日　　忠秋（花押）

松平伊豆守

信綱（花押）

宗対馬守（義成）殿

宗義成が黄鷹二連を献上したため上覧に供したところ、松平信綱と阿部忠秋から、家光が喜色（喜んでいる）と知らされた。黄鷹は確かに将軍へ披露されたことを示すため老中連署奉書が発給されている。慶安二年にただ一人の若年寄であった朽木種綱が罷免されて以降、鷹に関しても老中が管轄していたことは、対馬宗家文書に残されている老中奉書からも明らかである。

ところが、鷹に関しては寛文二年に若年寄が再設置されたことを受けて同職が再び関与することになっており、天和元年十二月に宗義真が朝鮮の黄鷹二連を献上した際には、若年寄松平信興が綱吉へ披露していたことが次の老中奉書によって知ることができる。

御状令拝見候、公方様益御機嫌能可被成御座与恐悦旨尤候、将又朝鮮黄鷹二隻被献之候、
松平因幡守（信興）相談首尾好遂披露候、恐々謹言、

大久保加賀守

十二月十七日　忠朝（花押）

宗対馬守（義真）殿

老中大久保忠朝から宗義真に対して、松平信興と相談した上で将軍へ披露をしたことが知らされた。実はこの老中奉書と同じ月日で若年寄の松平信興、石川乗政、堀田正英が連名で宗義真に対して、黄鷹を披露したので、大久保忠朝から老中奉書が発給される旨が知らされていた。

御状令拝見候、朝鮮之黄鷹二連被献之候、首尾好遂披露、従大久保加賀守以奉書被相達候、恐々謹言、

堀田対馬守

十二月十七日　正英（花押）

石川美作守

乗政（花押）

松平因幡守

信興（花押）

宗対馬守（義真）殿

宗家は鷹支配を担っていた若年寄松平信興を頼って黄鷹を献上したため、若年寄たちはこのような若年寄連署奉書をもって確かに綱吉へ献上したことと老中奉書が発給される旨を知らせたものと思われる。

このように、若年寄連署奉書は老中奉書が発給されることを担保するものであり、ここにはすでに若年寄が「奥」としての役割を脱して「表」の老中を補佐する任務についていたことがわかる。それでは従来、若年寄が担

っていた「奥」における役割は誰が担っていたのであろうか。この点、天和元年（一六八一）十二月十一日に牧野成貞（側衆）が新しく任じられた側用人は、側衆をはじめ、小姓・小納戸、さらに同時期に設置されていた桐間番・次番など「奥」に所属する者に対する人事や処罰を申し渡していた（福留真紀、二〇〇七）。なお牧野成貞は、日光門跡への上使を勤めるなど、家光期には側衆中根正成が行っていた役割をも担っていた（深井雅海、二〇一二）。これまで、若年寄や側衆の歴史的展開過程が明らかになっていなかったため、これらと側用人との関係など不明瞭であったが、本書で明らかにしたように家光期から綱吉期までを通して見てみると、もともと「奥」の長官としての性格を持っていた若年寄は、慶安二年、朽木種綱が許されて後、その役割は老中と側衆によって補完されていた。寛文二年に若年寄が再設置されると従来通り、小姓組番や書院番などの将軍直轄軍団を支配するとともに老中を補佐する「表」の役人としての性格が強くなった。一方、側衆は、家綱が幼少だったこともあり、家光のように将軍自身が能力を認めて任命するというよりも、将軍との個人的関係は抜きにして役職として任命される段階となっていた。側衆は五千石級の旗本が就く職であったこともあり、「表」の老中との取り次ぎ役を期待する上で、綱吉は新たに側用人を設置したものと考えられる。

コラム—3

明暦の大火と幕閣

明暦三年（一六五七）正月十八日は北西の風が激しく吹いていた。この日付は旧暦なので現代で使用しているグレゴリオ暦に直すと、三月二日になる。江戸をはじめ関東では、空気が非常に乾燥する時期でもある。江戸という都市は、木造家屋が建ち並ぶ人口密集地であり、火事が頻繁に起こっていた。

この江戸の歴史の中でも最悪の火事となった明暦の大火は、江戸城北部に位置する本郷（文京区本郷五丁目）にあった本妙寺《ほんみょうじ》が出火元とされる。激しい北風によって、牛込、赤坂、麻布を除く、江戸の東南北を三日に渡って武家地、寺社地、町人地関係なく焼き尽くし、被災地について東は新開地の深川、南は増上寺が近い愛宕山から芝まで及んだ。被災者は『むさしあふみ』で十万二千人余りとされるが、岩本馨は同史料が大火を強調しているとして、実際は「正慶承明記」に記述のある三万七千人余（水死者や行方不明者を除く）ではないかと推測している（岩本馨、二〇二一）。

さて、二日目の十九日には火が江戸城にも燃え移り、五重の天守閣をはじめ本丸や二丸を焼いた。火事が起きた場合、幕府では、由井正雪の乱や承応の変でも明らかな通り、混乱に乗じる者たちが出てくることや、これによって将軍の身に危険が及ぶことが一番心配されることであった。明暦の大火でも、幕府内では家綱の安全を守るため、上野東叡山をはじめ川越や古河へ移るべきだという意見が出ていた。家綱の警固をめぐっては、幕閣内でも意見が分かれたことが『徳川実紀』に記載されている。意見は次のようなものだった。

酒井忠勝—今回は天災だけではなく反逆の者がいるかもしれない。家綱様は自分の牛込下屋敷へ移るべきだ。

松平信綱—まず家綱様は上野東叡山へ移って世の中を見るようにした方が良い。

井伊直孝—今回はいつもの火事ではない。家綱様を井伊家の赤坂屋敷へ移して、譜代の家臣を集め警固すべきだ。

阿部忠秋―家康以来、天下の主が軽々と外へ動座した例はない。江戸城内山里の庭は明地が広大であり火も移っておらず危険ではない。もし反逆の者がいれば一、二の大名や御家人に命じて誅伐すればよい。もし家綱様が江戸城外へ動座されるのであれば、私は家光様の遺言もあるので絶対に江戸城を離れることはしない。

こうした意見を聞いていた家綱は、阿部忠秋の意見こそがもっともであり、自分がどこに居るべきかは定まった、と言ったことで決まったという。阿部忠秋は、家光が信頼をして家綱の西丸時代から付けていた老中であり、冷静な判断を持ち合わせていたことをうかがわせるエピソードである。火は本丸にも移ったが風向きから西丸は無傷であったため、家綱は申の上刻（午後三時過ぎ）に移っている。

主要参考文献

朝尾直弘「将軍政治の権力構造」(『岩波講座　日本歴史』一〇、岩波書店、一九七五年)
朝尾直弘『将軍権力の創出』(岩波書店、一九九四年)
岩本馨『明暦の大火―「都市改造」という神話―』(歴史文化ライブラリー、吉川弘文館、二〇二一年)
大嶌聖子「吉良氏の高家登用」(『戦国史研究』四五、二〇〇三年)
大野瑞男『松平信綱』(人物叢書、吉川弘文館、二〇一〇年)
笠谷和比古『近世武家社会の政治構造』(吉川弘文館、一九九三年)
神崎充晴「「東照社縁起」制作の背景」(小松茂美編『続々日本絵巻大成　伝記・縁起篇8　東照社縁起』中央公論社、一九九四年)
観泉寺史編纂刊行委員会編『今川氏と観泉寺』(吉川弘文館、一九七四年)
北島正元『江戸幕府の権力構造』(岩波書店、一九六四年)
北原章男「家光政権の確立をめぐって」(『歴史地理』九一―二・三、一九六六年)
小池進『江戸幕府直轄軍団の形成』(吉川弘文館、二〇〇一年)
小池進『徳川忠長』(人物叢書、吉川弘文館、二〇二一年)
小林夕里子「近世前期江戸幕府側衆の再検討」(『早稲田大学大学院教育学研究科紀要』別冊一九、二〇一二年)
小宮山敏和『譜代大名の創出と幕藩体制』(吉川弘文館、二〇一五年)
小山譽城『徳川御三家付家老の研究』(清文堂出版、二〇〇六年)
柴裕之『徳川家康―境界の領主から天下人へ―』(平凡社、二〇一七年)
下重清『幕閣譜代藩の政治構造―相模小田原藩と老中政治―』(岩田書院、二〇〇六年)
白根孝胤「御三家における縁戚関係の形成と江戸屋敷」(『徳川林政史研究所紀要』四一、二〇〇七年)
杣田善雄『将軍権力の確立』(『日本近世の歴史』二、吉川弘文館、二〇一二年)
高木昭作『日本近世国家史の研究』(岩波書店、一九九〇年)

高野信治『近世大名家臣団と領主制』（吉川弘文館、一九九七年）
高野信治『藩国と藩輔の構図』（名著出版、二〇〇二年）
塚本学『徳川綱吉』（人物叢書、吉川弘文館、一九九八年）
辻達也『江戸幕府政治史研究』（続群書類従完成会、一九九六年）
徳川義宣『新修　徳川家康文書の研究』（吉川弘文館、一九八三年）
永井博「「御使」と官位叙任」（『社会文化史学』四五、二〇〇三年）
中村孝也『家康の族葉』（講談社、一九六六年）
根岸茂夫『近世武家社会の形成と構造』（吉川弘文館、二〇〇〇年）
野口朋隆『近世分家大名論―佐賀藩の政治構造と幕藩関係―』（吉川弘文館、二〇一一年）
野口朋隆『江戸大名の本家と分家』（歴史文化ライブラリー、吉川弘文館、二〇一一年）
野田浩子『井伊直政―家康筆頭家臣への軌跡―』（戎光祥出版、二〇一七年）
野田浩子「初期大老井伊直孝の二つの役割」（『立命館文學』六七三、二〇二一年）
野村玄『徳川家光』（ミネルヴァ日本評伝選、ミネルヴァ書房、二〇一三年）
長谷川裕子「元禄期の側用人と勝手掛若年寄」（児玉幸多先生古希記念会編『幕府制度史の研究』吉川弘文館、一九八三年）
半田隆夫「幕府巡見使体制と西国経営」（藤野保先生還暦記念会編『近世日本の政治と外交』、雄山閣出版、一九九三年）
平野明夫『三河　松平一族』（洋泉社新書、二〇一〇年）
深井雅海『江戸将軍政治権力の研究』（吉川弘文館、一九九一年）
深井雅海『江戸城』（中公新書、二〇〇八年）
深井雅海『綱吉と吉宗』（『日本近世の歴史』三、吉川弘文館、二〇一二年）
深井雅海『江戸城御殿の構造と儀礼の研究』（吉川弘文館、二〇二一年）
福島貴美子「江戸幕府初期の政治制度について―将軍とその側近―」（『史艸』八、一九六七年）
福田千鶴『酒井忠清』（人物叢書、吉川弘文館、二〇〇〇年）
福田千鶴『江戸時代の武家社会―公儀・鷹場・史料論―』（校倉書房、二〇〇五年）
福田千鶴『徳川綱吉―犬を愛護した江戸幕府五代将軍―』（日本史リブレット人、山川出版社、二〇一〇年）

福田千鶴『春日局』（ミネルヴァ日本評伝選、ミネルヴァ書房、二〇一七年）
福田千鶴『近世武家社会の奥向構造―江戸城・大名武家屋敷の女性と職制―』（吉川弘文館、二〇一八年）
福田千鶴『女と男の大奥―大奥法度を読み解く―』（歴史文化ライブラリー、吉川弘文館、二〇二一年）
福留真紀『徳川将軍側近の研究』（校倉書房、二〇〇六年）
藤井讓治「家綱政権論」（『元禄・享保期の政治と社会』有斐閣、一九八〇年）
藤井讓治『江戸幕府老中制形成過程の研究』（校倉書房、一九九〇年）
藤井讓治『徳川家光』（人物叢書、吉川弘文館、一九九七年）
藤井讓治『江戸時代の官僚制』（青木書店、一九九九年）
藤井讓治『近世初期政治史研究』（岩波書店、二〇二二年）
藤野保『新訂幕藩体制史の研究』（吉川弘文館、一九七五年）
二木謙一『武家儀礼格式の研究』（吉川弘文館、二〇〇三年）
松浦由起「名古屋市蓬左文庫蔵『神君御文』について」（『豊田工業高等専門学校研究紀要』四五、二〇一三年）
松尾美恵子「大名の殿席と家格」（『徳川林政史研究所紀要』一九八〇年）
松尾美恵子「近世大名の類別に関する一考察」（『徳川林政史研究所紀要』一九八四年）
松平太郎『校訂江戸時代制度の研究』（柏書房、一九七一年復刻版）
三宅正浩「江戸幕府の政治構造」（『岩波講座　日本歴史』一一、二〇一四年）
矢部家崇「江戸幕府大番頭の人的構成と格式」（『論集きんせい』四一、二〇二〇年）
山村博美『化粧の日本史―美意識の移りかわり―』（歴史文化ライブラリー、吉川弘文館、二〇一六年）
山本博文『江戸城の宮廷政治―熊本藩細川忠興・忠利父子の往復書状―』（読売新聞社、一九九三年）
山本博文『遊びをする将軍　踊る大名』（江戸東京ライブラリー、教育出版、二〇〇二年）
山本博文「徳川家光における政治と遊び―品川御成の意義―」（『品川歴史館紀要』二五、二〇一〇年）
横山則孝『近世中期大番筋旗本覚書』（八千代出版、二〇一一年）
渡辺憲司「松平定綱文化圏について」（『近世文芸』二七・二八、一九七七年）
渡辺浩『東アジアの王権と思想　増補新装版』（東京大学出版会、二〇一六年）

あとがき

　近年、江戸時代の研究において、藩という政治組織をどのように考えるか議論が続いているなか、本シリーズは、藩をもう一つの側面である「家」という観点からみてみたいという意図のもとに始まった。藩ではないが、「家」という視点でみれば江戸幕府＝徳川家もまた「家」としての性格を持っていることから、本巻では徳川家を取り上げた。当初は、通史としても考えていたが、全国政権であった徳川家に関する研究は、あまりにも広く深い。それでも新しい徳川家の一側面を描き、かつこれまで考えてきた武家の「家」の特質を抽出するために時期を絞り、主に三代将軍徳川家光、四代将軍徳川家綱を取り上げることにした。もっとも、この二人の将軍に関する研究史は分厚く、執筆は困難を極めた。もともと筆者は、佐賀藩やその分家大名をフィールドとした本家と分家の関係に関する研究を進めてきたが、本分家関係は幕府の影響を強く受け、全国の大名家でもみられることから、幕府をはじめ、全国の諸大名家の史料も広く探索していた。とりわけ江戸幕府の研究は天災や戦災などによって多くの史料が消失しており、藩側からの史料によって再構築されている。一方で近年では、勤務している大学内で「江戸幕府日記」刊行会を立ち上げて、学生をはじめ、外部の方々とも協力して、くずし字を翻刻して刊行する作業も行っている。こうした成果を取り入れながら本書は、徳川家の「家」的側面を描くことを心がけた。本書では、「家」の特徴として、「表」「外様」と「奥」（「中奥」）・側を取り上げたが、これは日本全国、多くの大名家で同様の構造があったと考えている。

　もちろん、「家」のすべてを取り上げられた訳ではない。「家」の研究は、世界史の中でも比較するとともに、歴史学以外、民俗学、社会学、文化人類学などの隣接分野でも重厚な研究があるので、今後も人文学の「知」に学びながら継続していく必要がある。

本書は、一般書という性格であるため、事実関係の一つ一つに研究論文のような注を付けることはできなかった。また江戸時代の史料をそのまま明示することなく、現代語訳したものを記載している箇所もある。すべて読みやすさを優先させていただいた結果である。どうかご理解いただきたい。

本シリーズは、兼平賢治氏との話し合いのなかで実現したものであり、感謝申し上げたい。また、ゼミ生の家入瑞生氏と妻の朋子には、校正作業を手伝ってもらった。それから、本書で使用した史料の閲覧や図版の掲載をこころよく許可していただいた所蔵各機関に対してもお礼を申し上げる次第である。

二〇二三年三月

野口朋隆

著者略歴
一九七一年、埼玉県に生まれる
二〇〇六年、九州大学大学院比較社会文化学府博士後期課程修了、博士（比較社会文化）
現在、昭和女子大学人間文化学部准教授

〔主要著書〕
『近世分家大名論―佐賀藩の政治構造と幕藩関係―』（吉川弘文館、二〇一一年）
『江戸大名の本家と分家』（歴史文化ライブラリー、吉川弘文館、二〇一一年）
『佐賀藩鍋島家の本分家』（岩田書院、二〇一三年）
『小城藩』（シリーズ藩物語、現代書館、二〇一九年）

家からみる江戸大名
徳川将軍家　総論編

二〇二三年（令和五）四月一日　第一刷発行

著　者　野《の》口《ぐち》朋《とも》隆《たか》
発行者　吉川道郎
発行所　株式会社 吉川弘文館
郵便番号一一三―〇〇三三
東京都文京区本郷七丁目二番八号
電話〇三―三八一三―九一五一〈代〉
振替口座〇〇一〇〇―五―二四四番
http://www.yoshikawa-k.co.jp/

印刷＝株式会社 三秀舎
製本＝誠製本株式会社
装幀＝河村　誠

ISBN978-4-642-06877-2